클라우드 기반의 머신러닝 개론

실용주의 인공지능

Pragmatic AI

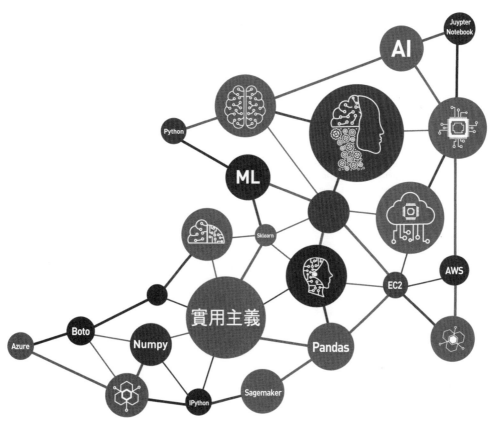

성안당
www.cyber.co.kr

실용주의 인공지능

추천사(Praise for Pragmatic AI)

"이 책은 실제 프로젝트를 진행할 때 해결해야 할 껄끄러운 문제에 대한 해결책들과 인공지능이 보여주는 장밋빛 가능성 사이의 격차를 해소하는 데 도움을 줄 수 있는 포괄적인 가이드이다. 명확하고 쓰임새 있는 이 책 '실용주의 인공지능'은 파이썬 및 인공지능 알고리즘 그 이상의 내용을 다루고 있다."

— 크리스토퍼 브라우소(Christopher Brousseau) (엔터프라이즈 인공지능 플랫폼 기업 서피스 아울(Surface Owl)의 창립자 겸 CEO)

"새로운 기술을 사랑하는 사람들을 위한 환상적인 내용들! 이 책에 대해 말하고 싶은 게 너무 많다. 노아 기프트(Noah Gift)는 머신러닝에 종사하는 모든 사람들에게 실제로 이 책의 내용을 실질적인 가이드로 권유하고 있다. 이 책은 대형 데이터 세트에 머신러닝을 적용하는 방법을 설명할 뿐만 아니라 기술 피드백 루프에 대한 가치있는 시각을 제공한다. 이 책은 많은 데이터 과학 연구자들과 개발팀이 처음부터 효율적으로 응용 프로그램을 만들고 유지, 관리할 수 있도록 도움을 줄 것이다."

— 니바스 듀라이라즈(Nivas Durairaj), AWS의 전문 소프트웨어 아키텍트이자 기술 계정 관리자

"데이터 엔지니어링, 데이터 과학 또는 데이터 개발팀에 정말 도움이 되는 프로덕션 레벨의 품질을 가진 머신러닝 파이프라인 및 도구를 구축하는 데 필요한 통찰력을 원한다면 이 책은 큰 도움이 될 것이다. 숙련된 개발자라 할지라도 생산성이 낮은 작업을 하는 경우가 종종 있다. 소프트웨어 관련 책과 대학의 수업은 프로덕션에 필요한 단계를 설명하지 않는 경우가 많다. 저자는 솔루션의 배포에 필요한 개발 및 전달 프로세스를 가속화할 수 있는 실용적 접근법에 대해 잘 알고 있다. 그는 매우 독창적인 소프트웨어 솔루션을 신속하게 구현하는 데 중점을 두고 있을 뿐만 아니라, 열정 또한 충분하다."

"프로덕션에 적용할 수 있는 머신러닝 파이프라인 구축의 열쇠는 자동화다. 엔지니어가 연구 또는 원형 개발 단계에서 수동으로 수행하는 작업과 단계는, 실제 프로덕션 레벨의 시스템을 개발하기 위해 자동화 및 확장되어야 한다. 이 책에는 파이썬 개발자가 파이프라인을 자동화하고 클라우드로 확장하는 데 도움이 되는, 실용적이고 흥미로운 예제를 많다."

"나는 현재 온라인 부동산 회사인 Roofstock.com에서 거대 데이터, 머신러닝 파이프라인, 파이썬, AWS, 구글 클라우드 및 어주어(Azure)로 작업하고 있다. 우리의 분석 데이터베이스는 대략 5억 개의 행이 있을 정도로 거대하다. 이 책에서 스스로의 생산성을 향상시킬 수 있는 수많은 실용적인 팁과 예제를 발견할 수 있었다. 이 책을 강력히 추천한다!"

— 마이클 비어링(Michael Vierling), 루프스톡(Roofstock) 사의 수석 엔지니어

AI, artificial intelligence
API, application programming interface
AR, augmented reality
ASIC, application-specific integrated circuit
AWS, Amazon Web Services
CPU [본문에 정의되지 않음]
CSV, comma-separated values [본문에 정의되지 않음]
EBS, Elastic Block Storage
EDA, exploratory data analysis
EFS, Elastic File System
ELB, Elastic Load Balancer
EMR, Elastic Map Reduce
ETL, extract, transform, and load [service]
FPGA, field-programmable graphic array
GCP, Google Cloud Platform
GDELT, Global Database of Events, Language and Tone
GIL, global interpreter lock
GPU, graphics processing unit
HBD, Here Be Dragons
IAM, Identity and Access Management
IDE, integrated development environment
I/O, input/output [본문에 정의되지 않음]
JSON, JavaScript Object Notation
kNN, k-nearest neighbors
MAE, mean absolute error
ML, machine learning
NFS, Network File System
NLP, natural-language processing
PAAS, Platform as a Service
RMSE, root mean squared error
SDK, software development kit
SNS, Simple Notification Service
SQS, Simple Queue Service
SVD, singular-value decomposition
TPUs, TensorFlow Processing Units
UGC, user-generated content
UI, user interface [본문에 정의되지 않음]
UUID, unique user ID
VM, virtual machine
VR, virtual reality
YC, Y Combinator

항상 내 곁에 있어준 가족과 가족 같은 사람들: 아내 리아 기프트(Leah Gift), 어머니 샤리 기프트(Shari Gift), 아들 리아 기프트(Liam Gift), 그리고 나의 멘토인 조셉 보겐(Joseph Bogen) 박사께 이 책을 바친다.

감사의 글 (Acknowledgements)

필자에게 피어슨 사(Pearson) 및 팀원(말로비카 채크라보티(Malobika Chakraborty)와 셰리 리플린(Sheri Replin))과 함께 이 책을 출판할 수 있는 기회를 준 로라 르윈(Laura Lewin) 씨께 감사의 마음을 전하고 싶다. 이 책의 기술 검토를 맡아 준 아마존(Amazon)의 차오수아 셴(Chao-Hsuan Shen)(https://www.linkedin.com/in/lucas hsuan/), 케네디 베르만(Kennedy Behrman)(https://www.linkedin.com/in/kennedybehrman/)과 가이 어니스트(Guy Ernest)(https:// www.linkedin.com/in/guyernest/) 씨께도 감사한다. 그들의 역할 덕분에 훌륭한 책이 되었다.

칼텍(Caltech)에도 감사의 말을 전하고 싶다. 인공지능에 대한 필자의 관심은 2000년대 초 칼텍(Caltech)에서 일했을 당시에 형성되었다. 당시 칼텍(Caltech)의 한 교수가 인공지능은 시간 낭비라고 했음에도 불구하고 인공지능을 하고자 했다. 이후 40대 초반에 상당한 수준의 인공지능 프로그래밍을 수행해 보자는 개인적 목표를 설정했으며, 그렇게 되면 몇 가지의 프로그래밍 언어에 능통해질 것이라고도 생각했다. – 그리고 이 일이 실제로 일어났다. 무언가를 할 수 없다는 점은 언제나 필자에게 그것을 시작할 큰 동기를 부여해 주었다. 이 때문에 그 교수님께 감사한다.

필자는 또한 의식 이론(theory of consciousness) 전문가이자 신경 생리학자인 조셉 보겐(Joseph Bogen) 박사를 포함해 정말로 영향력 있는 몇몇 사람들을 만날 수 있었다. 우리는 신경망, 의식의 기원, 미적분 등 조셉 보겐(Joseph Bogen) 박사가 크리스토프 코치(Christof Koch)의 연구실에서 했던 일에 대해 저녁 식사를 겸한 대화를 나누었다. 18년 전에 나누었던 그 대화는 필자의 인생에 영향을 미친 수준을 넘어 현재 신경망을 이용한 작업을 하고 있다고 자랑스럽게 말할 수 있는 원동력이라고 생각한다.

비록 칼텍(Caltech)에서 많은 친분을 쌓지는 못했지만, 데이비드 보티요레(David Botttyore) 박사, 데이비드 굿스테인(David Goodstein) 박사, 페이페이 리(Fei-Fei Li) 박사, 티터스 브라운(Titus Brown) 박사(특히 파이썬으로 필자를 매료시켰다)도 필자에게 많은 영향을 준 분들이다.

스포츠 게임과 운동 훈련은 항상 필자의 인생에서 중요한 부분이었으며, 한때 필자는 프로농구, 육상(track), 심지어 얼티밋 프리스비(Ultimate Frisbee) 선수가 되는 것을 진지하게 고민하기도 했다. 필자는 산 루이스 오비스포(San Luis Obispo)의 칼 폴리(Cal Poly)에서 올림픽 10종 경기 선수로 활약했던 셸던 블록버거(Sheldon Blockburger)을 만났으며, 그로부터 한번에 27초 이내에 총 8번씩 200m를 뛰고, 토하기 직전까지 300m를 반복해 뛰는 법을 배웠다. 필자는 그가 "전체 인구의 1%도 안되는 사람만 이 운동을 할 수 있는 훈련법을 알고 있다."라고 말했던 것을 기억한다. 이러한 자기 훈련 습관은 필자가 소프트웨어 엔지니어로 발전하는 데 큰 역할을 했다.

필자는 훈련의 강도, 긍정적인 전망, 그리고 이기려는 의지를 배우기 위해 항상 세계 정상급의 선수들을 목표로 삼았다. 지난 몇 년 동안 필자는 캘리포니아주 샌프란시스코의 임파워(Empower)에서 운동하면서 우연히 브라질 주짓수에 대해 알게 되었다. 거기서 만난 코치들 – 타렉 아짐(Tareq Azim), 요셉 아짐(Yossef Azim), 조시 맥도날드(Josh McDonald) – 은 필자가 파이터의 자세로 생각하는 법을 배우는 데 큰 도움을 주었다. 이 중 특히, 여러 스포츠에 종사하는 세계 정상급 운동 선수인 조시 맥도날드(Josh McDonald)는 필자에게 큰 영감을 주었으며 그의 운동 철학은 필자가 이 책을 쓰는 데 큰 역할을 했다. 베이 지역의 개발자들에게도 이 체육관 및 코치들을 소개시켜 주고 싶다.

이상의 초기 지인들을 시작으로 필자는 데이브 터렐(Dave Terrell)이 운영하는 산타로사(Santa Rosa)의 노어 칼파이트 얼라이언스(Nor Cal Fight Alliance)와 같은 무술 커뮤니티의 더 많은 사람들을 만나게 되었다. 데이브 터렐(Dave Terrell), 자콥 하드그루브(Jacob Hardgrove), 콜린 하트(Collin Hart), 저스틴 소머(Justin Sommer) 및 다른 사람들과 함께 훈련하며 무술에 대한 지식과 생각을 사심 없이 공유했으며, 240파운드의 무게가 나가는 블랙 벨트에 매달려 힘들었던 시간들을 견뎌냈다. 힘들어도 버틸 수 있다는 확신을 가지게 되었다는 점은 이 책을 쓰는 과정에서 발생한 각종 압박감을 견뎌내는 데 큰 도움이 되었다. 이 체육관에서 훈련할 수 있었다는 점에서 필자는 매우 운이 좋았으며 베이 지역의 기술 전문가들에게 이 운동을 적극 권장하고 싶다.

마지막으로 하와이 마우이 섬의 하이쿠(Haiku)에서 이 책을 쓰는데 은총과 같은 힘을 준 마우이(Maui) 주짓수에도 감사하고 싶다. 지난해 필자는 앞으로 무엇을 할지 머리 속을 정리하기 위해 하와이에서 휴가를 보냈는데, 여기서 루이스 히레디아(Luis Heredia) 교수, 조엘 보헤이(Joel Bouhey) 교수와 함께 주짓수를 훈련했다. 그들은 모두 훌륭한 선생님이었으며, 이때 얻은 경험은 이 책을 쓰기로 결정할 때 큰 도움이 되었다.

텐서플로의 제품 관리자인 쟈크 스톤(Zak Stone)에게도 감사한다. 덕분에 TPU를 미리 사용해 볼 수 있었으며, GCP 활용 과정에서도 도움을 받았다. AWS의 가이 어니스트(Guy Ernest)에게도 AWS 서비스에 대해 여러 가지 조언을 해준 것에 감사한다. 어주어(Azure) 클라우드 서비스에 대한 조언을 얻은 마이크로소프트(Microsoft)의 폴 실리(Paul Shealy) 씨께도 감사의 말씀을 전하고 싶다.

필자는 UC 데이비스(UC Davis)에도 감사하고 싶다. 2013년 필자는 이 대학에서 MBA 학위를 취득했으며, 이 시간은 큰 영향을 주었다. 데이비드 우드러프(David Woodruff) 박사와 같은 훌륭한 교수들을 만날 수 있었는데, 이들은 필자가 파이썬을 이용한 최적화 수업을 할 수 있게 해 주었을 뿐 아니라, 파이오모(Pyomo)라는 정말 강력한 라이브러리를 개발하는 데도 도움을 주었다. 또한 필자에게 훌륭한 스승이었던 딕슨 루이(Dickson Louie) 교수와 UC 데이비스(UC Davis)에서 머신러닝을 가르칠 수 있는 기회를 준 허맨트 바가바(Hemant Bhargava) 박사께도 감사한다. 머신러닝 및 통계 처리 과정에서 더 나은 결과를 얻을 수 있도록 헌신적으로 도와준 노옴 매트로프(Norm Matloff) 박사께도 감사의 말을 전하고 싶다. 또한 이 책에서 사용한 데이터 및 예제의 일부를 시험해 보아야 했던 BAX-452(역자 주: 클래스 코드) 과정의 학생들 및 아미 러셀(Amy Russell)과 샤치 고빌(Shachi Govil)께도 감사한다. 감사의 말을 전하고 싶은 또 다른 친구 마리오 이르퀴에르도(Mario Izquierdo)(https://github.com/marioizquierdo)는 훌륭한 개발자이며, 실전에서 유용한 프로그래밍 아이디어를 제공할 수 있는 인물이다.

마지막으로 제리 카스트로(Jerry Castro)(https://www.linkedin.com/in/jerry-castro-4bbb631/)와 케네디 베르만(Kennedy Behrman)(https://www.linkedin.com/in/kennedybehrman/)께도 감사한다. 이들은 믿을 수 있을 뿐 아니라, 탄력적이고 열심히 일하는 사람들이다. 이 책에서 사용한 많은 예제 코드는 궁극적으로는 실패했지만 스타트업 회사에서 같이 작업하며 개발된 것들이다. 힘든 상황에서 경험을 나누며 그들과 친구이자 동료가 된 것을 영광으로 생각한다.

목차(Contents)

PART 1 ╲ 실용주의 인공지능 개론

Chapter 1 | 실용주의 인공지능(Pragmatic AI) 소개   22

서문(Preface)

약 20년 전, 필자는 캘리포니아주 패서디나(Pasadena)에 위치한 칼텍(Caltech)에서 일하고 있었는데 이때부터 매일 인공지능을 이용해 일하는 것을 꿈꾸었다. 필자가 인공지능에 관심을 가졌던 2000년대 초반은 지금처럼 인공지능에 대한 대중적 관심은 없었던 시기였다. 그럼에도 불구하고 시대는 달라졌고, 이 책은 인공지능 및 과학적 공상에 대해 필자가 평생 가져온 집념의 결정체이다. 필자는 칼텍(Caltech)에서 일하는 동안 인공지능 분야의 최고 전문가들 중 일부와 팔꿈치를 맞대며 일할 수 있었다는 점에서 매우 운이 좋았다고 생각하며, 이 책을 쓰는 데 그 당시의 경험이 매우 큰 도움이 되었음은 의심의 여지가 없는 분명한 사실이다.

그러나 이 책에서 필자는 단지 인공지능의 내용을 다루는 데 국한하지 않고, 자동화와 실용주의에 중점을 두고자 노력했기 때문에 그에 관련된 주제들이 많이 포함되어 있다. 노련하고 경험 많은 관리자로서, 형편없는 끔찍한 기술들을 이용해 개발 산출물을 계속적으로 선적해 오면서 실용적인 기술이 가장 중요하다는 신념을 가지게 되었다. 실제 솔루션이 프로덕션에 배치되지 않으면 아무 소용이 없고, 자동화되지 않으면 프로덕션에 배치되었더라도 전체 프로덕션 흐름을 깨뜨리는 문제가 생긴다. 이 책이 부디 필자가 가진 관점을 다른 사람들과 보다 많이 공유할 수 있는 기회가 되었으면 하는 바람이다.

누가 이 책을 읽어야 하는가?

이 책은 인공지능, 머신러닝, 클라우드 및 이러한 주제의 조합에 관심을 가지고 있는 모든 사람들을 대상으로 한다. 독자가 프로그래머이든, 프로그래머가 아니든 이 책에서 유용한 지식을 얻을 수 있을 것이라고 생각한다. 미 항공우주국(NASA), 페이팔(PayPal) 또는 UC데이비스(University of California, Davis(캘리포니아주립대@데이비스))에서 각종 워크숍을 통해, 제한된 프로그래밍 경험을 가졌거나 프로그래밍 경험이 아예 없음에도 불구하고 학생들이 이 책의 내용에 잘 동화되는 것을 확인할 수 있었다. 이 책에서 가장 많이 사용되는 파이썬은 프로그래밍에 익숙하지 않은 독자에게 가장 이상적인 언어 중 하나라고 말할 수 있다.

이 책에서는 클라우드 컴퓨팅 플랫폼(예: AWS, GCP, 어주어(Azure))의 사용이나 머신러닝 및 인공지능 프로그래밍과 같은 다양한 고급 주제들도 다룬다. 파이썬, 클라우드 및 머신러닝에 능숙한 전문가들도 현재 작업에 즉시 적용할 수 있을 만한 유용한 아이디어들을 많이 다루고 있다.

이 책은 어떻게 구성되어 있는가?

이 책은 크게 3개의 섹션으로 구성되어 있다. Part 1. 실용적 인공지능 개론, Part 2. 클라우드에서의 인공지능, Part 3. 실제 인공지능 응용 프로그램 만들기. Part 1에 해당하는 1~3장에서는 초보자를 위한 입문 내용을 다루고 있다.

- 1장, '실용주의 인공지능 소개'에서는 이 책의 목표와 손쉽고 빠르게 따라할 수 있는 파이썬 튜토리얼이 포함되어 있다. 인공지능 분야에서의 파이썬의 용도를 이해하는 데 도움이 되는 충분한 배경 지식도 제공한다.

- 2장, '인공지능(AI)과 머신러닝(ML) 툴체인'에서는 데이터 과학 분야 프로젝트 수행에 필요한 솔루션 빌드 시스템, 커맨드 라인 및 주피터 노트북의 전반적인 라이프 사이클에 대해 다룬다.

- 3장, '스파르탄 인공지능(Spartan AI) 라이프 사이클'에서는 프로덕션에 사용되는 실용적 피드백 루프를 프로젝트에 통합하는 방법에 대해 알아본다. 도커(Docker), AWS 세이지 메이커(SageMaker) 및 TPUs(TensorFlow Processing Units)과 같은 툴 및 개발 프레임워크들이 이 장에서 다루는 세부 주제들이다.

Part 2에 해당하는 4~5장에서는 아마존 웹 서비스(AWS)와 구글 클라우드를 다룬다.

- 4장, '구글 클라우드 플랫폼(Google Cloud Platform)을 이용한 클라우드 인공지능 개발'에서는 GCP 플랫폼과 여기서 제공되는 고유하고 개발자 친화적인 일부 요소들에 대해 다룬다. TPUs, 코래버러토리(Colaboratory) 및 데이터랩(Datalab)과 같은 서비스가 세부 주제에 포함된다.

- 5장, '아마존 웹 서비스(Amazon Web Services)를 이용한 클라우드 인공지능 개발'에서는 스폿 인스턴스(Spot Instatnces), 코드파이프라인(CodePipeline), 보토(Boto)를 사용하고 테스트하는 방법 등 AWS에서 제공하는 워크플로 서비스의 하이레벨 개요에 대해 설명한다.

Part 3에 해당하는 6~11장에서는 인공지능 응용 프로그램 및 관련 예들을 다룬다.

- 6장, 'NBA에 대한 소셜 미디어의 영향력 예측'은 스타트업 회사에서 수행하는 일들과 여러 기사들 및 일부 대화들을 기반으로 하고 있다. NBA 팀의 가치를 높이는 요인이 무엇인지, 팀의 승리가 더 많은 팬을 확보할 수 있는 요인이 되는지, 선수의 연봉과 소셜 미디어 상에서의 영향력에 상관관계가 있는지에 대한 내용을 알아본다.

- 7장, 'AWS를 이용해 지능형 슬랙봇 만들기'에서는 웹 사이트를 스크랩해 슬랙 모선(母船)에 스크랩한 내용의 요약된 정보를 제공하는 서버리스 기술 기반의 채팅봇을 만드는 방법에 대해 다루고 있다.

- 8장, '깃허브 구조에서 프로젝트 관리에 대한 통찰력 얻기'에서는 깃허브(GitHub)의 메타데이터로 제공되는 개발자의 행동 패턴에 대한 공통된 원인을 조사한다. 판다스(Pandas), 주피터 노트북(Jupyter Notebook) 및 커맨드라인 툴인 클릭(Click)을 이용해 개발자의 행동 패턴을 조사한다.

- 9장, 'EC2 인스턴스를 AWS에서 동적으로 최적화하기'에서는 AWS가 제공하는 데이터에 머신러닝 기술을 적용해 사용자에게 최적화된 가격을 찾는 법에 대해 알아본다.

- 10장, '부동산'에서는 머신러닝 및 대화형 가시화 기술을 이용, 미국 전역 및 특정 지역의 주택 가격에 대해 조사해 본다.

- 11장, '사용자 생성 컨텐츠를 위한 생산적 인공지능'에서는 인공지능을 사용해 사용자 생성 콘텐츠와 서로 반응하는 방법에 대해 설명한다. 감정가 분석 및 추천 엔진과 같은 주제를 다룬다.

- 부록 A, '인공지능 가속기'에서는 인공지능 작업의 실행을 위해 특별히 설계된 하드웨어 칩에 대해 설명한다. 가속기의 예로는 구글의 TPU가 있다.

- 부록 B, '클러스터 크기 결정하기'에서는 클러스터 크기의 결정 과정을 과학적으로 보다 명확히 수행하는 데 필요한 몇 가지 기술들에 대해 다룬다.

■ 예제 코드

이 책의 각 장마다 예제로 사용하는 주피터 노트북(Jupyter Notebooks)이 있다. 이 노트북은 최근 몇 년 간 논문, 워크숍, 교육 과정 등을 통해 개발되었다.

메모

이 책에 사용된 모든 예제의 소스 코드는 주피터 노트북(Jupyter Notebook)의 형태로 다음 링크에 공개되어 있다. – https://github.com/noahgift/pragmaticai

또한 많은 예제들이 다음과 같이 생긴 Makefile을 포함하고 있다.

```
설정:
        python3 -m venv ~/.pragai
설치:
        pip install -r requirements.txt
테스트:
        cd chapter7; py.test --nbval-lax notebooks/*.ipynb
lint:
        pylint --disable = W,R,C *.py
lint-warnings:
        pylint --disable = R,C *.py
```

Makefile은 파이썬이나 R에서 데이터 과학 프로젝트의 다양한 측면들을 조율하기에 좋은 방법으로 특히 환경 설정, 소스 코드의 타겟 식별, 테스트 실행 및 코드의 배포에 유용하다. 또한 virtualenv와 같은 '완전히 분리된 환경'에서는 이러한 거추장스러운 문제들이 모두 사라진다. 필자가 만나본 수많은 학생들이 거의 비슷한 문제로 인해 고생하고 있었으며, 대표적인 문제로 특정 버전의 파이썬 인터프리터에 무언가를 설치하고 다른 버전의 파이썬을 사용해 두 파이썬 패키지가 충돌해 결과를 얻지 못하는 상황이 있다.

일반적으로 이러한 충돌 문제를 해결하기 위해서는 프로젝트별로 가상 환경을 설정하고, 해당 프로젝트에서 작업할 때는 언제나 해당 가상 환경을 선택하는 것이 중요하다. 약간이라도 프로젝트에 대한 계획을 짜 놓으면, 장래에 발생할 수도 있는 문제들을 예방하는 데 큰 도움이 될 수 있다. Makefile, linting(역자 주: 소스 코드의 타겟에 따라 빌드를 달리할 수 있도록 설정하는 것), 주피터 노트북(Jupyter Notebook) 테스트, SaaS 빌드 시스템 및 유닛 테스트와 같은 요소들은 올바른 프로젝트 계획을 수립하는 데 꼭 필요한 요소로, 예제 배포를 통해 널리 권장할 필요가 있는 모범 사례이다.

이 책에서 사용된 규칙

이 책에서는 다음과 같은 규칙을 적용한다.

- In [2]: IPython 터미널의 출력을 표시한다. 깃허브(GitHub)에서 제공되는 주피터 노트북(Jupyter Notebook) 예제에서도 비슷하게 사용된다.

> 이 책에 사용된 예제는 저자 깃허브(https://github.com/noagift/pragmaticai)에 실시간 업데이트되고 있으며 ㈜성안당 홈페이지(www.cyber.co.kr)에 회원 가입 후 [자료실]–[자료실]로 이동하여 '실용주의'로 검색하여도 다운로드할 수 있다.

저자에 대하여

노아 기프트(Noah Gift)

저자 노아 기프트(Noah Gift)는 UBA 데이비스(Davis) 경영 대학원에서 MSBA 프로그램 강사 및 컨설턴트로 일하고 있다. 학생과 교수진을 대상으로 머신러닝 및 클라우드 아키텍처에 대한 컨설팅을 수행할 뿐 아니라 머신러닝을 가르치고 있다. 그는 클라우드 머신러닝(Cloud Machine Learning)에서 데브옵스(DevOps)에 이르는 주제에 대해 두 권의 책을 비롯하여 100여 편의 기술 관련 간행물을 출판했다. 그는 AWS 솔루션 아키텍트(Solutions Architect) 인증을 받았을 뿐 아니라, AWS의 머신러닝 전문가에게 주어지는 SME(서브젝트 매터 엑스포트(Subject Matter Expert)) 인증을 받았으며, AWS 머신러닝(Machine Learning) 인증(교육) 과정을 만드는 데 도움을 주기도 했다. UC 데이비스(Davis)에서 MBA, UCLA에서 컴퓨터 정보 시스템을 전공으로 석사 학위를 취득했으며, 산 루이스 오비스포(San Luis Obispo)의 칼 폴리(Cal Poly)에서 영양 과학 전공으로 학사 학위를 취득하기도 했다.

노아(Noah)는 약 20년의 파이썬 프로그래밍 경험이 있으며, 파이썬 소프트재단(Python Software Foundation)의 펠로우 연구원이기도 하다. 그는 ABC, 칼텍(Caltech), 소니 이미지웍스(Sony Imageworks), 디즈니 피처 애니메이션(Disney Feature Animation), 웨타 디지털(Weta Digital), AT&T, 터너 스튜디오(Turner Studios) 및 린든 랩(Linden Lab)을 포함한 다양한 회사들에서 CTO, 클라우드 아키텍트, 일반 관리자, 컨설팅 CTO 등 다양한 직책으로 근무한 경험을 가지고 있다. 지난 10년 동안 수백만 달러의 매출을 창출한 세계적인 규모의 여러 회사에서 많은 신제품 솔루션을 개발해 프로덕션 레벨에 적용해야 하는 책임을 맡았다. 현재 그는 머신러닝, 클라우드 아키텍처 분야의 스타트업 및 다른 회사들에 대해 컨설팅을 하고 있으며, 프래그매틱 AI 랩스(Pragmatic AI Labs)의 창립자 자격으로 CTO 레벨의 컨설팅도 수행하고 있다.

저자에 대한 보다 자세한 정보는 그의 깃허브(GitHub) 페이지(https://github.com/noahgift/), 그의 회사 프래그매틱 AI 랩스(Pragmatic AI Labs)의 공식 홈페이지(https://paiml.com) 또는 링크드인(Linkedin) 프로필 페이지(https://www.linkedin.com/in/noahgift/)를 통해 얻을 수 있다.

류훈 한국과학기술정보연구원(KISTI) 슈퍼컴퓨팅 본부 책임연구원

역자인 류훈 박사는 서울대학교 전기공학부를 졸업하고 미 스탠퍼드/퍼듀(Stanford/Purdue) 대학에서 전자공학 전공으로 석/박사 학위를 취득했다. 삼성전자 DS 부문 System LSI 사업부를 거쳐 현재 한국과학기술정보연구원(KISTI) 슈퍼컴퓨팅본부의 책임연구원으로 재직 중이다. 거대 수치해석 및 병렬처리 기술을 이용해 나노구조 기반의 소재/전자소자 특성 계산연구를 수행하고 있으며, 아태지역 최초로 한국에 인텔 초병렬컴퓨팅 연구사업(Intel Parallel Computing Center)을 유치해 거대 행렬로 묘사되는 슈뢰딩거 방정식과 푸아송 방정식의 연산 성능 최적화 연구를 수행했다.

광전자소자/반도체 소재를 이용한 양자정보시스템 설계, 거대 편미분방정식 계산의 병렬처리 등을 주제로 50여 편 이상의 연구논문을 게재하였으며, 최대 3만 6,000 코어에서 계산의 확장성이 입증된 전자소자 모델링 소프트웨어 패키지 NEMO(NanoElectronics MOdeling tool)를 퍼듀 대학과 공동으로 개발하였다. 한국공학한림원으로부터 "2025년 대한민국을 이끌 100대 기술 주역"으로 선정된 바 있으며, 저서로 『Multimillion Atom Simulation of Electronic Optical Properties of Nanoscale Devices Using NEMO 3-D(NEMO 3-D를 이용한 수백만 개의 원자로 구성된 나노소자의 전기적 광특성 시뮬레이션)』 등이 있다. 인텔 매니코어 프로세서를 이용한 프로그래밍 공식 지침서인 『인텔® 제온파이 프로세서 고성능 프로그래밍 나이츠랜딩 판(Intel® Xeon Phi Processor High Performance Programming: Knights Landing Edition)』의 공동 역자 중 한 명이기도 하다.

실용주의 인공지능 개론

실용주의 인공지능(Pragmatic AI) 소개

활동을 업적으로 착각하지 마라.
— 존 우든(John Wooden)

이 책을 구매한 독자들이라면 아마도 실용주의 인공지능이 무엇인지 궁금할 것이다. 최근 머신러닝 또는 딥러닝 기술의 이론 습득에 필요한 책, 수업, 웨비나(Webinar) 등 교육 자료들은 쉽게 구할 수 있지만, 고급 기술을 사용해 실제 프로젝트를 어떻게 수행해야 하는지에 대한 실용적인 내용을 다루는 지침서는 찾아보기 어렵다. 이 책이 존재하는 이유는 인공지능(Artifiicial Intelligence, 이하 AI) 프로젝트를 수행하는 데 맞닥뜨리는 이론과 실제로 이론을 프로젝트에 적용하는 상황 사이에 존재하는 간극을 메우는데 있다.

프로젝트를 수행하는 경우 보통은 시간, 개발 인력 및 보유 기술 수준 등의 문제가 존재하기 때문에, 처음부터 개발자가 만든 자체 모델을 학습시키는 것은 실패할 확률이 커 바람직하지 않은 선택일 수 있다. 실용적으로 일하는 사람은 모든 것을 자체 개발하기보다 처한 상황에 맞는 기술을 선택하며, 이는 보통 학습이 어느 정도 된 모델을 탑재하고 있는 API를 이용하는 개발을 의미한다. 의도적으로 다소 비효율적인 모델을 개발하는 것 또한 실용적인 AI기술이 될 수 있다. 이해하기 쉽고, 실제 산출물에 적용하는 것도 일반적으로 더 쉽기 때문이다.

2009년, 넷플릭스(Netflix)는 AI 경진 대회를 개최해 회사의 추천 정확도를 10%까지 끌어올린 팀에게 미화 백만 달러(약 10억 원)의 상금을 지급한 유명한 사례가 있다. 이 흥미진진한 경진 대회는 데이터 사이언스가 요즘처럼 연구 개발의 주류가 되기 전에 개최되었는데, 그때 우승팀이 만든 알고리즘은 스크래치로 개발된 것이 아니라는 점을 아는 사람은 많지 않을 것이다. 이때 우승팀은 8.43%의 정확도를 보이는 이미 개발된 알고리즘의 일부를 개선하였다. 이것이 바로 AI 프로젝트를 수행할 때 (이론적인) 완벽함보다는 실용성을 추구해야 하는 이유를 보여주는 좋은 사례라고 할 수 있다.

이 책에서 다루는 모든 내용들은 프로그램의 최종 산출물에 빠르게 적용할 수 있는 실용적인 솔루션을 개발하고 싶은 독자들에게 도움이 될 것이다. 세상에서 제일 성능이 뛰어난 솔루션을 개발하는 것이 아니라 효과적으로 빠르게 솔루션을 개발해 최종 산출물에 바로 적용하는 것이 이 책의 목적이다.

▌파이썬(Python)의 기능 소개

파이썬(Python)은 매력적인 프로그래밍 언어이다. 다른 언어에 비해 특별히 뛰어난 기능을 가졌다고는 할 수 없으나, 대부분의 경우 누구나 무난하게 개발할 수 있다는 장점을 가지고 있다고 볼 수 있다. 파이썬의 강점은 의도적으로 복잡함을 줄인 것이다. 파이썬을 이용하면 여러 스타일로 비교적 자유롭게, 말 그대로 정말 프로세스가 흘러가듯 프로그래밍할 수 있다. 또한 파이썬은 메타클래스(metaclasses)나 다중 상속(multiple inheritance)과 같은 고급 기능 기반의 객체 지향 프로그래밍을 위해 사용할 수도 있다.

데이터 과학에 활용하기 위해 파이썬을 배울 때에는 언어 자체에 너무 초점을 맞추지 않는 것이 좋다. 주피터 노트북(Jupyter Notebook)을 사용해 프로그래밍할 때에는, 심지어 파이썬 언어가 지원하는 많은 기능(대표적으로 객체 지향 프로그래밍)을 굳이 사용할 필요가 없다는 논쟁까지 존재할 정도이다. 대신에 언어 자체보다는 함수의 사용법에 초점을 맞춰 파이썬의 활용법을 익히는 것이 더 좋다. 이 섹션에서는 마치 새로운 형태의 마이크로소프트 엑셀과 같은 파이썬에 대해 소개하고자 한다.

필자가 지도하는 대학원생 중 한 명이 머신러닝 수업을 듣기 전에 코드가 너무 복잡해 보인다며 걱정한 적이 있었다. 하지만 주피터 노트북을 몇 달 사용한 후, 그는 데이터 과학 문제를 푸는 데 파이썬을 사용하는 것이 매우 편안하다고 얘기한 바 있다. 필자는 수업의 경험을 통해, 엑셀을 사용할 수 있는 사람이라면 무난하게 파이썬 기반의 주피터 노트북을 사용할 수 있을 것이라 믿어 의심치 않는다.

데이터브릭(Databric)이나 세이지메이커(SageMaker), 데이터랩(Datalab)과 같이 다양한 프레임워크가 주피터 기반의 산출물을 지원하기 때문에, 개발된 코드를 산출물에 적용하는 데 주피터를 사용할 필요는 없다. 하지만 주피터의 목적은 보통 개발의 중간 단계에서 그 동작을 시험해 보는 데 있기 때문에 사용을 권장한다.

절차적 구문(Procedural Statements)

지금부터 논할 예제들은 모두 파이썬 3.6 이상에 동작하는 것임을 밝혀 둔다. 최신 파이썬 언어는 https://www.python.org/downloads/에서 무료로 다운받을 수 있다. 절차적 구문이라고 번역했으나 Procedural Statement가 적합한 전문 용어이며, 말 그대로 한번에 한 개씩 수행되는 구문들을 의미한다. 'Procedural Statement'의 형태는 아래와 같으며, 이들은 주피터 노트북에서 실행할 수도 있고 파이썬 셸(Shell)에서 실행할 수도 있다.

- 주피터 노트북(Jupyter Notebook)
- 파이썬 셸(Python Shell)
- 파이썬 해석기(Python interpreter)
- 파이썬 스크립트(Python scripts)

출력하기(Printing)

파이썬 언어는 매우 간단한 형태의 출력 기능을 지원한다. Print는 입력을 받아 콘솔로 출력하는 함수이다.

```
In [1]: print("Hello world")
   ...:
Hello world
```

변수를 생성하고 사용하기

변수는 할당을 통해 생성된다. 아래의 예제는 변수 할당과 출력을 수행하는 두 개의 구문을 세미콜론으로 묶어 한번에 수행한다. 이와 같이 세미콜론을 이용해 한번에 처리하는 것은 주피터 노트북을 사용하는 데 일반적이지만, 가독성을 떨어뜨리기 때문에 최종 산출될 코드나 배포용 라이브러리에는 사용하지 않는 것이 좋다.

```
In [2]: variable = "armbar"; print(variable)
armbar
```

다중 절차적 구문(Multiple Procedural Statements)

특정한 경우 아래와 같이 직접 절차적 구문(Procedural Statement)을 사용함으로써 문제를 해결할 수 있다. 아래 예제는 주피터 노트북에서 개발하는 과정에는 사용할 수 있지만, 최종 산출물 코드에는 일반적으로 어울리지 않는 코딩 스타일이다.

```
In [3]: attack_one = "kimura"

   ...: attack_two = "arm triangle"

   ...: print("In Brazilian jiu-jitsu a common attack is a:", attack_one)

   ...: print("Another common attack is a:", attack_two)

   ...:
In Brazilian jiu-jitsu a common attack is a: kimura
Another common attack is a: arm triangle
```

숫자 더하기

파이썬은 계산기로도 사용할 수 있다. 엑셀이나 다른 계산기 애플리케이션 대신 파이썬을 사용하면, 파이썬 언어에 익숙해지는 데 큰 도움이 될 수 있다.

```
In [4]: 1+1
   ...:
Out[4]: 2
```

문장 합치기

스트링 형태 자료형 변수에 저장된 다수의 문장도 아래와 같이 덧셈 연산자를 사용해 합쳐서 표현할 수 있다.

```
In [6]: "arm" + "bar"
   ...:
Out[6]: 'armbar'
```

복잡한 구문

아래 예제의 belts와 같은 다수의 데이터 리스트를 저장하는 데이터 구조체 변수를 사용하면 보다 복잡한 실행 구문을 만들 수도 있다.

```
In [7]: belts = ["white", "blue", "purple", "brown", "black"]
   ...: for belt in belts:
   ...:     if "black" in belt:
   ...:         print("The belt I want to earn is:", belt)
   ...:     else:
   ...:         print("This is not the belt I want to end up with:", belt)
   ...:
This is not the belt I want to end up with: white
This is not the belt I want to end up with: blue
This is not the belt I want to end up with: purple
This is not the belt I want to end up with: brown
The belt I want to earn is: black
```

Strings와 String 체계 이해하기

*Strings*는 일련의 문자들을 저장하는 데 사용되며 종종 프로그래밍을 통해 구성한다. 프로그램 사용자들에게 메시지를 전송하는 기능을 구현할 때 유용하기 때문에 거의 모든 파이썬 프로그램은 Strings를 사용한다. 이와 관련해 다음과 같이 몇 가지의 핵심 개념을 이해할 필요가 있다.

- Strings는 싱글 쿼테이션('), 더블 쿼테이션(") 또는 트리플/더블(""") 쿼테이션을 사용해 만들 수 있다.
- Strings는 자유롭게 초기화 또는 구성할 수 있다.
- Strings는 유니코드 방식을 포함한 다수의 형식으로 인코딩 될 수 있다.
- Strings를 연산 또는 조작하는 다양한 방법이 존재한다. 편집기나 IPython 셸에서 tab 키를 이용한 자동 완성 기능을 통해 여러 방법을 직접 확인할 수 있다.

```
In [8]: basic_string = ""

In [9]: basic_string.
           capitalize()    encode()         format()
       isalpha()       islower()       istitle()       lower()
           casefold()      endswith()       format_map()
isdecimal()    isnumeric()       isupper()       lstrip()
           center()        expandtabs()     index()
isdigit()      isprintable()  join()           maketrans()      >
           count()         find()           isalnum()
isidentifier()  isspace()           ljust()         partition()
```

● 기본 String

가장 기본적인 String은 문장을 쿼테이션 마크를 이용해 저장하는 변수다. 쿼테이션 마크로
는 트리플 쿼테이션, 더블 쿼테이션, 또는 싱글 쿼테이션을 사용할 수 있다.

```
In [10]: basic_string = "Brazilian jiu-jitsu"
```

● String 분할하기

아래와 같이 스페이스 또는 다른 기준을 이용해 항목을 분리할 수 있다.

```
In [11]: # 공백으로 분리(default)
    ...: basic_string.split()
Out[11]: ['Brazilian', 'jiu-jitsu']

In [12]: # 하이픈(-)으로 분리
    ...: string_with_hyphen = "Brazilian-jiu-jitsu"
    ...: string_with_hyphen.split("-")
    ...:
Out[12]: ['Brazilian', 'jiu-jitsu']
```

● 모두 대문자로 바꾸기

파이썬은 문장을 변경할 수 있는 많은 편리한 기능을 제공한다. 아래는 문장의 모든 글자를 전부 대문자로 바꿔주는 예제이다.

```
In [13]: basic_string.upper()
Out[13]: 'BRAZILIAN JIU JITSU'
```

● Strings의 슬라이싱(slicing)

Strings는 예제와 같이 길이나 부분으로 파악할 수 있다.

```
In [14]: # 첫번째 두 문자 구하기
    ...: basic_string[:2]
Out[14]: 'Br'
In [15]: # 문자열 길이 구하기
    ...: len(basic_string)
Out[15]: 19
```

● Strings를 하나로 합치기

Strings는 두 문장을 붙이거나 변수에 할당한 다음 더 긴 문장을 만드는 방법을 통해 하나로 합쳐질 수 있다. 이러한 방식은 주피터 노트북을 이용해 개발하는 과정 중에 사용할 수 있지만, 산출될 코드에는 성능상 이점을 보이는 f-strings를 사용하는 것이 좋다.

```
In [16]: basic_string + " is my favorite Martial Art"
Out[16]: 'Brazilian jiu-jitsu is my favorite Martial Art'
```

● Strings를 복잡한 방법으로 구성하기

최신 버전(3.x)의 파이썬에서는 f-strings를 이용해 문장을 구성하는 것이 가장 좋다.

```
¶ In [17]: f'I love practicing my favorite Martial Art,
       {basic_string}'
```

```
    ...:
Out[17]: 'I love practicing my favorite Martial Art,
         Brazilian jiu-jitsu'
```

● 트리플 쿼테이션을 사용해 Strings를 하나로 묶기(Wrapping)

텍스트의 일부를 선택해 변수에 할당하는 것이 유용할 때가 있다. 파이썬에서 트리플 쿼테이션('''''')을 이용하면 이러한 작업을 수행하면서 전체 문장을 하나로 쉽게 묶을 수 있다.

```
In [18]: f"""
    ...: This phrase is multiple sentences long.
    ...: The phrase can be formatted like simpler sentences,
    ...: for example, I can still talk about my favorite
         Martial Art {basic_string}
    ...: """
Out[18]: '\nThis phrase is multiple sentences long. \nThe phrase
can be formatted like simpler sentences, \nfor example,
I can still talk about
my favorite Martial Art Brazilian jiu-jitsu\n'
```

● **Replace 구문을 이용한 라인 브레이크(\n) 없애기**

이전 예제의 출력 결과에 포함되어 있던 라인 브레이크 기호(문자 '\n')는 replace 구문을 이용해 없앨 수 있다.

```
In  [19]: f"""
    ...: This phrase is multiple sentences long.
    ...: The phrase can be formatted like simpler sentences,
    ...: for example, I can still talk about my favorite
         Martial Art {basic_string}
    ...: """.replace("\n","")
 Out[19]: 'This phrase is multiple sentences long. The phrase can be
```

● 숫자와 산술 연산

파이썬은 계산 기능을 내장하고 있기 때문에, 추가적인 라이브러리 설치 없이도 간단하거나
복잡한 다양한 산술 연산을 수행할 수 있다.

숫자를 더하고 빼기

다음과 같이 f-string을 이용해 문장을 동적으로 구성할 수 있다는 점 또한 파이썬 언어의 유
연성을 보여준다.

```
In [20]: steps = (1+1)-1
    ...: print(f"Two Steps Forward: One Step Back = {steps}")
    ...:
Two Steps Forward: One Step Back = 1
```

소수점 숫자 곱하기

소수점 숫자의 곱셈 기능 또한 파이썬 언어에서 지원되며, 이를 통해 수학의 문장형 문제
(Word Problem)를 수월하게 만들 수 있다.

```
In [21]:
    ...: body_fat_percentage = 0.10
    ...: weight = 200
    ...: fat_total = body_fat_percentage * weight
    ...: print(f"I weight 200lbs, and {fat_total}lbs of that is fat")
    ...:
I weight 200lbs, and 20.0lbs of that is fat
```

지수 연산 수행하기

2의 3제곱과 같은 계산은 Math 라이브러리를 이용해 다음과 같이 쉽게 수행할 수 있다.

```
In [22]: import math
    ...: math.pow(2, 3)
Out[22]: 8.0
```

다른 방법으로, 파이썬 셸에서 아래와 같이 수행할 수도 있다.

```
>>> 2**3
8
```

다른 수치 자료형으로 변환하기

파이썬은 다양한 수치 자료형의 변수들을 지원하는데, 가장 보편적으로 사용되는 수치 자료형은 다음과 같다.

- Intergers (정수)
- Floats (단정밀도를 가지는 실수)

```
In [23]: number = 100
    ...: num_type = type(number).__name__
    ...: print(f"{number} is type [{num_type}]")
    ...:
100 is type [int]
In [24]: number = float(100)
    ...: num_type = type(number).__name__
    ...: print(f"{number} is type [{num_type}]")
    ...:
100.0 is type [float]
```

숫자 반올림하기

다수의 자릿수를 가진 소수점을 다음과 같이 두 자리 소수점으로 반올림할 수 있다.

```
In [26]: too_many_decimals = 1.912345897
    ...: round(too_many_decimals, 2)
Out[26]: 1.91
```

자료 구조

파이썬에서 자주 쓰이는 몇 가지의 핵심 자료 구조가 있다.

- Lists (목록형 구조의 자료)
- Dictionaries (백과사전형 구조의 자료)

Dictionary와 List는 파이썬에서 정말 많은 일에 사용되는 자료 구조지만, tuple이나 set, counter 등과 같이 살펴볼 필요가 있는 다른 자료 구조들도 있다.

Dictionary 자료 구조

Dictionary 자료 구조는 파이썬 만큼이나 다양한 문제를 해결하는 데 유용하다. 아래 예제에서 Brazilian jui-sitsu(브라질 주짓수) 공격 목록이 dictionary 자료 구조에 저장되어 있는데, 여기서 "key" 필드는 공격의 종류이며 "value" 필드는 해당 공격을 수행하는 신체 부위를 의미한다.

```
In [27]: submissions = {"armbar": "upper_body",
    ...:                "arm_triangle": "upper_body",
    ...:                "heel_hook": "lower_body",
    ...:                "knee_bar": "lower_body"}
    ...:
```

Dictionary의 일반적인 사용 패턴은 items를 이용해 자료 구조 내부를 순환하는 것이다. 다음은 dictionary 구조의 자료를 순환하면서 해당 key와 value 필드값을 출력하는 예제이다.

```
In [28]: for submission, body_part in submissions.items():
   ...:        print(f"The {submission} is an attack \
             on the {body_part}")
   ...:
The armbar is an attack on the upper_body
The arm_triangle is an attack on the upper_body
The heel_hook is an attack on the lower_body
The knee_bar is an attack on the lower_body
```

Dictionary를 이용해 걸러내기(filtering) 작업도 수행할 수 있다. 다음 예제에서는 상반신
(upper body) 공격에 해당하는 key 필드값이 출력된다.

```
In [29]: print(f"These are upper_body submission attacks\
 in Brazilian jiu-jitsu:")
   ...: for submission, body_part in submissions.items():
   ...: if body_part == "upper_body":
   ...: print(submission)
   ...:
These are upper_body submission attacks in Brazilian jiu-jitsu:
armbar
arm_triangle
```

또한 Dictionary 키와 값을 선택할 수도 있다.

```
In [30]: print(f"These are keys: {submissions.keys()}")
   ...: print(f"These are values: {submissions.values()}")
   ...:
These are keys: dict_keys(['armbar', 'arm_triangle',
       'heel_hook', 'knee_bar'])
These are values: dict_values(['upper_body', 'upper_body',
       'lower_body', 'lower_body'])
```

List 자료 구조

List 역시 파이썬에서 보편적으로 사용되는 자료 구조이다. List는 자료의 순차적 수집 (sequential collection)을 허용하며 Dictionary를 멤버로 가질 수 있다(Dictionary 또한 List 를 멤버로 가질 수 있다).

```
In [31]: list_of_bjj_positions = ["mount", "full-guard",
                                   "half-guard", "turtle",
                                   "side-control", "rear-mount",
                                   "knee-on-belly", "north-south",
                                   "open-guard"]
    ...:
In [32]: for position in list_of_bjj_positions:
    ...:     if "guard" in position:
    ...:         print(position)
    ...:
full-guard
half-guard
open-guard
```

아래와 같이 슬라이싱 기법을 이용하면 List에서 원하는 요소를 선택할 수도 있다.

```
In [35]: print(f'First position: {list_of_bjj_positions[:1]}')
    ...: print(f'Last position: {list_of_bjj_positions[-1:]}')
    ...: print(f'First three positions:\
        {list_of_bjj_positions[0:3]}')
    ...:
First position: ['mount']
Last position: ['open-guard']
First three positions: ['mount', 'full-guard', 'half-guard']
```

함수(Functions)

함수는 파이썬을 이용해 데이터 과학 응용 프로그램을 개발하는 데 필요한 기본적인 빌딩 블록(Building Block)이며, 논리적이며 테스트 가능한 구조로 프로그래밍을 하는 방법이기도 하다. 파이썬을 쓸 때 함수 기반의 프로그래밍과 객체 지향 기반의 프로그래밍에 중 어떤 것이 더 우수한지에 대해서는 오랫동안 논쟁이 있었지만, 여기서는 그에 대한 답을 제공하고자 하는 의도는 없으며, 파이썬 프로그래밍을 할 때 필요한 함수 사용에 대한 기본적인 이해를 돕고자 한다.

● 함수 만들기

함수를 만드는 것은 파이썬으로 프로그래밍을 할 때 가장 필요하고 중요한 기술 중 하나이다. 함수의 기본에 익숙해지면, 파이썬 언어에서 제공되는 대부분의 기능을 수월하게 사용할 수 있다고 봐도 과언이 아니다.

● 간단한 함수

가장 간단한 형태의 함수는 아래의 예와 같이 특정 값을 리턴하는 기능을 수행한다.

```
In [1]: def favorite_martial_art():
   ...:     return "bjj"
In [2]: favorite_martial_art()
Out[2]: "bjj"
```

● 함수의 도큐먼트(Document) 만들기

함수를 만들 때 그 기능 및 입출력 형태 등에 대해 자세한 설명을 기재해 놓는 것(이러한 행위를 도큐먼트라고 함)은 프로그램의 유지 보수 등 여러 측면에 도움이 되는 좋은 습관이다. 주피터 노트북이나 IPython에서 프로그래밍할 때 특정 함수에 대한 docstring(도큐먼트 내용)은 다음과 같이 함수 이름 뒤에 ? 문자를 붙이고 나서 그 다음 라인에 추가할 수 있다.

```
In [2]: favorite_martial_art_with_docstring?
Signature: favorite_martial_art_with_docstring()
Docstring: This function returns the name of my favorite martial art
File:      ~/src/functional_intro_to_python/
Type:      function
```

특정 함수의 도큐먼트 내용은 다음의 예와 같이 __doc__를 사용해 출력할 수 있다.

```
In [4]: favorite_martial_art_with_docstring.__doc__
    ...:
Out[4]: 'This function returns the name of my favorite martial art'
```

● 함수의 인자: 위치 인자(Positional)와 예약어 인자(Keyword)

함수는 인자를 통해 그 입력값이 전달될 때 가장 유용하게 사용될 수 있다. 다음의 예제에서 times 인자에 대한 새로운 값은 함수 내에서 처리되는데 이런 형태의 인자를 '위치 인자'라고 한다. 위치 인자는 생성된 순서대로 처리된다.

```
In [5]: def practice(times):
    ...:       print(f"I like to practice {times} times a day")
    ...:

In [6]: practice(2)
I like to practice 2 times a day

In [7]: practice(3)
I like to practice 3 times a day
```

위치 인자: 순서대로 처리된다

함수 내에서 위치 인자는 정의된 순서대로 처리된다. 그렇기 때문에 쓰기는 쉽지만 함수를 호출할 때 몇 번째 인자가 무엇을 의미하는지 정확히 기억하고 있어야 하기 때문에 혼동하기도 쉽다.

```
In [9]: def practice(times, technique, duration):
   ...:     print(f"I like to practice {technique},\
                {times} times a day, for {duration} minutes")
   ...:

In [10]: practice(3, "leg locks", 45)
I like to practice leg locks, 3 times a day, for 45 minutes
```

예약어 인자: 특정 키 또는 값에 의해 처리되거나 기본값을 가진다

예약어 인자의 특징 중 하나는 기본값을 세팅하고 원할 때만 그 값을 변경할 수 있다는 점이다.

```
In [12]: def practice(times=2, technique="kimura", duration=60):
   ...:     print(f"I like to practice {technique},\
                {times} times a day, for {duration} minutes")
In [13]: practice()
I like to practice kimura, 2 times a day, for 60 minutes
In [14]: practice(duration=90)
I like to practice kimura, 2 times a day, for 90 minutes
```

**kwargs와 *args

*kwargs와 *arg 문법(syntax) 모두 함수에 대한 동적 인자 전달 기능을 지원한다. 하지만, 이러한 문법들은 자칫 잘못하면 코드를 이해하기 어렵게 만들기 때문에 가급적 꼭 필요한 경우에만 차별적으로 사용하는 것이 좋다. 적절히 사용한다면 매우 강력한 기술이라고 할 수 있다.

```
In [15]: def attack_techniques(**kwargs):
   ...:     """개수에 상관없이 예약어 인자를 받을 수 있다."""
   ...:
   ...:     for name, attack in kwargs.items():
   ...:         print(f"This is an attack I would like\
```

```
                         to practice: {attack}")
    ...:

In [16]: attack_techniques(arm_attack="kimura",
    ...:                    leg_attack="straight_ankle_lock", neck_attack="arm_triangle")
    ...:
This is an attack I would like to practice: kimura
This is an attack I would like to practice: straight_ankle_lock
This is an attack I would like to practice: arm_triangle
```

Dictionary를 예약어 인자로 함수에 전달하기

**kwargs 문법은 모든 인자를 한번에 전달하는 데 사용될 수도 있다.

```
In [19]: attacks = {"arm_attack":"kimura",
    ...:            "leg_attack":"straight_ankle_lock",
    ...:            "neck_attack":"arm_triangle"}
In [20]: attack_techniques(**attacks)
This is an attack I would like to practice: kimura
This is an attack I would like to practice: straight_ankle_lock
This is an attack I would like to practice: arm_triangle
```

함수를 인자로 다른 함수에 전달하기

객체 지향 프로그래밍은 많이 사용되는 프로그래밍 방법이지만, 데이터 과학 분야 응용 프로그램에 필요한 실행의 동시성(concurrency) 측면을 고려한다면 함수 기반의 프로그래밍 방법이 훌륭한 대안으로 사용될 수 있다. 아래는 특정 함수가 인자로 전달되는 방식으로 다른 함수 안에서 사용되는 예를 보여준다.

```
In [21]: def attack_location(technique):
    ...:     """공격 위치를 반환한다."""
    ...:     attacks = {"kimura": "arm_attack",
    ...:                "straight_ankle_lock":"leg_attack",
    ...:                "arm_triangle":"neck_attack"}
```

```
   ...:       if technique in attacks:
   ...:           return attacks[technique]
   ...:       return "Unknown"
   ...:

In [22]: attack_location("kimura")
Out[22]: 'arm_attack'

In [24]: attack_location("bear hug")
   ...:
Out[24]: 'Unknown'

In [25]: def multiple_attacks(attack_location_function):
   ...:       """공격의 종류를 분류해 위치를 반환하는 함수를 인자로 받는다."""
   ...:       new_attacks_list = ["rear_naked_choke",
   "americana", "kimura"]
   ...:       for attack in new_attacks_list:
   ...:           attack_location = attack_location_function(attack)
   ...:           print(f"The location of attack {attack} \
                       is {attack_location}")
   ...:

In [26]: multiple_attacks(attack_location)
The location of attack rear_naked_choke is Unknown
The location of attack americana is Unknown
The location of attack kimura is arm_attack
```

클로저(Closure)와 함수 커링(Functional Currying)

클로저는 다른 함수들을 포함하고 있는 함수를 지칭한다. 파이썬에서 클로저를 사용하는 보편적인 방법은 특정 상태(state)가 어떻게 변하는지 트래킹하는 것이다. 다음의 예에서, (안에 함수를 포함하고 있는) 밖의 함수인 *attack_counter*는 attack의 수를 계속 세고 있다. *attack_counter* 함수 안에 포함되어 있는 함수인 *attack_filter*는 외부 함수의 변수값을 수정하기 위해 파이썬3에서는 "*nonlocal*"이라는 예약어를 사용한다.

다음 예제와 같은 접근 방법을 *함수 커링(functional currying)*이라고 하는데, 이는 일반적인 함수 내에서 호출되는 특화된 함수를 위해 고안되었다. 예제를 통해 볼 수 있듯, 이러한 스타일의 함수는 간단한 비디오 게임이나 Mixed martial arts(MMA, 혼합 무술) 경기의 통계 집계 프로그램 개발에 요긴하게 사용될 수 있다.

```
In [1]: def attack_counter():
   ...:     """신체의 특정 부위에 대한 공격 회수를 집계한다."""
   ...:     lower_body_counter = 0
   ...:     upper_body_counter = 0
   ...:     def attack_filter(attack):
   ...:         nonlocal lower_body_counter
   ...:         nonlocal upper_body_counter
   ...:         attacks = {"kimura": "upper_body",
   ...:             "straight_ankle_lock":"lower_body",
   ...:             "arm_triangle":"upper_body",
   ...:             "keylock": "upper_body",
   ...:             "knee_bar": "lower_body"}
   ...:         if attack in attacks:
   ...:             if attacks[attack] == "upper_body":
   ...:                 upper_body_counter +=1
   ...:             if attacks[attack] == "lower_body":
   ...:                 lower_body_counter +=1
   ...:         print(f"Upper Body Attacks {upper_body_counter},\
   ...:             Lower Body Attacks {lower_body_counter}")
   ...:     return attack_filter
   ...:
In [2]: fight = attack_counter()

In [3]: fight("kimura")
Upper Body Attacks 1, Lower Body Attacks 0

In [4]: fight("knee_bar")
Upper Body Attacks 1, Lower Body Attacks 1

In [5]: fight("keylock")
Upper Body Attacks 2, Lower Body Attacks 1
```

산출(Yield) 함수(Generator)

한번에 너무 많은 일을 하는 것보다는 간혹 '게으르게 평가하는' 함수가 유용할 때가 있다. 제너레이터(Generator)는 한 번에 한 개의 아이템을 산출한다.

아래의 예제는 '무한한 경우의 수'의 공격 순서를 랜덤으로 생성한다. 무한한 경우의 수가 존재하지만, 해당 함수가 호출될 때만 그중 하나의 순서를 반환한다는 점에서 위에서 언급한 '게으르게 일하는' 개념이 적용된다.

```
In [6]: def lazy_return_random_attacks():
   ...:     """매 타임마다 수행할 공격을 생성한다."""
   ...:     import random
   ...:     attacks = {"kimura": "upper_body",
   ...:                "straight_ankle_lock":"lower_body",
   ...:                "arm_triangle": "upper_body",
   ...:                "keylock": "upper_body",
   ...:                "knee_bar": "lower_body"}
   ...:     while True:
   ...:         random_attack = random.choices(list(attacks.keys()))
   ...:         yield random_attack
   ...:
In [7]: attack = lazy_return_random_attacks()

In [8]: next(attack)
Out[8]: ['straight_ankle_lock']

In [9]: attacks = {"kimura": "upper_body",
   ...:            "straight_ankle_lock":"lower_body",
   ...:            "arm_triangle": "upper_body",
   ...:            "keylock": "upper_body",
   ...:            "knee_bar": "lower_body"}

In [10]: for _ in range(10):
   ...:     print(next(attack))
   ...:
['keylock']
```

```
['arm_triangle']

['arm_triangle']

['arm_triangle']

['knee_bar']

['arm_triangle']

['knee_bar']

['kimura']

['arm_triangle']

['kimura']
```

데코레이터(Decorator) 함수: 다른 함수를 래핑하는 함수

파이썬의 또 다른 유용한 기능으로 데코레이터 문법이 있는데, 이를 이용하면 하나의 함수를 다른 함수로 래핑(warp)할 수 있다. 아래에 랜덤한 시간 동안 sleep 기능을 수행하는 함수를 추가하기 데코레이터를 사용하는 예제가 있는데, 여기에서는 데코레이터를 앞에서 설명한 '무한한' attack 제너레이터와 함께 사용하여 함수를 호출할 때마다 sleep 기능을 수행할 수 있도록 한다.

```
In [12]: def randomized_speed_attack_decorator(function):
    ...:     """공격의 시간 간격을 랜덤하게 조절한다."""
    ...:
    ...:     import time
    ...:     import random
    ...:
    ...:     def wrapper_func(*args, **kwargs):
    ...:         sleep_time = random.randint(0,3)
    ...:         print(f"Attacking after {sleep_time} seconds")
    ...:         time.sleep(sleep_time)
    ...:         return function(*args, **kwargs)
    ...:     return wrapper_func

In [13]: @randomized_speed_attack_decorator
    ...: def lazy_return_random_attacks():
```

```
       ...:      """매 타임마다 수행할 공격을 생성한다."""
       ...:      import random
       ...:      attacks = {"kimura": "upper_body",
       ...:              "straight_ankle_lock":"lower_body",
       ...:              "arm_triangle":"upper_body",
       ...:              "keylock": "upper_body",
       ...:              "knee_bar": "lower_body"}
       ...:      while True:
       ...:          random_attack = random.choices(list(attacks.keys()))
       ...:          yield random_attack
       ...:

In [14]: for _ in range(10):
       ...:      print(next(lazy_return_random_attacks()))
       ...:
Attacking after 1 seconds
['knee_bar']
Attacking after 0 seconds
['arm_triangle']
Attacking after 2 seconds
['knee_bar']
```

판다스(Pandas)에서 Apply 기능 사용하기

함수와 관련된 마지막 내용으로, 판다스(Pandas) 패키지의 데이터 프레임에서의 함수 사용에 대해 이야기 하고자 한다. 여기서 가장 중요한 개념 중 하나는 전체 데이터를 일일이 순환하면서 특정한 작업을 수행하는 대신, 열(column) 기반으로 데이터 접근을 수행하는 apply 기능을 사용하는 것이라고 할 수 있다.

```
In [1]: import pandas as pd
    ...: iris = pd.read_csv('https://raw.githubusercontent.com/mwaskom/seaborn-data/master/iris.csv')
    ...: iris.head()
    ...:
```

```
Out[1]:
      sepal_length    sepal_width    petal_length    petal_width  species
0            5.1            3.5             1.4            0.2  setosa
1            4.9            3.0             1.4            0.2  setosa
2            4.7            3.2             1.3            0.2  setosa
3            4.6            3.1             1.5            0.2  setosa
4            5.0            3.6             1.4            0.2  setosa

In [2]: iris['rounded_sepal_length'] =\
        iris[['sepal_length']].apply(pd.Series.round)
   ...: iris.head()
   ...:
Out[2]:
      sepal_length    sepal_width    petal_length    petal_width  species
0            5.1            3.5             1.4            0.2  setosa
1            4.9            3.0             1.4            0.2  setosa
2            4.7            3.2             1.3            0.2  setosa
3            4.6            3.1             1.5            0.2  setosa
4            5.0            3.6             1.4            0.2  setosa
      rounded_sepal_length
0                     5.0
1                     5.0
2                     5.0
3                     5.0
4                     5.0
```

앞 예제에서는 파이썬에 내장된 함수를 사용했으나, 사용자 정의 함수도 특정 칼럼에 적용하기 위해 사용할 수 있다. 다음 예제에서는 소수점 반올림 대신 100을 곱하는 작업을 수행하는데, 내장 함수를 사용하는 대신 순환 루프를 만들고 데이터를 보낸 후 계산된 데이터를 받아 다시 쓰는 프로세스로 코드가 자명해질 것이다.

```
In [3]: def multiply_by_100(x):
   ...:     """100을 곱해준다."""
   ...:     return x*100
   ...: iris['100x_sepal_length'] =\
  iris[['sepal_length']].apply(multiply_by_100)
   ...: iris.head()
   ...:
   rounded_sepal_length    100x_sepal_length
0                   5.0               510.0
1                   5.0               490.0
2                   5.0               470.0
3                   5.0               460.0
4                   5.0               500.0
```

▌파이썬에서 제어 구조(Control Structure) 사용하기

이 섹션에서는 파이썬에서 일반적으로 사용되는 제어 구조에 대해 다룬다. 제어 구조 중 파이썬에서 가장 많이 사용되는 것은 "for 루프(loop)"라고 할 수 있지만 판다스(Pandas)와 같이 쓰이는 경우가 많지는 않음에 유의할 필요가 있으며, 그렇기 때문에 파이썬에서 효율적으로 작동하는 제어 구조가 판다스와 같이 쓸 때도 효율적이라는 보장은 없다. 많이 쓰이는 제어 구조의 예는 다음과 같다.

- For 루프
- While 루프
- If/else 지시문
- Try/Except 지시문
- Generator 표현
- List 컴프리헨션(Comprehension)
- 패턴 매칭(Pattern matching)

어떤 프로그램이든 결국은 그 실행을 제어할 방법이 필요하다. 이 섹션에서는 제어를 위한 몇 가지 테크닉에 대해 다루고자 한다.

for 루프

for 루프는 파이썬에서 가장 기본적인 제어 구조이다. 가장 보편적인 방법은 다음 예에서 볼 수 있듯 range 함수를 써서 특정 범위의 값을 생성하고 반복 순환을 하는 것이다.

```
In [4]: res = range(3)
   ...: print(list(res))
   ...:
[0, 1, 2]

In [5]: for i in range(3):
   ...:     print(i)
0
1
2
```

● List에 대한 for 루프 사용

for 루프는 아래의 예제처럼 List를 처리할 때도 많이 사용된다.

```
In [6]: martial_arts = ["Sambo", "Muay Thai", "BJJ"]
   ...: for martial_art in martial_arts:
   ...:     print(f"{martial_art} has influenced
                   modern mixed martial arts")
   ...:
Sambo has influenced modern mixed martial arts
Muay Thai has influenced modern mixed martial arts
BJJ has influenced modern mixed martial arts
```

While 루프

While 루프는 어떤 조건을 만족할 때까지 특정 작업을 무한히 반복 순환시키는 방법으로 사용된다. 다음 예제에서 while 루프는 1번/2번 공격을 걸러내기 위해 사용된다.

```
In [7]: def attacks():
   ...:
   ...:     list_of_attacks = ["lower_body", "lower_body",
              "upper_body"]
   ...:     print(f"There are a total of {len(list_of_attacks)}\
              attacks coming!")
   ...:     for attack in list_of_attacks:
   ...:         yield attack
   ...: attack = attacks()
   ...: count = 0
   ...: while next(attack) == "lower_body":
   ...:     count +=1
   ...:     print(f"crossing legs to prevent attack #{count}")
   ...: else:
   ...:     count +=1
   ...:     print(f"This is not a lower body attack, \
       I will cross my arms for #{count}")
   ...:
There are a total of 3 attacks coming!
crossing legs to prevent attack #1
crossing legs to prevent attack #2
This is not a lower body attack, I will cross my arms for #3
```

If/Else

If/Else 지시문은 일반적으로 결정을 분기(조건에 따라 결정이 바뀌는 것을 의미)할 때 많이 사용된다. 다음 예제에서는 조건에 맞는 분기 검색에 if/elif가 사용되었으며, 조건에 맞지 않으면, 마지막의 else 지시문에 있는 명령이 실행된다.

```
In [8]: def recommended_attack(position):
   ...:     """인자로 입력되는 position 값에 따라 그에 맞는 공격을 추천해 준다."""
   ...:     if position == "full_guard":
   ...:         print(f"Try an armbar attack")
```

```
   ...:      elif position == "half_guard":
   ...:          print(f"Try a kimura attack")
   ...:      elif position == "full_mount":
   ...:          print(f"Try an arm triangle")
   ...:      else:
            print(f"You're on your own, \
              there is no suggestion for an attack")
In [9]: recommended_attack("full_guard")
Try an armbar attack

In [10]: recommended_attack("z_guard")
You're on your own, there is no suggestion for an attack
```

● Generator 표현

Generator 표현을 이용하면 앞에서도 설명한 일련의 자료들에 대해 '게으른 평가'를 허용하여 결과를 산출하는 개념을 더욱 발전시킬 수 있다. Generator 표현을 이용하면 유저가 '실제 평가를 내리기 전'까지 내부적으로 그 어떤 평가 작업도 이루어지지 않기 때문에 성능 및 컴퓨팅 자원 소모 측면에서 이득을 볼 수 있다. 다음의 예제가 실제로 무한히 존재할 수 있는 랜덤 공격 순서를 생성하는 데 효과적으로 동작할 수 있는 이유도 여기에 있다.

Generator의 파이프라인을 통해 모든 공격 형태의 이름에서 언더스코어('_')를 제거한 다음 대문자로 변환하고 있음에 유의하자.

```
In [11]: def lazy_return_random_attacks():
   ...:      """매 타임마다 수행할 공격을 생성한다."""
   ...:      import random
   ...:      attacks = {"kimura": "upper_body",
   ...:             "straight_ankle_lock":"lower_body",
   ...:             "arm_triangle":"upper_body",
   ...:             "keylock": "upper_body",
   ...:             "knee_bar": "lower_body"}
   ...:      while True:
```

```
       ...:            random_attack = random.choices(list(attacks.keys()))
       ...:                yield random_attack
       ...: # 모든 공격의 이름을 대문자로 만들어 준다.
       ...: upper_case_attacks = \
                  (attack.pop().upper() for attack in \
                  lazy_return_random_attacks())

In [12]: next(upper_case_attacks)
Out[12]: 'ARM_TRIANGLE'


In [13]: ## 파이프라인 생성: 하나의 표현은 다음 표현이 맞물리게 된다.
       ...: # 모든 공격의 이름을 대문자로 만들어 준다.
       ...: upper_case_attacks =\
                  (attack.pop().upper() for attack in\
                  lazy_return_random_attacks())
       ...: # 이름에서 underscore ( _ )를 제거한다.
       ...: remove_underscore =\
                  (attack.split("_") for attack in\
                  upper_case_attacks)
       ...: # 새로운 구문을 생성한다.
       ...: new_attack_phrase =\
                  (" ".join(phrase) for phrase in\
                  remove_underscore)
       ...:
In [19]: next(new_attack_phrase)
Out[19]: 'STRAIGHT ANKLE LOCK'


In [20]: for number in range(10):
       ...:     print(next(new_attack_phrase))
       ...:
KIMURA
KEYLOCK
STRAIGHT ANKLE LOCK
...
```

● List 컴프리헨션(Comprehension)

List 컴프리헨션은 문법적으로는 Generator 표현과 비슷하다. 하지만 모든 자료를 메모리에 올려놓고 평가가 이루어진다는 점(실제 필요할 때 평가하는 Generator와 달리)이 분명히 다르다. 게다가 기본적으로 C 코드에 최적화 되어 있기 때문에 전통적인 for 루프와 함께 사용할 때 성능상의 이득을 볼 수 있다는 특징이 있다.

```
In [21]: martial_arts = ["Sambo", "Muay Thai", "BJJ"]
new_phrases = [f"Mixed Martial Arts is influenced by \
        {martial_art}" for martial_art in martial_arts]
In [22]: print(new_phrases)
['Mixed Martial Arts is influenced by Sambo', \
'Mixed Martial Arts is influenced by Muay Thai', \
'Mixed Martial Arts is influenced by BJJ']
```

중급 주제들

지금까지 언급한 기본적인 내용들과 별개로, 코드 작성법을 이해하는 것만큼이나 '얼마나 유지보수 가능하게' 작성할 것인지를 이해하는 것도 매우 중요하다. 이를 위해서는 만든 코드를 라이브러리화 하든지, 제3자에 의해 만들어진 라이브러리를 이용해 코드를 개발하는 것도 좋은 방법이 될 수 있다.

● 파이썬 코드로 라이브러리 만들기

프로젝트를 진행하다 보면 라이브러리로 만드는 것이 얼마나 필요한지 금방 느끼게 될 것이다. 라이브러리를 만들기 위한 기본 사항으로 일단 두 개만 기억하면 되는데, 라이브러리가 저장될 리포지토리에 **funclib** 폴더와 이 폴더 안에는 **__init__.py** 파일이 있어야 한다. 라이브러리를 만들기 위해서는 함수를 가진 모듈이 디렉터리 안에 존재해야 한다. 보다 구체적인 이해를 위해 다음의 예제를 보자.

(1) 다음처럼 funclib 폴더 안에 py 파일을 만든다.

```
touch funclib/funcmod.py
```

(2) funcmod.py 파일 안에 다음과 같이 함수를 만든다.

```
"""이것은 간단한 모듈이다."""

def list_of_belts_in_bjj():
    """브라질리안 주짓수의 벨트 등급 종류를 반환한다."""

    belts = ["white", "blue", "purple", "brown", "black"]
    return belts
```

● 라이브러리 불러오기(importing)

라이브러리가 상위 폴더에 존재할 경우, ***sys.path.append*** 명령을 통해 라이브러리를 불러올 수 있다(주피터에서만 되는 것은 아니고, 파이썬에서도 가능). 라이브러리를 불러온 이후 필요한 모듈을 다음과 같이 이미 만들어 놓은 폴더/파일 이름/함수 이름 순으로 로드할 수 있다.

```
In [23]: import sys;sys.path.append("..")
    ...: from funclib import funcmod
In [24]: funcmod.list_of_belts_in_bjj()
Out[24]: ['white', 'blue', 'purple', 'brown', 'black']
```

● pip install을 이용해 외부 라이브러리를 설치하기

pip install 명령어로 외부 라이브러리를 설치할 수 있다. pip 대신 conda를 사용해 설치할 수도 있다(https://conda.io/docs/user-guide/tasks/manage-pkgs.html). Conda가 익숙한 사용자들에게도 pip은 나쁜 선택이 아니다 – pip은 라이브러리 패키지를 직접 인스톨할 수 있는 기능을 제공하기 때문에 편리하다. 다음은 pip install을 이용해 pandas 라이브러리를 설치하는 예제이다.

```
pip install pandas
```

라이브러리 패키지는 다음과 같이 requirements.txt 파일을 이용해 설치할 수도 있다.

```
> ca requirements.txt
pylint
pytest
pytest-cov
click
jupyter
nbval

 > pip install -r requirements.txt
```

다음의 예제는 주피터 노트북에서 어떻게 라이브러리를 설치하는지를 보여준다. 이것은 해볼
만한 가치가 있는 중요한 작업이다. 주피터 노트북을 사용하면 거미줄 같이 연결되어 있는 거대
한 스켈레톤 코드를 간단히 만들 수 있을 뿐 아니라, 외부 라이브러리들을 매우 쉽게 테스트하
고 불러올 수도 있다.

```
"""이것은 간단한 모듈이다."""

import pandas as pd

def list_of_belts_in_bjj():
    """브라질리안 주짓수의 벨트 등급 종류를 반환한다."""
    belts = ["white", "blue", "purple", "brown", "black"]
    return belts

def count_belts():
    """벨트의 숫자를 집계하기 위해 Pandas를 사용한다."""
    belts = list_of_belts_in_bjj()
    df = pd.DataFrame(belts)
    res = df.count()
    count = res.values.tolist()[0]
    return count

In [25]: from funclib.funcmod import count_belts
    ...:
```

```
In [26]: print(count_belts())
    ...:
5
```

● 클래스(Classes)

주피터 노트북을 사용해 클래스를 적극적으로 활용할 수 있다. 일단 이름만 정의하는 것으로도 클래스의 가장 간단한 형태를 다음처럼 만들 수 있다.

```
class Competitor: pass
```

위의 클래스는 다음과 같이 여러 개의 객체 인스턴스로 만들어질 수 있다.

```
In [27]: class Competitor: pass
In [28]:
    ...: conor = Competitor()
    ...: conor.name = "Conor McGregor"
    ...: conor.age = 29
    ...: conor.weight = 155
In [29]:
    ...: nate.name = "Nate Diaz"
    ...: nate.age = 30
    ...: nate.weight = 170
In [30]: def print_competitor_age(object):
    ...:     """경기 참가자의 나이 통계를 출력한다."""
    ...:
    ...:     print(f"{object.name} is {object.age} years old")
In [31]: print_competitor_age(nate)
Nate Diaz is 30 years old
In [32]:
    ...: print_competitor_age(conor)
Conor McGregor is 29 years old
```

● 클래스(Classes)와 함수(Functions)의 차이

함수와 클래스의 핵심적인 차이는 다음과 같다.

• 함수는 그 실행 구조를 더 쉽게 이해할 수 있다.
• 함수는 일반적으로 (실행에 관련된) 모든 상태가 해당 함수 안에 존재하는 반면, 클래스는 외부에 존재하는 경우도 있다.
• 클래스는 함수에 비해 어렵지만 사용시 보다 고차원적인 추상화가 가능하다.

▌마지막 생각들

이 장에서는 이 책에서 설명하고자 하는 내용의 기본이 되는 내용으로, 기능적인 파이썬 언어에 대한 간단한 튜토리얼을 제공하고, 이들이 머신러닝 응용 프로그램의 개발에 어떻게 사용되는지에 대해 간단히 다루어 보았다.

다음 장에서는 클라우드 기반의 머신러닝에 대해 자세히 다뤄보고자 한다. 머신러닝은 크게 몇 가지의 범주로 나눌 수 있는데, 그중 지도학습(Supervised learning)은 보통 정답이 이미 알려져 있는 경우에 사용하며, 그 대표적 예가 과거의 데이터로 미래의 주택 가격을 예측하는 것이다. 정답을 알 수 없는 경우에는 비지도학습(Unsupervised learning)을 사용하는데, 가장 대표적인 예가 클러스터링 알고리즘일 것이다. 지도학습은 학습에 사용되는 데이터들에 레이블이 정확히 지정되어 있으며, 결과를 정확히 예측하는 데 그 목적이 있다. 실용적인 인공지능의 관점에서 볼 때, 일부 기술은 지도학습을 더욱 강력하게 만드는 데 도움이 된다. 이러한 기술 중 하나는 새로운 학습에 적합하도록 훨씬 작은 데이터 세트를 이용해 이미 사전 학습된 모델을 조정하여 사용하는 것이다.

또 다른 기술로는 능동적인 학습이 있는데, 정확성의 개선 정도에 따라 일부 데이터를 선택해 계산 성능의 저하를 감수하고 수동으로 태깅하는 것을 의미한다. 비지도학습의 경우 데이터에 레이블이 존재하지 않으며, 데이터에 숨겨진 구조를 찾는 것이 그 주요 목적이다.

세 번째 유형의 머신러닝으로 강화학습(Reinforcement learning)이 있는데 이는 앞의 두 경우보다 일반적으로 덜 사용되며 이 책에서는 자세히 다루지 않는다. 강화학습 기법은 Raw 픽셀에서 아타리(Atari) 게임이나 바둑 게임 프로그램을 개발(https://gogameguru.com/

i/2016/03/deepmind-mastering-go.pdf)할 때, 종종 사용된다.

딥러닝(Deep learning)은 클라우드 공급자를 통해 형성된 그래픽 처리 장치(GPU) 팜에서 많이 사용되는 머신러닝 기술로, 이미지 인식과 같은 분류 문제를 해결하는 데 많이 사용되며, 다른 많은 문제에도 사용된다. 딥러닝을 위한 전용 칩 개발에 참여하고 있는 회사가 십여 개가 넘는다는 점은 딥러닝이 머신러닝 실용화에 얼마나 중요한 역할을 하고 있는지 짐작할 수 있게 해주는 대목이다.

지도학습의 두 가지 하위 범주로 회귀(regression)와 분류(classification) 기법을 들 수 있다. 회귀 기반의 지도학습 기법은 연속적인 가치를 예측하는 데 사용되며, 분류 기반의 기법은 과거 데이터를 이용해 (현재 또는 미래 데이터의) 레이블을 예측하는 데 초점을 맞춘다.

마지막으로, 이 책에서는 인공지능을 자동화와 인지 기능의 모방이라는 측면에서 주로 다룰 것이다. 또한, 인공지능 프로젝트를 수행하는 데 있어 구글(Google), 아마존(Amazon), 마이크로소프트(Microsoft) 및 IBM과 같은 거대 회사에서 제공하는 API를 어떻게 통합해 사용할 것인지에 대해서도 자세히 설명하고자 한다.

인공지능(AI)과 머신러닝(ML) 툴체인

연습을 말하는 중이다. 경기에 대해서 말하고 있지 않다.
– 알렌 이버슨(Allen Iverson)

논문, 수업, 각종 시청각 자료 및 학위 과정 등 인공지능(AI)과 머신러닝(ML) 교육을 위해 필요한 다양한 기회가 급격히 증가하고 있는 추세다. 하지만 툴체인(Toolchain)에 대해 자세히 다루는 경우는 많지 않다. 산출물 레벨의 머신러닝 애플리케이션을 개발하는 데 필요한 기본적인 기술은 무엇일까? 그리고 예측 가능한 안정적인 자동화 시스템을 개발하기 위해 기업이 구축해야 하는 기본적인 프로세스는 무엇일까?

데이터 과학을 성공적으로 다루는 데 꼭 필요한 툴체인은 어떤 특정 분야의 경우 너무 복잡하게 이용되고 있고, 다른 분야에서는 제대로 이용되지 못하고 있는 실정이다. 주피터 노트북은 솔루션 개발 과정의 복잡도를 획기적으로 줄여 주는 혁신 중 하나이며, 데브옵스(DevOps)*의 철학은 데이터 보안 및 안정성을 포함한 다양한 분야(애플리케이션을 개발할 때)에서 다루어진다. 상당한 정보가 노출된 계기였던 미국의 이퀴팩스(Equifax) 해킹(2017년)과 페이스북/캠브리지 애널리티카(Facebook/Cambridge Analytica) 스캔들(2018년)은 데이터 보안이 현 시대의 가장 중요한 문제 중 하나임을 자명하게 보여준다. 이 장에서는 이러한 이슈들에 대해 다룰 뿐 아니라, ML 시스템의 안정성 및 보안성을 향상시키는 개발 프로세스에 대한 권장 사항을 제시하고자 한다.

■ 파이썬 데이터 과학 생태계: IPython, 판다스, 넘파이, 주피터 노트북, Sklearn

파이썬의 생태계는 다소 독특하게 형성되었다. 필자는 캘리포니아 공과대학(Caltech)에서 일

---

* 데브옵스(DevOps): 개발팀(development)과 운영팀(operation)을 조합한 말로, 두 팀의 소통이 원활하게 이루어질 수 있도록 하는 소프트웨어 개발 방법론의 하나.

하던 2000년 처음으로 파이썬에 대해 들었던 기억이 난다. 당시로서는 거의 전례를 찾아보기 힘든 언어였지만, 이미 학계에서 컴퓨터 과학의 기초를 가르치는 데 좋은 언어라는 소문이 돌고 있었다.

C나 Java로 컴퓨터 과학을 가르칠 때 발생하는 문제 중 하나는 for 루프와 같은 기본 개념 외 다른 것들(상대적으로 복잡한 개념)을 배울 때 상당히 많은 오버헤드가 생길 수 있다는 점이다. 그로부터 거의 20년이 지난 지금 우리는 파이썬이 컴퓨터 과학 교육의 표준이 되어가고 있는 시점에 거의 와 있다고 해도 무방할 것이다.

필자가 큰 관심을 가지고 있는 세 가지 분야(데브옵스(DevOps), 클라우드 아키텍처 및 데이터 과학)에서 파이썬이 엄청난 진보를 이루었다는 사실은 결코 놀랄 만한 일이 아니다. 필자에게는 상기의 모든 주제들이 상호 연관되어 있다고 보는 편이 더 자연스럽기 때문이다. (남들이 보기에) 이 우발적인 진화로 인해 사실 필자는 회사에서 수행하는 전체 스택의 개발을 단지 하나의 언어로 수행할 수 있어서 좋았고, AWS 람다와 같은 서비스 덕분에 엄청난 규모의 개발 작업을 신속하게 처리할 수 있었다.

주피터 노트북은 재미있는 녀석이다. 필자는 약 10년 전 IPhython을 예제로 사용한 책을 공동 집필한 바 있으며, 그로부터 지금까지 IPhython을 계속 사용해 왔다. 그래서 주피터 노트북이 주목받기 시작했을 때 이미 필자는 그것을 마치 장갑을 낀 것처럼 편리하게 사용할 수 있었으며, 실제로 많은 작업들이 파이썬과 함께 계속해서 발전해 왔다고 생각한다.

R(통계 프로그램)을 수년 간 사용하면서 R이 파이썬과 상당히 다른 스타일을 가지고 있다는 걸 알게 되었다. 파이썬은 데이터 프레임이 언어에 포함되어 있을 뿐 아니라, 그림 그리는 기능(플로팅) 및 고급 통계 함수 기능을 제공한다는 점에서 R과 다르다. 파이썬은 기본적으로 R보다 더 순수한 의미로 '함수 중심적'인 언어라고 할 수 있다.

클라우드 통합 옵션과 라이브러리를 고려할 때 일반적으로 파이썬은 R보다 훨씬 더 실용성이 높은 언어지만, '순수' 데이터 과학 활용 측면에서는 다소 엇갈린 느낌이 있을 수도 있다. 예를 들어, 판다스(Pandas)는 for 루프를 사용하지 않지만 파이썬 언어에서는 일반적으로 사용한다. 이러한 패러다임의 충돌은 파이썬 언어가 판다스(Pandas), 사이킷런(scikit-learn), 넘파이(Numpy) 등과 같은 라이브러리 패키지와 혼합되어 있기 때문에 발생한다. 그렇지만 이 문제는 독자가 파이썬 사용자인 경우 상당히 좋은 측면으로 작용하게 될 것이다.

▍ R, R스튜디오(Rstudio), 샤이니(Shiny), 지지플롯(ggplot)

독자가 파이썬을 주로 사용할지라도 R 및 R의 도구들과 어느 정도 익숙해지는 편이 좋다. R의 생태계에는 논의해 볼 만한 가치가 있는 몇 가지의 특징들이 있으며, R은 미러 사이트 (https://cran.r-project.org/mirrors.html)에서 손쉽게 다운로드할 수 있다.

R 언어의 주된 통합 개발 환경(IDE)은 RStudio(https://www.rstudio.com/)이다. RStudio 는 샤이니(Shiny)(http://shiny.rstudio.com/) 응용 프로그램과 R 마크다운(Markdown) 문서 (https://rmarkdown.rstudio.com/)의 제작 기능을 포함해 다양한 훌륭한 기능들을 지원한다. R을 시작했다면 최소한 R스튜디오를 사용해 보는 편이 좋다.

샤이니는 계속 발전하고 있는 상태지만, 대화형 데이터 분석을 위해 탐구해 볼 가치가 있는 기술이다. 샤이니를 사용하면 순수히 R만으로 코드를 작성해 최종 산출물로 배포할 수 있는 대화형 웹 응용 프로그램을 만들 수 있다. 이에 대한 이해를 돕는 다양한 예제가 관련 갤러리 사이트(https://rmarkdown.rstudio.com/gallery.html)에 존재한다.

R의 또 다른 강점은 최첨단의 통계 라이브러리를 보유하고 있다는 점이다. 통계학자를 위해 뉴질랜드의 오클랜드에서 개발되며, 그 지역 사회에서의 역사적 기반 또한 튼튼하다. 이 이유만으로도 R은 개발 도구 상자에 포함되기에 충분한 가치가 있다.

마지막으로 매우 훌륭하고 완벽한 그래프 라이브러리인 지지플롯(ggplot)을 이용하면, 대부분의 경우 파이썬 프로젝트의 코드를 CSV 파일로 내보낸 후 R스튜디오로 가져와서 멋지게 가시화할 수 있다. 이에 대한 예는 6장의 'NBA에서 소셜 미디어의 영향 예측'에서 보다 상세히 다룰 것이다.

▍ 스프레드시트: 엑셀(Excel)과 구글 시트

엑셀(Excel)은 최근 몇 년 동안 많은 비판을 받아 왔다. 그러나 종합적인 솔루션이 아닌 하나의 도구로서의 관점에서 보면, 엑셀과 구글 스프레드시트는 매우 유용한 편이다. 특히 엑셀의 강력한 사용처 중 하나는 데이터를 준비하고 정리하는 것이다. 데이터 과학 문제를 신속하게 초기에 파악하는 데 엑셀을 사용한다면, 데이터 세트를 정리하고 정형화하는 과정이 더 빨라질 수 있다.

구글(Google) 스프레드시트 역시 실제의 문제를 해결하는 훌륭한 기술이다. 4장의 '구글 클라우드 플랫폼 기반의 클라우드 인공지능 개발'에서 프로그래밍을 통해 구글 스프레드시트를 만드는 것이 얼마나 쉬운지 보여주는 예들을 다룰 것이다. 스프레드시트 자체는 이미 존재해 온 기술이지만, 여전히 솔루션 산출물을 만드는 데 매우 유용한 도구이다.

■ 아마존 웹 서비스 기반의 클라우드 인공지능 개발

아마존 웹 서비스(AWS, Amazon Web Service)는 클라우드 분야의 강자이다. 아마존에는 직원들이 조직을 생각하는 방법을 개괄해 놓은 리스트가 있는데, 이것을 베이커의 12가지 리더십 원칙(https://www.amazon.jobs/principles)이라고 한다. 이 리스트의 마지막 항목이 바로 '결과 전달'인데, AWS 클라우드 플랫폼은 2006년 출시 이후 이 역할을 수행해 왔으며, 출시 이래 계속 가격이 하락하고 있을 뿐 아니라 기존 서비스가 개선되어 새로운 서비스가 빠른 속도로 추가되고 있는 상황이다.

최근 몇 년 간 AWS는 빅데이터, 인공지능 및 머신러닝 분야에서 큰 진전을 이루었다. 또한 AWS 람다(Lambda)와 같은 서버리스 기술의 방향으로 움직여 왔다. 많은 새로운 기술이 등장하면서, 과거와의 링크를 가지는 초기 버전 및 구 버전의 흔적들을 많이 포함하고 있는 다음 버전들이 존재하게 되었다. 클라우드의 첫 번째 버전은 데이터 센터에서 가상 머신, 관계형 데이터베이스 등의 초석을 놓았으며 서버리스 기술이 적용된 다음 버전들은 '클라우드 기반'의 기술로 개발되었다. 운영체제 및 기타 세부 사항은 추상화되어 있기 때문에, 남은 문제는 목적에 맞는 코드를 잘 개발하는 것 뿐이다.

뒤에서 보겠지만, 간소화된 코드 작성 방법은 머신러닝 및 인공지능 응용 프로그램을 클라우드에서 개발하는 데 상당히 적합한 편이며, 이 장에서는 클라우드 AI 응용 프로그램을 개발하는 것과 관련된 새로운 기술에 대해 다루고자 한다.

■ AWS의 데브옵스(DevOps)

필자는 많은 데이터 과학자나 개발자가 "데브옵스(DevOps)는 내가 할 일이 아니다"라고 말하는 것을 들은 적이 있다. 하지만 데브옵스(DevOps)는 단지 일이 아니고 '마음의 상태'이다.

아마도, 인공지능의 가장 정교한 형태 중 하나가 자동차 운전처럼 사람이 하는 어려운 작업을 자동화하는 것이라는 점에는 누구나 동의할 것이다. 데브옵스(DevOps)는 바로 이러한 생각과 공통점이 있다. 머신러닝 엔지니어가 프로그램 산출물을 생산 환경에 배치하는 데 도움이 되는 효율적이고 자동화된 피드백 루프를 (데브옵스(DevOps)를 이용해) 만들고 싶지 않을 이유가 무엇인가?

클라우드(특히 AWS 클라우드)를 이용해 이전에는 볼 수 없었던 규모의 자동화와 효율성을 이룰 수 있게 되었다. 데브옵스(DevOps)가 지원하는 솔루션으로는 스폿(Spot) 인스턴스, 옵스웍크(OpsWorks), 일래스틱 빈스톡(Elastic Beanstalk), 람다(Lambda), 코드스타(CodeStar), 코드커밋(CodeCommit), 코드빌드(CodeBuild), 코드파이프라인(CodePipeline) 및 코드디플로이(CodeDeploy) 등이 있으며, 이 장에서는 이러한 모든 솔루션 서비스의 예와 머신러닝 엔지니어가 이들을 어떻게 사용할 수 있는지에 대한 개요를 다룬다.

컨티뉴어스 딜리버리(Continuous Delivery)

컨티뉴어스 딜리버리(Continuous Delivery) 소프트웨어는 (개발 과정에서) 연속적인 전달이 필요한 환경에서 언제든 사용할 수 있다. 이의 기본적인 개념 모델은 공장의 조립 라인을 생각하면 된다. 연속적인 전달의 개념을 이해하는 데 도움이 되는 데브옵스(DevOps)의 핵심 내용들(피어슨 에듀케이션(Pearson Education) 및 스텔리전트(Stelligent)에 의해 공동으로 개발된 코드)이 온라인에 공개되어 있으며(http://www.devopsessentialsaws.com/), 여기에는 AWS의 데브옵스(DevOps)에 대한 개요 또한 잘 정리되어 있다.

AWS 용 소프트웨어 개발 환경 만들기

AWS로 작업하는 데 있어 첫 번째로 중요한 사항은 기본적인 개발 환경을 설정하는 것이다. 파이썬은 머신러닝 분야 개발자에게 많이 사용되고 있으므로, 가급적 파이썬 중심의 개발 환경 설정에 대해 이야기하려고 한다. 여기서는 Makefile 설정, 가상 환경 만들기, 셸(bash 또는 zsh) 기반의 바로 가기 환경 만들기, AWS 프로파일의 자동 소싱 등에 대해 논할 것이다.

Makefile에 대한 간략한 설명: 벨 랩(Bell Labs)에서 1976년에 처음 고안되었으며, 소스 코드 간의 의존도를 고려해 실행 파일을 빌드하는 데 사용된다. Makefile을 이해하는 것은 다소

복잡할 수 있지만, 많은 머신러닝 프로젝트를 진행하는 데 매우 필요하기 때문에 반드시 알아 놓는 것이 좋다. Makefile의 첫 번째 장점은 별도의 소프트웨어를 설치하지 않고도 유닉스나 리눅스 시스템에서 사용할 수 있다는 것이며, 두 번째 장점은 Makefile이 일반적으로 프로젝트 를 진행하는 사람들에게 실행 파일 빌드 방법의 표준으로 폭넓게 인식되어 있다는 점이다.

필자는 영화 업계에서 일하면서 가상 환경을 사용해 본 적이 있다. 영화는 최초의 빅데이터 산업 중 하나로 볼 수 있다. 2000년대 후반에도 필자가 일한 스튜디오에서 페타바이트급의 저 장 용량을 가진 파일 서버를 사용했는데, 이러한 서버에서는 프로젝트 환경 변수를 설정해 주는 도구를 별도로 사용하지 않고서는 데이터나 소스 코드들의 폴더 트리 구조를 파악할 수 있는 방 법이 사실상 없다고 해도 과언이 아니다.

웨타 디지털(Weta Digital)에서 영화 아바타(Avatar)의 제작에 관련된 파이썬 프로그래밍을 할 때, 필요한 파일 서버의 용량이 점점 커져서 (하나의 서버로는 더 이상 용량 확장을 하지 못 해) 거대한 데이터의 사본을 여러 개의 파일 서버에 항상 동기화했던 것이 기억난다. 사실, 필 자의 부수적인 프로젝트 중 하나는 파이썬이 파일 서버에서 동작하는 방식을 수정하는 것이었 다. 당시 파이썬의 가져오기(import) 기능을 수행할 때 파이썬의 기본 라이브러리 경로에 있는 10여만 개의 파일을 검색하는 데 거의 30초 이상 걸렸기 때문에 이를 개선할 필요가 있었다. 필 자는 리눅스에서 strace를 사용해 파이썬의 인터프리터를 해킹한 다음 파이썬의 경로를 무시 하는 방법으로 import의 성능을 향상시킬 수 있었다.

파이썬의 Virtualenv와 아나콘다(Anaconda)의 conda는 필자가 영화계에서 경험했던 것과 비슷한 작업을 수행한다. 이들은 특정 프로젝트를 위한 전용 환경 변수를 생성해 주기 때문에, 사용자가 다수의 프로젝트를 작업할 때 본인도 모르게 서로 충돌하는 버전의 라이브러리를 가 져오는 실수를 방지해 줄 수 있다.

[리스팅 2.1]에 아주 기본적인 Makefile의 예가 주어져 있다.

리스팅 2.1 기본적인 파이썬 AWS 프로젝트 Makefile

```
setup:
    python3 -m venv ~/.pragai-aws
install:
    pip install -r requirements.txt
```

Makefile은 프로젝트를 로컬, 빌드 서버, 도커 컨테이너 및 프로덕션 환경에서 빌드할 때 공통적인 참조 포인트로 사용되기 때문에 잘 알아두어야 한다. 예를 들어, 새로운 git 저장소 유형에서 이 Makefile을 사용하기 위해서는 다음과 같이 수행하면 된다.

```
➜  pragai-aws git:(master) ✗*make setup
python3 -m venv ~/.pragai-aws
```

이 make 명령은 ~/.pragai-aws 위치에 새로운 파이썬 가상 환경을 만들어 준다. 이 책의 다른 부분에서도 언급하겠지만, make 파일 안에 별칭(alias)을 만들어 환경 파일의 소싱 및 디렉터리 변경(cd)을 한꺼번에 수행하는 것이 일반적으로는 좋은 방법이다. 독자가 Z 셸이나 bash 셸을 사용한다면 .zshrc 또는 .bashrc 파일을 편집하여 아래와 같이 git checkout 저장소에 대한 별칭을 추가해 놓도록 하자.

```
Alias pawstop = "cd ~/src/pragai-aws &&\
        source ~/.pragai-aws/bin/activate"
```

별칭을 추가해 놓고 나면 아래와 같이 쉽고 간단하게 수행할 수 있다.

```
➜  pragai-aws git:(master) ✗ pawstop
(.pragai-aws) ➜  pragai-aws git:(master) ✗
```

이처럼 수행을 쉽고 간편하게 할 수 있는 이유는 활성화 스크립트(activate script) 때문이다. 위 예제에서 설정해 놓은 동일한 활성화 스크립트는 PYTHONPATH 및 AWS_PROFILE 등과 같은 프로젝트의 다른 환경 변수를 제어하는 유용한 메커니즘으로 사용되며 이에 대한 자세한 내용은 이 섹션에서 다룬다. AWS용 프로젝트를 설정하는 다음 단계는 계정이 없는 경우 계정을 생성하고, 해당 계정에 사용자가 없는 경우 사용자를 추가하는 것이다. 아마존(Amazon) 웹 사이트에서 사용자 계정 생성에 필요한 식별자 및 접근 관리(Identity and Access Management, IAM)에 대한 훌륭한 지침을 찾아 볼 수 있다(http://docs.aws.amazon.com/IAM/latest/UserGuide/id_users_create.html).

---

* ✗ 뒤에는 실행 명령이 온다.

계정이 설정된 이후, (공식적으로 제공되는 AWS 지침에 따르면) 다음 단계는 이름이 설정된 프로필(named profile)을 만드는 것이며, 이에 관련된 AWS의 공식 참고 자료(http://docs.aws.amazon.com/cli/latest/userguide/cli-multiple-profiles.html) 역시 웹 기반으로 제공된다. 이 단계의 핵심 아이디어는 프로젝트가 특정 사용자 이름 또는 역할을 사용하고 있음을 명시적으로 구분해 주는 프로필을 만드는 것이다. 더 자세한 내용은 웹의 AWS 관련 자료(http://docs.aws.amazon.com/cli/latest/userguide/cli-roles.html)를 참고하기 바란다.

AWS CLI Tool과 Boto3(Boto3는 이 책을 집필할 당시 기준으로 최신 버전이다)를 설치하기 위해서는 두 설치 항목을 requirement.txt 파일에 지정해 놓은 다음 아래와 같이 make install 명령을 수행하면 된다.

```
(.pragai-aws) ➡ ✗  make install
pip install -r requirements.txt
```

새롭게 추가된 사용자에 대해 설치된 aws 커맨드(command)를 이용해 아래와 같이 설정해 주는 작업이 필요하다.

```
(.pragai-aws) ➡ ✗ aws configure -profile pragai
AWS Access Key ID [****************XQDA]:
AWS Secret Access Key [****************nmkH]:
Default region name [us-west-2]:
Default output format [json]:
```

커맨드라인으로 실행시킬 수 있는 aws 툴을 -profile 옵션과 함께 사용할 수 있다. 이 명령이 제대로 동작하는지 테스트하는 손쉬운 방법은 Global Database of Events, Language, Tone 프로젝트(GDELT: https://aws.amazon.com/public-datasets/gdelt/)와 같이 AWS에서 제공하는 ML(머신러닝) 데이터 세트 중 하나의 내용 목록을 출력해 보는 것이다.

```
(.pragai-aws) ➡  aws s3 cp \
        s3://gdelt-open-data/events/1979.csv .
fatal error: Unable to locate credentials
```

앞의 예제에서는 에러가 나지만, 아래처럼 --profile 옵션을 이용해 다운로드를 수행하면
S3로부터 파일을 찾아낼 수 있다. 별칭(alising) 기능을 이용해 항상 -profile 옵션을 선택해
AWS 커맨드를 실행할 수 있도록 설정해도 되지만, 커맨드라인을 통해 다양한 명령을 수행하고
자 하는 숙련된 사용자에게는 이 옵션이 오히려 귀찮을 수도 있음에 유의한다.

```
(.pragai-aws) aws --profile pragai s3 cp\
        s3://gdelt-open-data/events/1979.csv .
download: s3://gdelt-open-data/events/1979.csv to ./1979.csv
(.pragai-aws) ➡ du -sh 1979.csv
110M    1979.csv
```

이 문제에 대한 가장 좋은 솔루션은 virtualenv 반영을 위해 활성화 스크립트의 AWS_
PROFILE 변수에 계정 정보를 넣어 주는 것이다.

```
(.pragia-aws) ➡ vim ~/.pragai-aws/bin/activate
#AWS 환경변수를 설정해 준다.
AWS_PROFILE="pragai"
export AWS_PROFILE
```

가상 환경에 반영되면, 올바른 AWS profile이 자동적으로 사용된다.

```
(.pragia-aws) ➡ echo $AWS_PROFILE
pragai
(.pragia-aws) ➡ aws s3 cp\
        s3://gdelt-open-data/events/1979.csv .
download: s3://gdelt-open-data/events/1979.csv to ./1979.csv
```

● 파이썬 AWS 프로젝트 구성하기

Virtualenv와 AWS 자격 관련 내용의 완성 이후 할 일은 파이썬 코드를 사용하기 위한 환경
을 구성하는 것이다. 효과적이고 생산적인 개발을 가능케 하는 프로젝트 체계를 구성하는 것은
시간이 오래 걸려도 반드시 해야할 일이다. 아래에 기본적인 파이썬/AWS 프로젝트 체계를 생

성하는 예제가 주어져 있다.

```
(.pragia-aws) ➡ mkdir paws
(.pragia-aws) ➡ touch paws/__init__.py
(.pragia-aws) ➡ touch paws/s3.py
(.pragia-aws) ➡ mkdir tests
(.pragia-aws) ➡ touch tests/test_s3.py
```

이 구성을 이용해 간단한 S3 모듈을 작성하는 예가 [리스팅 2.2]에 주어져 있다. 여기서 Boto3 라이브러리는 S3로부터 파일을 다운로드하는 함수를 생성하기 위해 사용되며, 그 외 logging 라이브러리를 import하고 있다.

리스팅 2.2 S3 모듈

```
"""
PAWS 라이브러리에서 제공되는 53개의 방법
"""

import boto3
from sensible.loginit import logger

log = logger("Paws")

def boto_s3_resource():
    """boto S3 리소스를 생성한다."""

    return boto3.resource("s3")

def download(bucket, key, filename, resource=None):
    """S3로부터 파일을 다운로드한다."""
```

```
if resource is None:
    resource = boto_s3_resource()
log_msg = "Attempting download: {bucket}, {key}, {filename}".\
    format(bucket=bucket, key=key, filename=filename)
log.info(log_msg)
resource.meta.client.download_file(bucket, key, filename)
return filename
```

단 몇 줄의 코드를 사용하면, 이처럼 새롭게 만들어진 라이브러리를 IPython 커맨드를 이용해 사용할 수 있다. 아래의 예에서는 "paws"라는 namespace를 생성해 사용하고 있다.

```
In [1]: from paws.s3 import download

In [2]: download(bucket="gdelt-open-data",\
        key="events/1979.csv", filename="1979.csv")
2017-09-02 11:28:57,532 - Paws - INFO - Attempting download:
        gdelt-open-data, events/1979.csv, 1979.csv
```

라이브러리가 제대로 만들어졌다면, 활성화 스크립트의 PYTHONPATH 변수를 생성해 이 라이브러리의 위치를 반영해 주자.

```
#PYTHONPATH 환경변수를 설정한다.
PYTHONPATH="paws"
export PYTHONPATH
```

이제 앞에서 생성했던 pawstop 별칭(alias)을 이용해 가상 환경을 소싱(source)해 주자.

```
(.pragia-aws) ➡  pawstop
(.pragia-aws) ➡  echo $PYTHONPATH
paws
```

다음으로, AWS 테스트를 위해 유용한 두 개의 라이브러리인 *pytest*와 *moto*를 사용해 단위 테스트를 만들 수 있다. Moto는 AWS를 mocking(mock 객체의 생성: 실제 객체를 만들기엔 비용과 시간이 많이 들거나 의존성이 길어 제대로 구현하기 어려울 경우 가짜 객체를 만들어 사용하는 기법) 하는 데 사용되며, pytest는 테스트 프레임워크이다. 이는 [리스팅 2.3]에서 볼 수 있다. 이 예제에서 Pytest fixture는 임시 자원을 생성하는 데 사용되며, moto는 Boto 작업을 시뮬레이션하는 모의 객체(mock 객체)를 만드는 데 생성된다. 그런 다음 test_download 함수는 리소스가 제대로 생성된 이후 이를 검증해 주는 역할을 수행한다. 다운로드 함수를 실제로 테스트하려면 리소스 객체를 함수의 매개변수로 전달해야 하는데, 이와 같이 코드를 작성하는 것은 코드의 보안성을 덜 취약하게 만드는 좋은 예이다.

리스팅 2.3 S3 모듈 테스트

```
import pytest
import boto
from moto import mock_s3
from paws.s3 import download

@pytest.yield_fixture(scope="session")
def mock_boto():
    """모의 객체를 셋업한다"""

    mock_s3().start()
    output_str = 'Something'
    resource = boto3.resource('s3')
    resource.create_bucket(Bucket="gdelt-open-data")
    resource.Bucket("gdelt-open-data").\
        put_object(Key="events/1979.csv",
                    Body=output_str)
    yield resource
    mock_s3().stop()

def test_download(mock_boto):
    """s3 다운로드 함수를 테스트한다"""
```

```
resource = mock_boto
res = download(resource=resource, bucket="gdelt-open-data",
            key="events/1979.csv", filename="1979.csv")
assert res == "1979.csv"
```

프로젝트 테스트에 필요한 라이브러리를 설치하기 위해서는 requirement.txt 파일이 다음과 같이 구성되어 있어야 한다.

```
awscli
boto3
moto
pytest
pylint
sensible
jupyter
pytest-cov
pandas
```

패키지를 인스톨하기 위해서는 make install 명령이 수행되어야 한다. 이후 테스트를 실행하기 위해 Makefile은 다음과 같이 변경되어야 한다.

```
setup:
    python3 -m venv ~/.pragia-aws

install:
    pip install -r requirements.txt

test:
    PYTHONPATH=. && pytest -vv --cov=paws tests/*.py

lint:
    pylint --disable=R,C paws
```

이후, 테스트와 커버리지(coverage)는 아래와 같이 수행된다.

```
(.pragia-aws) ➡ pragai-aws git:(master) ✗ make test
PYTHONPATH=. && pytest -vv --cov=paws tests/*.py
=========================================
test session starts ========================
platform darwin -- Python 3.6.2, pytest-3.2.1,
/Users/noahgift/.pragia-aws/bin/python3
cachedir: .cache
rootdir: /Users/noahgift/src/pragai-aws, inifile:
plugins: cov-2.5.1
collected 1 item

tests/test_s3.py::test_download PASSED

---------- coverage: platform darwin, python 3.6.2-final-0
Name                 Stmts      Miss      Cover
----------------------------------------------
paws/__init__.py       0          0       100%
paws/s3.py            12          2        83%
----------------------------------------------
TOTAL                 12          2        83%
```

Pylint를 설정하는 방법은 여러 가지가 있지만 필자가 선호하는 방법은 지속적 전달 (Continuous delivery: 산출물로 공개하기 위한 코드 변경이 자동으로 준비되는 소프트웨어 개발 방식) 기반의 프로젝트에 대해서만 경고와 오류를 표시하는 것이다: pylint --disable = R, C paws. lint를 실행하면 다음과 같이 동작한다.

```
(.pragia-aws) ➡ pragai-aws git:(master) ✗ make lint
pylint --disable=R,C paws
No config file found, using default configuration

-----------------------------------------------------------
Your code has been rated at 10.00/10 (previous run: 10.00/10, +0.00)
```

마지막으로 install, lint 및 test를 한번에 수행하기 위해 makefile에 all 구문을 작성하는 것이 유용할 수 있다. (all : install lint test) 그런 다음 make all 명령을 수행하면 세 가지 수행이 순차적으로 이루어진다.

주피터 노트북과 (프로젝트) 통합하기

주피터 노트북(Jupyter Notebook)을 사용하면 프로젝트의 레이아웃 작업 및 개발물의 결과를 자동으로 테스트할 수 있다는 큰 장점이 있다. 이를 위해 노트북은 notebooks 폴더와 체크아웃 루트에 있는 데이터 폴더에 생성된다(mkdir -p notebooks 수행 필요). 주피터 노트북이 실행되면 paws.ipynb라는 새로운 노트북이 만들어지는데, 이를 이용해 이전에 만들어 놓은 라이브러리를 사용해 CSV 파일을 다운로드하고 판다스(Pandas)를 통해 간단히 탐색할 수 있다. 다음의 예제에서 보듯, 먼저 경로가 루트에 추가되고 import 커맨드를 이용해 판다스(Pandas)를 불러온다.

```
In [1]: # 코드의 체크아웃 루트 디렉토리를 경로에 포함시킨다.
   ...: import sys
   ...: sys.path.append("..")
   ...: import pandas as pd
   ...:
```

이제 이전에 만들어 놓은 라이브러리를 로드하고, CSV 파일을 다운로드한다.

```
In [2]: from paws.s3 import (boto_s3_resource, download)

In [3]: resource = boto_s3_resource()

In [4]: csv_file = download(resource = resource,
   ...:                     bucket = "gdelt-open-data",
   ...:                     key = "events/1979.csv",
   ...:                     filename = "1979.csv")
2017-09-03 11:57:35,162 - Paws - INFO - Attempting
events/1979.csv, 1979.csv
```

원 데이터의 포맷이 규칙적인 형태가 아니므로, 데이터 프레임에 이를 맞춰 주기 위한 트릭이 필요하다(names=range(5)). 테스트 데이터 세트 파일들이 GIT 저장소에 바로 체크인하기에 너무 크기 때문에 다음과 같이 100MB 단위로 분할하여 저장할 필요가 있다.

```
In [7]: # 파일을 불러와 자르고 저장한다.
   ...: df = pd.read_csv(csv_file, names = range(5))
   ...: df = df.head(100)
   ...: df.to_csv(csv_file)
   ...:
```

이제 파일을 다시 읽은 후 화면에 출력한다.

```
In [8]: df = pd.read_csv("1979.csv", names = range(5))
   ...: df.head()
   ...:
Out[8]:
      Unnamed: 0
0         NaN
1         NaN
2         0.0 0\t19790101\t197901\t1979\t1979.0027\t\t\t\t\t...
3         1.0 1\t19790101\t197901\t1979\t1979.0027\t\t\t\t\t...
4         2.0 2\t19790101\t197901\t1979\t1979.0027\t\t\t\t\t...

         3      4
0        3      4
1        3      4
1        3      4
2      NaN    NaN
3      NaN    NaN
4      NaN    NaN

In [9]: df.describe()
Out[9]:
         Unnamed: 0
count    98.000000
mean     48.500000
```

```
std      28.434134
min       0.000000
25%      24.250000
50%      48.500000
75%      72.750000
max      97.000000
```

이 기본 노트북을 설정해 놓으면, pytest의 플러그인 모듈인 nbval을 사용하고 이를 requirements.txt 파일에 추가하여 Makefile 빌드 시스템에 통합할 수 있다. 데이터 세트 파일을 다운로드받았다면, 이후 코드 실행시 아래 줄들은 주석 처리해 주는 게 좋다. 그렇지 않으면 S3 파일들이 매 실행마다 다운로드되기 때문이다.

```
# csv_file = download(resource = resource,
#                     bucket = "gdelt-open-data",
#                     key = "events/1979.csv",
#                     filename = "1979.csv")
# 파일을 불러와, 그것을 잘라 저장한다.
# df = pd.read_csv(csv_file, names = range(5))
# df = df.head(100)
# df.to_csv(csv_file)
```

노트북을 테스트하기 위해 Makefile에 아래와 같이 구문을 추가할 수 있다.

```
test:
    PYTHONPATH=. && pytest -vv --cov=paws tests/*.py
    PYTHONPATH=. && py.test --nbval-lax notebooks/*.ipynb
```

테스트 실행은 다음과 같이 이루어진다.

```
PYTHONPATH=. && py.test --nbval-lax notebooks/*.ipynb
=========================================================
test session starts
```

```
========================================
platform darwin -- Python 3.6.2, pytest-3.2.1, py-1.4.34
rootdir: /Users/noahgift/src/pragai-aws, inifile:
plugins: cov-2.5.1, nbval-0.7
collected 8 items

notebooks/paws.ipynb ........
========================================
warnings summary ========================================
notebooks/paws.ipynb::Cell 0
  /Users/noahgift/.pragia-aws/lib/python3.6/site-packages/jupyter_client/
connect.py:157: RuntimeWarning:
'/var/folders/vl/sskrtrf17nz4nww5zr1b64980000gn/T':
'/var/folders/vl/sskrtrf17nz4nww5zr1b64980000gn/T'
    RuntimeWarning,

-- Docs: http://doc.pytest.org/en/latest/warnings.html
========================================
8 passed, 1 warnings in 4.08 seconds
========================================
```

지금까지 프로젝트에 노트북을 추가하고 생성된 공통 라이브러리를 공유하기 위해 반복적으로 사용 가능하고 테스트도 가능한 구조를 어떻게 설정하는지에 대해 알아보았다. 추가적으로, 이러한 구조는 지속적 전달(Continuous delivery: 산출물로 공개하기 위한 코드 변경이 자동으로 준비되는 소프트웨어 개발 방식) 기반의 개발 환경에도 사용될 수 있다는 점에 주목한다(이 장의 뒤에서 다룰 것이다). 노트북들이 실제 산출물로 빌드되면 어떻게 실행될 것인지 미리 테스트해 보는 기능 또한 머신러닝 프로젝트에 주피터 노트북을 통합해 사용하는 유용한 목적이 된다.

커맨드라인 툴과 (프로젝트) 통합하기

커맨드라인(명령 줄)을 통해 명령을 주고받을 수 있는 툴은 전통적인 소프트웨어 엔지니어링 프로젝트 및 머신러닝 프로젝트에서 종종 간과되는 부분이다. 커맨드라인 기반의 툴을 이용하게 되면 일부 대화형 탐색 작업들을 훨씬 효율적으로 수행할 수 있다. 예를 들면, 클라우트 아키텍처에서 SQS 기반의 응용 프로그램을 개발하는 경우, 커맨드라인 기반의 환경을 사용하는 것이 전통적인 IDE 통합 개발 환경을 사용하는 경우 더 효과적이고 빠를 수 있다. 커맨드라인 툴을 빌드하는 개발을 시작하기 위해서는 우선 requirements.txt 파일 내용을 업데이트하고 make install 명령을 수행해 Click 라이브러리를 설치해 주어야 한다.

```
(.pragia-aws) ➜  tail -n 2 requirements.txt
click
```

이제 루트에 커맨드라인 스크립트를 생성한다.

```
(.pragia-aws) ➜  pragai-aws git:(master) touch pcli.py
```

커맨드라인 기반으로 보다 유연하게 함수에 인자를 넘겨줄 수 있다는 점을 제외하면, 커맨드라인 스크립트는 주피터 노트북에서도 지원되는 비슷한 기능들을 수행한다. [리스팅 2.4]에 click 프레임워크를 이용, 이전에 만든 파이썬 기반 라이브러리의 래퍼를 생성하는 예제가 주어져 있다.

리스팅 2.4 pcli 커맨드라인 툴

```python
#!/usr/bin/env python
"""
PAWS library를 활용해 작업하기 위한 커맨드라인 도구
"""
import sys

import click
import paws
from paws import s3

@click.version_option(paws.__version__)
@click.group()
def cli():
    """PAWS 툴 (도구)"""
```

```
@cli.command("download")
@click.option("--bucket", help="Name of S3 Bucket")
@click.option("--key", help="Name of S3 Key")
@click.option("--filename", help="Name of file")
def download(bucket, key, filename):
    """S3 파일을 다운로드한다.
    ./paws-cli.py --bucket gdelt-open-data --key \
        events/1979.csv --filename 1979.csv
    """
    if not bucket and not key and not filename:
        click.echo("--bucket and --key and --filename are required")
        sys.exit(1)
    click.echo(
        "Downloading s3 file with: bucket \
        {bucket}, key{key}, filename{filename}". \
        format(bucket=bucket, key=key, filename=filename))
    res = s3.download(bucket, key, filename)
    click.echo(res)

if __name__ == "__main__":
    cli()
```

이 스크립트를 실행 가능하게 만들기 위해 상단에 다음의 한 줄을 추가해 주어야 한다.

```
#!/usr/bin/env python
```

또한, 스크립트에 실행 속성을 다음과 같이 부여해 주어야 한다.

```
(.pragia-aws) ➡ pragai-aws git:(master) chmod +x pcli.py
```

마지막으로, __init__.py 부분 안에 __version__ 변수를 생성하고 문자열의 형태로 버전 번호를 부여하는 것이 좋다. 이제, 다른 스크립트나 커맨드라인 툴을 통해 이 스크립트를 호출할 수 있다.

이 스크립트의 도움말을 출력하려면 아래와 같이 수행한다.

```
(.pragia-aws) ➜  ./pcli.py --help
Usage: paws-cli.py [OPTIONS] COMMAND [ARGS]...

  PAWS Tool

Options:
  --version Show the version and exit.
  --help Show this message and exit.

Commands:
  download Downloads an S3 file ./pcli.py --bucket...
```

스크립트를 이용해 다운로드를 수행하는 방법 및 그에 따른 출력은 다음과 같다.

```
(.pragia-aws) ➜  ./pcli.py download -bucket\
        gdelt-open-data --key events/1979.csv \
        --filename 1979.csv

Downloading s3 file with: bucket-gdelt-open-data,
keyevents/1979.csv, filename1979.csv
2017-09-03 14:55:39,627 - Paws - INFO - Attempting download:
 gdelt-open-data, events/1979.csv, 1979.csv
1979.csv
```

이제 머신러닝 프로젝트에 강력한 커맨드라인 툴의 추가를 시작하기 위해 필요한 내용은 모두 다루었다. 마지막으로 남은 절차는 이를 테스트 구조에 연동하는 것이다. 운이 좋게도, click 프레임워크는 테스트에 필요한 다양한 기술을 지원하며 이에 대한 자세한 내용은 웹(http:// click.pocoo.org/5/testing/)을 통해 확인할 수 있다. [리스팅 2.5]에 __version__ 변수 내용(버전 정보)을 커맨드라인 툴을 통해 확인하는 테스트 코드가 주어져 있다.

Click 프레임워크 기반의 pcli 테스트 코드

```
import pytest
import click
from click.testing import CliRunner

from pcli import cli
from paws import __version__

@pytest.fixture
def runner():
    cli_runner = CliRunner()
    yield cli_runner

def test_cli(runner):
    result = runner.invoke(cli, ['--version'])
    assert __version__ in result.output
```

새롭게 만든 커맨트라인 툴의 커버리지(기본적인 테스트를 수행해 에러가 있는지 검사하는
작업이라고 보면 됨) 결과를 설치 과정에서 리포팅하기 위해 Makefile을 변경해야 한다. make
test 명령을 수행해 실행된 결과가 다음에 제시되어 있으며, -cov = pli를 실행 옵션으로 추
가하면 코드 커버리지 작업이 수행된다는 점을 참고한다.

```
(.pragia-aws) ➡  make test
PYTHONPATH=. && pytest -vv --cov=paws --cov=pcli tests/*.py
================================================
test session starts
================================================
platform darwin -- Python 3.6.2, pytest-3.2.1, py-1.4.34,
/Users/noahgift/.pragia-aws/bin/python3
cachedir: .cache
rootdir: /Users/noahgift/src/pragai-aws, inifile:
plugins: cov-2.5.1, nbval-0.7
collected 2 items
```

```
tests/test_paws_cli.py::test_cli PASSED
tests/test_s3.py::test_download PASSED

---------- coverage: platform darwin, python 3.6.2-final-0
Name                Stmts   Miss    Cover
------------------------------------------
paws/__init__.py        1      0     100%
paws/s3.py             12      2      83%
pcli.py                19             63%
------------------------------------------
TOTAL                  32      9      72%
```

AWS 코드파이프라인(CodePipeline)과 (프로젝트) 통합하기

프로젝트의 스켈레톤(뼈대)을 실속 있게 만들기 위해서는 개발, 테스트 및 빌딩 과정 전체를 유기적으로 엮는 것이 좋다. 이를 위해 다음으로 수행할 내용은 AWS 코드파이프라인 (CodePipeline) 툴체인을 프로젝트에 연동하는 것이다. AWS 코드파이프라인(CodePipeline) 이라는 것은 지속적 전달 기반의 개발 환경을 지원하는 기능들을 모아 놓은 (스위스아미(Swiss Army) 칼과 같이) 상당히 강력한 컬렉션으로, 기능들을 어떻게 조합해 사용하느냐에 따라 다양한 방향으로 확장될 수 있다. 여기에서는 깃허브(GitHub)와 연동되는 기본적인 빌드 서버 구성에 대한 예제를 다뤄볼 것이다. 우선 touch 커맨드를 이용해 buildspec.yml 파일을 생성한 후, [리스팅 2.6]에 나온 것과 같이 로컬에서 동작하는 make 커맨드들을 파일에 써 준다.

리스팅 2.6 pcli의 Click 커맨드라인 테스트

```
version: 0.2

phases:
  install:
    commands:
      - echo "Upgrade Pip and install packages"
      - pip install --upgrade pip
      - make install
```

```
            # aws 디렉토리를 생성한다.
    - mkdir -p ~/.aws/
    # 가짜 자격 증명 파일 만들기
    - echo "[default]\naws_access_key_id = \
      FakeKey\naws_secret_access_key = \
      FakeKey\naws_session_token = FakeKey" >\
      ~/.aws/credentials

build:
  commands:
    - echo "Run lint and test"
    - make lint
    - PYTHONPATH = "."; make test
  post_build:
  commands:
    - echo Build completed on `date`
```

AWS CodePipeline의 콘솔을 통해 빌드를 수행하기 위해서는 몇 가지 스텝을 거쳐야 한다. 우선 [그림 2.1]과 같이 "paws"라는 이름의 pipeline을 생성한다.

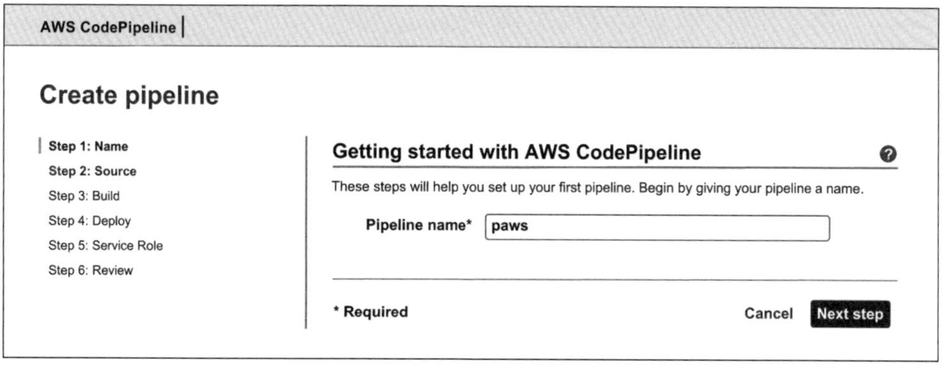

AWS CodePipeline |

Create pipeline

| Step 1: Name
Step 2: Source
Step 3: Build
Step 4: Deploy
Step 5: Service Role
Step 6: Review

Getting started with AWS CodePipeline   ❓

These steps will help you set up your first pipeline. Begin by giving your pipeline a name.

Pipeline name*   `paws`

* Required   Cancel   **Next step**

▲ **[그림 2.1]** CodePipline 이름 설정 화면

이제 [그림 2.2]와 같이 소스 코드를 끌어올 리포지토리로 깃허브(GitHub)를 선택한 후, 깃허브(GitHub) 리포지토리의 이름 및 브랜치를 선택한다. 여기에서는 깃허브(GitHub) 리포지토리의 마스터 브랜치를 연동한다.

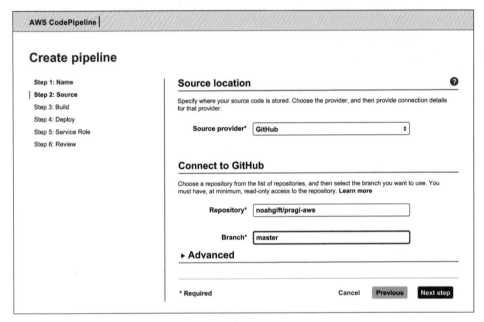

▲ [그림 2.2] 코드파이프라인(CodePipline) 소스 설정 화면

다음 단계는 빌드 스텝의 설정이며, 이 단계는 다른 단계에 비해 다소 복잡하다([그림 2.3] 참조). 여기서 가장 주목해야 할 부분은 코드파이프라인(CodePipeline)의 강점인 커스텀 도커 이미지를 사용하는 것이다. 이 단계에서는 깃허브(GitHub) 리포지토리 루트에 위치한 buildspec.yml 파일을 찾는데, 이 파일은 [리스팅 2.5]에서 생성한 것과 같다.

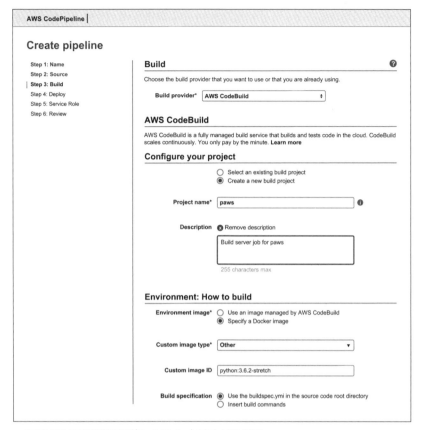

▲ [그림 2.3] 코드파이프라인(CodePipeline) 빌드 설정 화면

[그림 2.4]는 디플로이 단계를 보여주는데, 여기서는 세팅하지 않는다. 이 단계를 통해 프로젝트 산출물을 Elastic Beanstalk(웹 서비스 운영 및 웹 애플리케이션 배포를 간단하게 해주는 AWS에서 제공되는 서비스) 같은 곳을 통해 배포할 수도 있다.

▲ [그림 2.4] 코드파이프라인(CodePipline) 디플로이 설정 화면

[그림 2.5]는 파이프라인(Pipeline) 생성 마법사의 마지막 화면을 보여주며, [그림 2.6]은 깃허브(GitHub)에서 트리거(주: 어떤 특정한 상황에 반응해 자동으로 필요한 동작을 실행하는 것) 한 후 성공적으로 빌드되는 과정을 보여준다. 이렇게 하면 프로젝트에 대한 코드파이프라인 (CodePipeline)의 기본적인 설정을 완료할 수 있지만, 실제로는 할 수 있는 것은 이보다 훨씬 다양하다. 람다 함수를 트리거 할 수도 있고, SNS 메시지를 보낼 수도 있으며, 다양한 버전의 파이썬에서 코드의 여러 버전을 동시에 테스트할 수도 있다.

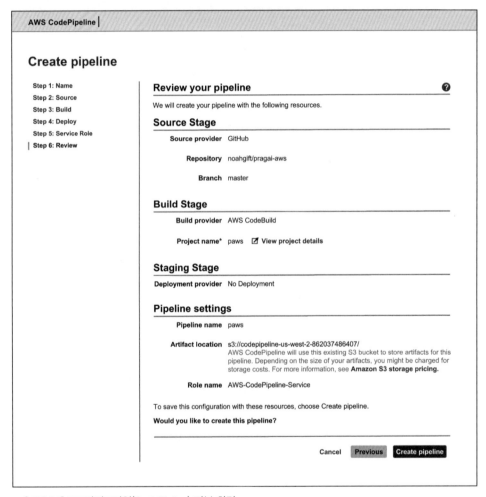

▲ [그림 2.5] 코드파이프라인(CodePipeline) 리뷰 화면

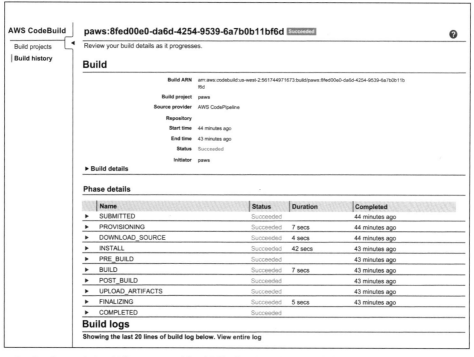

AWS CodeBuild   paws:8fed00e0-da6d-4254-9539-6a7b0b11bf6d `Succeeded`   ❓

Build projects ◀   Review your build details as it progresses.

Build history

Build

Build ARN	am:aws:codebuild:us-west-2:561744971673:build/paws:8fed00e0-da6d-4254-9539-6a7b0b11bf6d
Build project	paws
Source provider	AWS CodePipeline
Repository	
Start time	44 minutes ago
End time	43 minutes ago
Status	Succeeded
Initiator	paws

▶ Build details

Phase details

	Name	Status	Duration	Completed
▶	SUBMITTED	Succeeded		44 minutes ago
▶	PROVISIONING	Succeeded	7 secs	44 minutes ago
▶	DOWNLOAD_SOURCE	Succeeded	4 secs	44 minutes ago
▶	INSTALL	Succeeded	42 secs	43 minutes ago
▶	PRE_BUILD	Succeeded		43 minutes ago
▶	BUILD	Succeeded	7 secs	43 minutes ago
▶	POST_BUILD	Succeeded		43 minutes ago
▶	UPLOAD_ARTIFACTS	Succeeded		43 minutes ago
▶	FINALIZING	Succeeded	5 secs	43 minutes ago
▶	COMPLETED	Succeeded		

Build logs

Showing the last 20 lines of build log below. View entire log

▲ [그림 2.6] 코드파이프라인(CodePipline)을 이용한 성공적인 빌드 수행 화면

▍데이터 과학을 위한 기본적인 도커(Docker) 셋업

데이터 과학에 익숙하지 않은 학생들은 "환경이 맞지 않다"고 끊임없이 질문한다. 이는 분명 큰 문제이지만, 도커(Docker)와 같은 툴을 통해 서서히 향상될 수 있는 문제이기도 하다. 맥(Mac)을 사용하는 경우, 맥 유닉스(Unix) 환경과 리눅스(Linux) 환경이 어느 정도 유사점이 있지만, 윈도우(Windows)의 경우는 완전히 다른 세계라고 느껴질 수 있다. 이 때문에 특히 윈도우(Windows)용 도커(Docker)는 해당 플랫폼을 사용하는 데이터 과학자들에게 필요한 강력한 툴이라고 할 수 있다.

OS X, 리눅스(Linux), 윈도우(Windows)에 도커를 설치하고자 하는 독자는 https://www.docker.com을 참조할 것을 권한다. 도커 설치 후 기본적인 데이터 과학 관련 스택들을 실험하기에 좋은 방법은 jupyter/datascience-notebook(https://hub.docker.com/r/jupyter/datascience-notebook/)를 사용하는 것이다. 도커가 설치된 상태에서 "docker pull"을 사용

한다면, 다음과 같이 단 한 줄의 명령만으로 노트북을 시작할 수 있다.

```
docker run -it --rm -p 8888 : 8888 jupyter / datascience-notebook
```

AWS 배치로 일괄 작업을 실행하기 위해서는 프로덕션 팀에서 휴대용 컴퓨터에서 수행하던 방식으로 도커 파일(dockerfile)을 개발하고 소스 코드를 확인한 후 AWS 개인 도커 레지스트리에 등록하는 작업을 수행해야 한다. 이후 일괄 처리 작업을 수행하면 팀의 휴대용 컴퓨터에서 수행되는 것과 동일한 방식으로 실행될 수 있지만, 이는 매우 미래 지향적인 방안이다. 실용적 측면에서는 우선 개발 시간을 절약할 수 있도록 도커의 속도를 높이는 것이 바람직하다. 실제 프로젝트 업무와 관련된 많은 문제들에 대해 도커는 선택 사항이 아닌 필수 요소라는 점을 강조하고 싶다.

▌ 기타 빌드 서버 : 젠킨스(Jenkins), CircleCI 및 트래비스(Travis)

이 장에서는 코드파이프라인(CodePipeline)에 대해 설명했지만 이는 AWS에만 관련된 서비스이며, 젠킨스(Jenkins)(https://jenkins.io/) 서클CI(CircleCI)(https://circleci.com/), 코드십(Codeship)(https://codeship.com/) 및 트래비스(Travis)(https://travis-ci.org/)와 같은 다른 좋은 서비스들도 존재한다. 이들은 모두 각각 강점과 약점을 가진 도커 기반의 빌드 시스템이며, 도커의 강력한 기반을 상징하는 이유이기도 하다.

이와 관련된 보다 자세한 정보를 얻으려면, 서클CI(CircleCI)를 기반으로 만든 샘플 프로젝트(https://github.com/noahgift/myrepo)를 살펴볼 것을 권한다. 단계별로 세부 작업들을 진행하면서 필자가 직접 가르친 워크숍에서 볼 수 있던 비디오 파일들도 있으니 참고하길 바란다.

▌ 요약

이 장에서는 머신러닝과 관련된 데브옵스(DevOps)의 기본 사항에 대해 다루었다. 머신러닝 파이프라인의 빌딩 블록으로 사용할 수 있는 지속적 전달 기반의 샘플 파이프라인 및 프로젝트 구조를 만들어 보았다. 효율적인 프로젝트 구성과 같은 근본적 인프라가 제대로 갖춰져 있다면 프로젝트를 수개월 앞당겨 쉽게 달성할 수도 있지만, 반대로 이런 것들이 부족하면 궁극적으로 프로젝트의 장기적 생존 가능성을 위협할 수도 있다는 사실을 인지할 수 있는 기회가 되었으면 한다.

마지막으로 도커에 대해서도 자세히 다루었는데 이는 솔직히 말해서 도커가 효율적인 프로젝트 수행에 중요한 미래 기술이기 때문이며, 데이터 연구를 수행하고 있거나 수행하려는 독자들은 이를 분명히 인지할 필요가 있다. 향후에는 인공지능 기반의 대규모 생산 시스템을 구축하는 것과 같이 정말 큰 문제의 경우, 관련된 도커 시스템 자체가 솔루션에 포함되어 제공될 것으로 생각된다.

가서 무슨 일이 있는지 보고 조롱할 것이다. 난 잃을 게 없다.
— 웨이드 밴 니에커크*(Wayde Van Niekerk)*

소프트웨어를 개발할 당시에는 많은 것들이 중요하지 않게 보이지만 결국엔 중요한 것으로 드러난다. 반대로, 거짓된 경로일 수도 있는 것들이 중요하게 보이기도 한다. 보통 이러한 경우 경험적으로 보면 피드백 루프의 관점에서 생각하는 방법이 상당히 유용하다. 어떤 것의 중요 성을 판단할 때 프로젝트의 피드백 루프를 가속하는지, 차단하는지의 관점에서 생각해 보는 것이다.

스파르탄 인공지능(Spartan AI)의 라이프 사이클은 바로 이 경험적 방법의 정신과 일치한다. 속도를 끌어올려 개발 작업의 효율성을 증가시키려고 하든, 그렇지 않든, 피드백 루프의 내부 링 하나가 최적화되어야 할 경우(예를 들어, 더 나은 단위 테스트 또는 보다 안정적인 ETL(추출: Extract, 변환: Transform, 로드: Load) 서비스를 위해), 이는 다른 피드백 루프를 차단하지 않는 방식으로 수행되어야 한다.

이 장에서는 피드백 루프의 관점에서 생각하는 접근법을 단순히 API를 호출하는 것보다 자신 의 ML 모델을 작성하는 것과 같은 실제적인 문제에서 논의하고자 한다. '스파르타의 인공지능 전사'처럼 생각한다는 것은, 전체 시스템과 각 하위 시스템의 효율성을 향상시키지 못하는 방향 으로는 작업하지 않는 것을 의미한다. 살기 위한 경험적 방법은 그 자체로 중요하며, 보다 중요 한 것을 판단하는 데 도움이 된다. 종종 논리적으로 말이 안되는 어떤 것들의 중요성을 설명하 는 또 다른 방법이 되기도 한다.

▌실용적인 프로덕션을 위한 피드백 루프

[그림 3.1]에 주어진 피드백 루프는 특정한 기술을 창조하는 데 필요한 사고의 과정을 설명한다. 머신러닝 모델을 만들든, 웹 응용 프로그램을 만들든, 해당 기술은 설명할 필요가 있는 피드백 루프를 가지고 있어야 한다. 이 피드백 루프가 느리거나 끊어져 있거나 상호 연결되어 있지 않을 때 지불해야 하는 고통은 상상을 초월한다. 여기서는 필자가 작업했던 몇 가지 경험을 통해 피드백 루프가 끊어져 있는 사례를 다뤄보고자 한다.

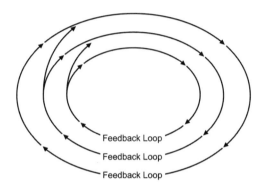

Feedback Loop
Feedback Loop
Feedback Loop

▲ [그림 3.1] 기술 피드백 루프의 일반적 도식

신생 업체 등 많은 개발 회사에서 공통적으로 발생하는 문제 중 하나는 개발자들이 자주 코드를 Commit(역자 주: 각자 개발하던 코드의 변경 사항을 리포지토리에 반영하는 작업)하지 않는다는 점이다. 액티브 레이셔(Active Ratio)라고 하는 오픈 소스 프로젝트 devml에서는 개발자가 평균적으로 코드를 체크인하는 비율을 중요하게 본다.: 예를 들어, 개발자가 주 5일 중 4일 동안 코드를 체크인했는지, 아니면 보다 극한 상황에서 3개월에 한 번씩 코드를 체크인하고 있는지의 여부를 확인하는 것이다.

개발자와 관리자가 점잖게 개발 진도 조율을 위해 소스 코드 척도에 대해 이야기하는 것은 오해를 불러일으키는 경우가 많다. 흔히 진도의 척도로 자주 언급하는 '그 날 개발한 코드의 줄 수'는 보통 아무런 의미가 없으며 정확한 척도를 설정하는 것은 매우 어려운 일이기 때문이다. 물론, 소스 코드 척도에 대한 정확한 판단이 어렵다고 해서 그것이 가치없다는 뜻은 아니다. 앞에서 언급했던 액티브 레이셔(Active Ratio)에서는 개발자의 행동적 측면에서의 척도를 살펴보고자 하는 것이며, 이는 당연히 공허하기만 한 척도보다는 훨씬 흥미롭다. 예를 들어, 페인트공이

하청 계약을 받은 후 집을 페인팅하는 데 자기 시간의 25%만 사용하면 어떻게 되겠는가? 독자마다 떠오르는 내용들이 있겠지만, 분명한 것은 페인트공이 딴청을 부리면서 고객을 이용하고 있다는 점이 될 것이다. 이보다는 덜 명백하지만, 아마도 해당 프로젝트가 끔찍하게 관리되고 있을 것이라는 점 또한 충분히 개연성 있게 생각할 수 있다. 설상가상으로 여기에 만약 주 계약자가 시멘트 트럭으로 도로를 차단하고 있어서 페인트공이 며칠동안 작업장에 도착할 수 없다면 어떻게 되겠는가? 이것이 바로 끊어진 피드백 루프의 개념에 해당된다.

소프트웨어 개발자가 하루에 12시간, 일주일 내내 일하게 되는 것과 같은 부작용이 있을 수 있지만, 작업 성능을 최적화하고 팀이 보다 효과적으로 일할 수 있도록 행동 측면의 관점에서 소스코드 척도를 관리하는 방법이 있다. 이상적인 상황에서, 페인트 공은 월요일부터 금요일까지 페인팅 작업을 수행하며, 소프트웨어 개발팀은 월요일부터 금요일까지 코드 개발 작업을 수행한다. 물론, 소프트웨어 개발은 육체 노동과는 다른 '발명'적인 측면이 있으며, 이 부분 또한 척도에 고려되어야 한다. 그리고 자칫 잘못하면 이는 (발명적인 측면과 행동적 측면을 모두 고려한다는 측면에서) 양쪽 끝에서 동시에 촛불을 태우면 이도저도 아닌 (빈약한 '발명품') 산출물로 귀결될 수 있는 위험성을 내포하고 있다. 때문에 액티브 레이셔(Active Ratio)에서 제시하는 척도를 통해 개발자에게 일주일 내내 일하고 매일 소스 코드를 깃허브(GitHub)에 commit하기를 장려하고자 하는 것이 아니며, 400일 간 깃허브(GitHub)에 commit 행진을 이어가는 대서사를 장려하는 것도 아니다.

대신, 피드백 루프의 관점에서 수립된 행동 척도는 복잡하게 구성된 팀이 실제로 뭘 하는지 확인할 수 있도록 장려한다. 어쩌면, (비록 코드를 많이 commit하는 것이 반드시 성공적인 척도는 아니지만) 주당 몇 번만 코드를 commit하는 소프트웨어 팀에서는 정말로 효과적인 프로젝트 관리가 이뤄지지 않고 있을지도 모른다. 필자는 '스크럼 마스터(scrum master)'또는 '창립자'가 시간을 허비하는 매일 또는 잦은 회의에 개발자를 참여시키는 회사가 반드시 존재함을 알고 있으며, 사실 이 문제부터 해결되지 않는다면 그 회사는 실패하게 될 것이다. 이 경우 (개발자가) 작업장으로 가는 길 자체가 끊어져 있다고 볼 수 있으며, 이는 분명 피드백 루프를 중심으로 측정 기준을 적용할 수 있는 상황의 유형이다.

또 다른 피드백 루프는 데이터 과학 피드백 루프이다. 회사에서 데이터 관련 문제를 어떻게 해결하며, 그 해결 과정에 연동된 피드백 루프는 무엇일까? 아이러니하게도 많은 경우, 데이터 과학 연구팀은 그 피드백 루프가 손상되었기 때문에 가치를 부여하는 조직이 되지 못한다. 과연 피드백 루프가 어떻게 깨진 걸까? 아마도 피드백 루프 자체가 없기 때문일 수도 있다. 다음은 이와 관련된 몇 가지 질문이다.

- 팀이 산출물 개발 시스템을 통해 자유롭게 실험을 실행할 수 있는가?
- 주피터 노트북(Jupyter Notebook)과 판다스(Pandas)를 이용해 작고 비현실적인 데이터 세트에 대해서만 실험을 하고 있는 건 아닌가?
- (데이터 과학팀은) 훈련된 모델을 산출물에 얼마나 자주 반영하는가?
- 회사가 구글 클라우드 비전(Google Cloud Vision) API 또는 아마존 레커그니션(Amazon Rekognition)과 같이 사전 교육된 머신러닝 모델을 사용하는 데 적극적이며, 이에 대해 잘 알고 있는가?

머신러닝 분야에서의 공공연한 비밀 중 하나는 판다스(Pandas), 사이킷런(scikit-learn) 및 R 데이터프레임(R DataFrames) 등과 같은 교육용 툴이 자체 제작된 워크플로에서 잘 동작하지 않는다는 점이다. 대신, 파이스파크(PySpark) 같은 빅데이터 툴이나 AWS 세이지메이커(SageMaker), 구글 TPUs(TensorFlow Proc-essing Units)와 같은 비공개 툴(역자 주: 소유권에 지배되는 유료 소프트웨어)을 같이 사용하는 균형 잡힌 접근 방식이 실용적인 솔루션을 창출하는 데 필요하다.

깨진 피드백 루프의 좋은 예는 머신러닝 아키텍처를 반영하도록 설계되지 못한 SQL 데이터베이스 산출물이다. 개발자는 행복하게 코딩하고 있지만, 데이터 엔지니어링 작업은 사이킷런(scikit-learn)과 판다스(Pandas)를 이용해 임시방편으로 분석된, 자체적으로 짠 파이썬 스크립트를 이용해 SQL 데이터베이스의 테이블을 무언가 유용한 것으로 (CSV 파일) 변환하는 작업 없이는 이루어질 수 없다. 여기에 과연 어떤 피드백 루프가 있겠는가?

파이썬 스크립트 기반의 변환 과정을 통해 데이터가 다소 유용하게 바뀐다 할지라도, 실제 프로덕션 환경에서는 사용할 수 없는 툴(판다스(Pandas)나 사이킷런(scikit-learn))로 분석되고, 머신러닝 모델이 산출물에 반영되어 배포되지 않기 때문에, 결국 SQL 데이터베이스를 이용해 개발하는 것은 막다른 길을 가는 것과 다름 없다. 필자는 관리자의 입장에서, 머신러닝 모델을 산출물로 가져오는 데 관심이 없는 수많은 데이터 과학자를 보았다. 하지만, 이는 피드백을 완성하는 데 중요한 역할을 하기 때문에 분명 관심을 가져야 할 대목이다. SQL의 예에서 볼 수 있듯 업계에서도 실용주의가 실종되었으며, 이를 해결할 수 있는 방법 중 하나는 머신러닝 피드백 루프를 코드 산출물 내에 반영하는 데 초점을 두는 것이다.

2017년과 2018년을 거치면서, 머신러닝 툴에 이러한 피드백 루프를 반영하는 데 있어 엄청나게 놀라운 발전이 있었다. 이 장에서 언급한 몇 가지 도구들(예: 교육용 머신러닝 모델의 신속한 순환 및 API 엔드포인트 반영에 초점을 둔 AWS 세이지메이커(SageMaker))은 이 문제의 해결에 주된 목표를 두고 있다. 또 다른 AWS 툴인 AWS 글루(Glue)는 SQL 데이터베이스와 같은 데이터 소스와 연동 후 ETL을 수행하고, 다른 데이터 소스(S3 또는 다른 SQL 데이터베이스와 같은)로써서 보내는 일련의 과정을 통해 ETL 프로세스를 관리한다.

BigQuery를 비롯한 구글의 툴체인은 프로덕션에 필요한 모든 퍼포먼스 워크로드(performance workload)를 처리한다는 점에서 프로덕션 수준의 머신러닝 코드 개발에 필요한 보석 같은 존재라고 할 수 있다. TPU(https://cloud.google.com/tpu/) 또는 데이터랩(Datalab)(https://cloud.google.com/datalab/)과 같은 구글 생태계의 다른 요소들 역시 머신러닝/인공지능 피드백 루프를 구성하는 데 도움이 된다.

데이터는 '새로운 석유'라는 표현이 있다. 이 비유를 따르면, 원유를 그대로 내연 기관에 넣을 수는 없으며, 석유로 정제하기 위한 피드백 루프가 필요하다고 해석할 수 있다. 먼저 산업용 장비(예 : 클라우드 환경 제공 업체가 선보이기 시작한 제품)로 원유를 찾고 추출한 다음, 석유를 주유소에 전달하기 전에 석유를 운송하고 정제해야 한다. 한 무리의 엔지니어가 구덩이에 구멍을 뚫는 상황을 상상해 보자. 임시로 구성된 실험실에서 석유를 정제하고 시추 지점으로 가는 길을 찾기 위해 자동차에 연료를 넣는 상황을 상상해 보자. 이것이 현재 많은 회사에서 데이터 과학 연구를 수행하기 위해 맞닥뜨리고 있는 상황과 유사하며, 멀지 않은 미래에 상황이 빠르게 변할 것이라고 예측되는 이유이기도 하다.

이러한 도전과 기회를 인식하고 그에 관련된 무언가를 시도하는 것이 많은 조직의 운명을 결정하는 갈림길이 될 것이다. 단순히 데이터로 보충하는 작업만으로는 충분하지 않으며, 실험실은 양질의 대량 생산물을 다시 생산에 적용할 수 있는 제련소로 거듭나야 할 것이다. 진공 상태(아무것도 없는 상황)에서 데이터 과학을 연구하는 것은 시추 현장에서 옥탄가 높은 연료의 맞춤 배치를 만드는 것만큼이나 실용적이다.

▌ AWS 세이지메이커(SageMaker)

세이지메이커(SageMaker)는 아마존의 흥미로운 기술 중 하나이며 큰 문제(지금까지 이 장에서 언급한 문제들이 좋은 예가 됨)들을 해결하는 데 사용된다. 세이지메이커는 실제 환경에서 온전한 머신러닝 루프 하나를 완성할 수 있다는 장점을 가진다. [그림 3.2]는 이 피드백 루프의 일반적인 프로세스를 보여준다: 먼저 노트북 인스턴스를 통해 EDA 또는 모델 트레이닝이 수행되고, 이를 기반으로 작업이 시작되며, 그 엔드포인트(end point)가 개발 환경에 반영되는 식이다.

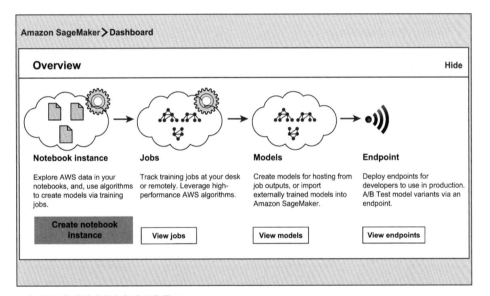

▲ [그림 3.2] 세이지메이커 피드백 루프

이러한 엔드포인트들은 Boto를 이용하면 정말 강력해질 수 있으며, chalice, AWS 람다(Lambda), 또는 엔드포인트 그 자체를 이용해 손쉽게 API로 만들어질 수 있다. [그림 3.3]은 특정 엔드포인트(역자 주: k-mean 모델이 엔드포인트의 예로 주어짐)가 세이지메이커에 어떻게 세팅되어 있는지에 대한 예를 보여준다.

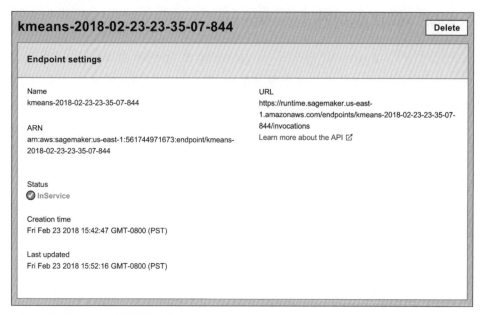

▲ [그림 3.3] 세이지메이커 엔드포인트

지금까지 논한 내용을 보토(Boto)를 사용해 실제 어떻게 표현할 수 있을까? 아래의 파이썬 스크립트에서 볼 수 있듯 이는 상당히 간단하다.

```
import boto3
sm_client = boto3.client('runtime.sagemaker')
response = sm_client.invoke_endpoint(EndpointName=endpoint_name,
                                     ContentType='text/x-libsvm',
                                     Body=payload)
result = response['Body'].read()
result = result.decode("utf-8")
print(result)
```

세이지메이커에는 k-mean(k-평균), Neural Topic 모델(NTM), Principal component (주 성분) 분석 등과 같은 다양한 머신러닝 모델이 내장되어 있다. 세이지메이커(SageMaker)는 도커 이미지로 패키징된 거의 대부분의 현존하는 머신러닝 알고리즘을 지원한다. 이것이 강력한 이유는 예를 들어, 세이지메이커(SageMaker) k-mean 모델을 사용해 반복 가능한 프로덕션 워크플로를 생성할 때(역자 주: 반복적인 사용으로 모델이 점점 학습되기 때문), 합리적인 수준으로 성능과 호환성을 보장할 수 있다는 점이다. 동시에 반복 사용 가능한 도커 빌드처럼 고도로 최적화된 사용자 정의 알고리즘을 생성할 수도 있다.

▮ AWS 글루(Glue) 피드백 루프

AWS 글루는 메인 피드백 루프 내에 존재하는 또 다른 피드백 루프의 훌륭한 예라고 할 수 있다. 레거시 SQL 및 NoSQL 데이터베이스는 잘못 만들어진 스크립트에 의해 내부적으로 '크롤링(느려지는)' 될 수 있는 문제점을 가지고 있는데, AWS 글루는 이 문제를 해결하는 데 큰 도움이 된다. AWS 글루는 완벽히 관리되는 ETL 서비스이며, ETL이 가진 전형적 불완정성을 완화시켜 준다. [그림 3.4]는 AWS 글루가 어떻게 동작하는지에 대해 간략히 보여준다.

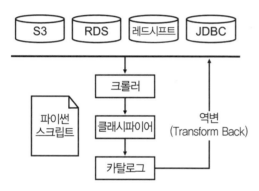

▲ [그림 3.4] AWS 글루의 ETL 파이프라인

AWS 글루의 작동 방식을 한 마디로 설명하기는 쉽지 않지만, 그중 하나의 예를 다음과 같이 설명할 수 있다. 우선, 스타트업 회사의 고객 정보가 저장된 레거시 PostgreSQL 데이터베이스가 있다고 하자. AWS 글루를 이 데이터베이스와 연동하면 AWS 글루가 필요한 스키마(역자 주: 데이터 필드 및 형태 등 데이터를 규정하는 데 필요한 기본 정보라고 보면 됨) 정보를 자동으로 '유추'해 준다. [그림 3.5]에서 유추된 스키마에 대한 예를 볼 수 있다.

Schema			
	Column name	Data type	Key
1	updated_at	timestamp	
2	name	string	
3	created_at	timestamp	
4	id	int	
5	locale	string	

▲ [그림 3.5] AWS 글루의 ETL 파이프라인

다음으로 이렇게 유추된 스키마를 (사용자가 필요한) 다른 형식 또는 대상으로 변환하는 작업을 수행해야 한다. 이 작업은 파이썬 또는 스칼라(Scala) 기반의 스크립트로 만들어지며, 스크립트의 내용은 아래와 비슷하게 작성될 수 있다(지면 관계상 축약됨). S3에 저장되어 있는 이 스크립트를 그대로 사용해도 되고, 필요에 따라 수정 후 사용해도 된다.

```
import sys
from awsglue.transforms import *
from awsglue.utils import getResolvedOptions
from pyspark.context import SparkContext
from awsglue.context import GlueContext
from awsglue.job import Job
## @params: [JOB_NAME]
args = getResolvedOptions(sys.argv, ['JOB_NAME'])
#### 축약됨
sc = SparkContext()
glueContext = GlueContext(sc)
spark = glueContext.spark_session
job = Job(glueContext)
job.init(args['JOB_NAME'], args)
#### 축약됨
## @inputs: [frame = applymapping1]
datasink2 = glueContext.write_dynamic_frame.\
        from_options(frame = applymapping1,
        connection_type = "s3",
        connection_options =\
```

```
          {"path": "s3://dev-spot-etl-pg/tables/scrummaster"},
        format = "csv", transformation_ctx = "datasink2")
job.commit()
```

이러한 작업은 이벤트(event)나 반복(cron) 작업의 형태로 스케줄 될 수 있고, 보토(Boto)를 사용해 파이썬 기반의 스크립트로 작성될 수도 있다. 이 서비스의 가장 중요한 부분은 사업의 연속성에 유리하다는 점이다. 기존 개발자가 그만두거나 해고당한 경우라도 다음 개발자가 서비스를 쉽게 관리할 수 있으며, 이는 특정 개발자 채용 및 개발자의 개별적 강도에 좌우되지 않으면서도 신뢰할 수 있는 피드백 루프에 해당한다.

AWS 글루는 데이터 처리에 필요한 보다 큰 파이프라인의 일부로 사용될 수도 있다. 단순히 관계형 데이터베이스에 연동하는 것 외에도, AWS 글루는 S3에 저장된 데이터에 대해 직접 ETL을 수행할 수 있다. 좋은 잠재적 예시로, S3 버킷에 직접 데이터 스트림을 덤프하는 기능을 수행할 수 있는 아마존 키네시스(Amazon Kinesis) 서비스가 있다. 다음의 예는 S3에 전송되는 비동기 파이어호스(Firehose) 이벤트를 이용해 파이프라인이 어떻게 생겼는지 보여 주고 있다. 여기서는 먼저 보토3 파이어호스 클라이언트에 대한 연결이 생성된 후 asyncio 이벤트가 발생된다.

```
import asyncio
import time
import datetime
import uuid
import boto3
import json

LOG = get_logger(__name__)


def firehose_client(region_name = "us-east-1"):
    """키네시스 파이어호스 클라이언트"""

    firehose_conn = boto3.client("firehose", region_name = region_name)
    extra_msg = {"region_name": region_name,\
        "aws_service": "firehose"}
```

```
    LOG.info("firehose connection initiated", extra = extra_msg)
  return firehose_conn

async def put_record(data,
          client,
          delivery_stream_name = "test-firehose-nomad-no-lambda"):
    """
아래를 보세요
    http://boto3.readthedocs.io/en/latest/reference/services/
    firehose.html#Firehose.Client.put_record
    """
extra_msg = {"aws_service": "firehose"}
LOG.info(f"Pushing record to firehose: {data}", extra=extra_msg)
response = client.put_record(
    DeliveryStreamName=delivery_stream_name,
    Record={
        'Data': data
    }
)
return response
```

다음으로 비동기 스트림을 통해 전송되는 이벤트에 사용할 고유한 사용자 ID(unique user ID, UUID)가 생성된다.

```
def gen_uuid_events():
    """타임 스탬프가 찍힌 UUID 기반의 이벤트를 생성한다."""

    current_time = 'test-{date:%Y-%m-%d %H:%M:%S}'.\
    format(date=datetime.datetime.now())
    event_id = str(uuid.uuid4())
    event = {event_id:current_time}
    return json.dumps(event)
```

마지막으로 비동기 이벤트 루프가 이 메시지들을 키네시스로 전송하며, 궁극적으로는 AWS 글루가 변환 작업을 수행할 수 있도록 S3에 저장한다. 이후 루프를 완성하려면 [그림 3.6]과 같이 글루 S3 크롤러(Crawler)과 연동하는 작업이 필요하며, 이 작업이 성공적으로 끝나면 글루 S3 크롤러는 스키마를 '검사하여' 이후 수행될 ETL 작업으로 바뀔 수 있는 테이블을 생성해 준다.

```python
def send_async_firehose_events(count=100):
    """firehose로 이벤트를 비동기 전송한다."""

    start = time.time()
    client = firehose_client()
    extra_msg = {"aws_service": "firehose"}
    loop = asyncio.get_event_loop()
    tasks = []
    LOG.info(f"sending aysnc events TOTAL {count}", extra=extra_msg)
    num = 0
    for _ in range(count):
        tasks.append(asyncio.ensure_future(
                put_record(gen_uuid_events(), client)))
        LOG.info(f"sending aysnc events: COUNT {num}/{count}")
        num += 1
    loop.run_until_complete(asyncio.wait(tasks))
    loop.close()
    end = time.time()
    LOG.info("Total time: {}".format(end - start))
```

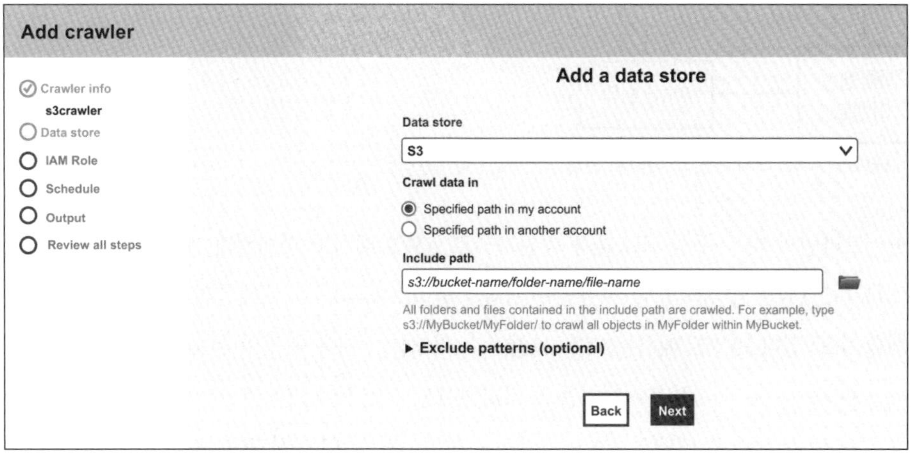

Add crawler

- ✓ Crawler info
  s3crawler
- ○ Data store
- ○ IAM Role
- ○ Schedule
- ○ Output
- ○ Review all steps

Add a data store

Data store

| S3 | ⌄ |

Crawl data in

- ● Specified path in my account
- ○ Specified path in another account

Include path

`s3://bucket-name/folder-name/file-name`

All folders and files contained in the include path are crawled. For example, type s3://MyBucket/MyFolder/ to crawl all objects in MyFolder within MyBucket.

▶ **Exclude patterns (optional)**

Back | Next

▲ [그림 3.6] AWS 글루S3 크롤러

▌AWS 배치(Batch)

AWS 배치(Batch)는 회사에서 데이터 과학 연구에 종사하는 팀이 무의미한 코드를 작성하지 않고도 효과적으로 작업을 수행할 수 있도록 해 주는 또 다른 서비스이다. k-means 클러스터링 또는 데이터 파이프라인의 사전 처리 등을 수행할 때 배치(Batch: 배치 파일처럼 특정 작업을 자동화해 수행해 주는 개념) 기반으로 작업을 실행하는 경우가 많은데, 다시 말하지만, (사용자 정의 배치를 사용한다면) 이런 작업 방식은 핵심 직원 몇 명이 그만둘 경우 부서지기 쉬운 피드백 루프에 해당한다.

[그림 3.7]에 주어진 AWS 배치(Batch) 파이프라인은 AWS 레커그니션(Rekognition) 및 AWS에서 제공되는 배치/이벤트 처리 툴을 이용해 이미지 분류 작업을 수행하는 방법 중 하나이며, 이미 구축된 '기성품' 서비스들을 결합하여 특정 기능을 수행하는 안정적 서비스를 구성하는 좋은 예를 보여준다.

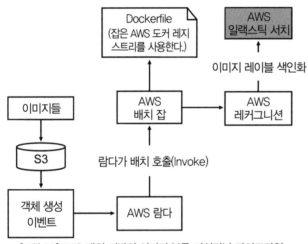

▲ [그림 3.7] AWS 배치 기반의 이미지 분류 머신러닝 파이프라인

파이프라인의 다른 구성 요소들과 마찬가지로 AWS 배치도 파이썬과 Boto를 통해 호출할 수 있으며, AWS 람다와 같이 사용하면 AWS 챌리스(Chalice) 프레임워크와 비슷한 기능을 수행할 수도 있다. AWS 배치는 매우 복잡하고 지저분한 사용자 정의 문제 및 심플 큐 서비스(Simple Queue Service, SQS)나 심플 노티피케이션 서비스(Simple Notification Service, SNS) 같은 다소 덜 복잡한 로 레벨의 AWS 서비스와 접목시킬 수 있는 상당히 큰 규모의 문제를 해결하는 데 사용할 수 있다. AWS 배치는 잘 사용하면 분명 강력한 도구이지만 강력해지는 만큼 사

용하기도 복잡해진다는 측면에 유의할 필요가 있다.

```python
def batch_client():
    """"AWS 배치 클라이언트 생성
    {"message": "Create AWS Batch Connection"}
    {"message": "Found credentials in shared credentials file:
    ~/.aws/credentials"}
    """
    log.info(f"Create AWS Batch Connection")
    client = boto3.client("batch")
    return client

def submit_job(job_name = "1", job_queue = "first-run-job-queue",
               job_definition = "Rekognition",
               command = "uname -a"):
    """"AWS 배치 작업 제출"""

    client = batch_client()
    extra_data = {"jobName":job_name,
                  "jobQueue":job_queue,
                  "jobDefinition":job_definition,
                  "command":command}
    log.info("Submitting AWS Batch Job", extra=extra_data)
    submit_job_response = client.submit_job(
        jobName = job_name,
        jobQueue = job_queue,
        jobDefinition = job_definition,
        containerOverrides = {'command': command}
    )
    log.info(f"Job Response: {submit_job_response}",
             extra = extra_data)
    return submit_job_response
```

▌도커(Docker) 기반의 피드백 루프

이 책에서 논하는 수많은 기술들의 핵심에는 도커(Docker) 파일들이 포함되어 있으며, 도커는 매우 강력한 '마이크로' 피드백 루프를 구성하는 데 필수적이다. AWS와 GCP(Google Cloud Platform)를 같이 사용하면, 사용자 정의 도커 컨테이너를 패키지화 할 수 있을 뿐 아니라 패키지를 AWS 및 GCP의 레지스트리 서비스로 제공할 수도 있다. 여전히 여러 취약점들이 존재함에도 불구하고, 도커가 게임의 룰을 변화시키고 있는 중요한 기술이라는 사실을 의심할 만한 이유는 거의 없는 것 같다.

도커를 머신러닝에 사용하는 데에는 많은 이유가 있다. 특히, 아무것도 없는 상태에서 시작해 랩톱 컴퓨터에서 일일이 소프트웨어 패키지들을 다운받아 설치해 프로덕션 환경을 구성하는 수고를 하는 것은 매우 손쉽게 깨끗한 프로덕션 환경을 제공해 주는 도커파일(Dockerfile)들을 구할 수 있는 요즘 상황에서는 시간 낭비일 뿐이다.

프로덕션 환경 및 OS X, 리눅스(Linux), 윈도우(Windows) 컴퓨터에서 모두 완벽히 동작하는 도커파일이 존재하는 상황에서, pip install 커맨드나 서로 모순되는 conda 패키지 관리 도구들을 가지고 혼란스러워 해야 할 이유가 무엇인가?

추가적으로 AWS 람다 기반 응용 프로그램 테스트용 도커파일에 대한 예제를 살펴보자. 다음 예제는 (아마존 리눅스(Amazon Linux) 도커파일을 필드하기 때문에) 내용이 짧을 뿐 아니라 매우 명료하게 기술되어 있다.

```
FROM amazonlinux:2017.09

RUN yum -y install python36 python36-devel gcc \
    procps libcurl-devel mod_nss crypto-utils \
    unzip

RUN python3 -version

# app 디렉토리를 생성하고 app을 추가함.
ENV APP_HOME /app
ENV APP_SRC $APP_HOME/src
RUN mkdir "$APP_HOME"
RUN mkdir -p /artifacts/lambda
```

```
RUN python3 -m venv --without-pip ~/.env && \
 curl https://bootstrap.pypa.io/get-pip.py | \
     ~/.env/bin/python3

# 모든 필요한 파일들을 복사
COPY requirements-testing.txt requirements.txt ./

# pip 명령어를 이용해 (둘 다) 설치
RUN source ~/.env/bin/activate && \
    pip install --install-option="--with-nss" pycurl && \
    pip install -r requirements-testing.txt && \
        source ~/.env/bin/activate && \
            pip install -r requirements.txt
COPY . $APP_HOME
```

이것을 AWS 컨테이너 레지스트리와 연동하기 위해서는 로그인해야 한다.

```
AWS_PROFILE = metamachine
AWS_DEFAULT_REGION = us-east-1
export AWS_PROFILE
export AWS_DEFAULT_REGION

aws ecr get-login --no-include-email --region us-east
```

그런 다음 이 이미지를 로컬에서 빌드한다.

```
docker build -t metamachine/lambda-tester .
```

이제 태그를 달아준 후,

```
docker tag metamachine/lambda-tester:latest\
 907136348507.dkr.ecr.us-east-1.amazonaws.com\
/metamachine/myorg/name:latest
```

AWS 레지스트리로 푸시한다.

```
docker push 907136348507.dkr.ecr.us-east-1.amazonaws.com\
/metamachine/lambda-tester:latest
```

여기까지 수행해 놓으면, 조직의 다른 멤버들도 이 이미지를 다음의 커맨드를 이용해 풀링해 사용할 수 있게 된다.

```
docker pull 907136348507.dkr.ecr.us-east-1.amazonaws.com\
/metamachine/lambda-tester:latest
```

이미지 구동은 매우 간단하다. 다음에 이미지를 구동시킨 후 사용자의 파일 시스템에 연동하는 예제가 주어져 있다.

```
docker run -i -t -v `pwd`:/project 907136348507.\
dkr.ecr.us-east-1.amazonaws.com/ \
metamachine/lambda-tester /bin/bash
```

지금까지 알아본 것은 도커를 사용하는 하나의 방법일 뿐이다. 하지만 본질적으로 이 책에서 다루는 서비스들은 배치 작업의 실행부터 주피터 노트북에 기반한 사용자 정의 데이터 과학 워크플로우의 실행까지 모두 도커와 연동할 수 있다.

▌ 요약

피드백 루프는 조직에서 실험실 레벨을 넘어선 실용적 데이터 과학 연구를 수행하기 위해 꼭 필요한 요소다. 어떤 면에서 보면, 데이터 과학이라는 용어 자체가 조직에서 머신러닝 문제를 분류하는 데 흔히 사용하는 잘못된 방법일 수 있으며, 이는 실용적 인공지능 문제를 해결하는 것이 기술보다 결과를 보는 것이기 때문이다. 궁극적으로 프로덕션 레벨로 넘어가지 못하는 무언가를 위해 최고의 머신러닝 알고리즘을 선택하는 데 수 개월을 소비하는 것은 쓸모없는 돈 낭비에 불과하다.

프로덕션에 머신러닝을 더 많이 적용하는 하나의 방법은 (무식하게) 열심히 일하는 것을 그만두는 것이다. 클라우드 서비스 업체에서 제공하는 기성품 솔루션들은 이런 목적을 이룰 수 있게 해 주는 강력한 기술이다. '소수의 영웅에 의해 주도되는 개발'을 넘어서, 사업의 연속성 및 공유 개발 환경을 장려하는 조직 분위기로 옮겨가는 것은 기여자 개개인은 물론 사업에 유리할 뿐 아니라, 인공지능의 미래를 위해서도 바람직하다.

3

클라우드에서의 인공지능

구글 클라우드 플랫폼을 이용한 클라우드 인공지능 개발

시즌마다 좋은 팀을 만드는 지름길은 없다. 차곡차곡 벽돌 쌓듯 기초를 세워야 한다.

– 빌 벨리치크(Bill Belichick)

GCP(Google Cloud Platform)는 개발자와 데이터 과학자 모두에게 매력적인 것을 많이 가지고 있다. GCP 서비스 중 상당 부분은 개발 경험을 재미있고 강력하게 만드는 데 그 목적을 두고 있다. 어떤 면에서 보면, 구글은 AWS가 이제야 심각하게 언급하기 시작한 몇 가지 측면에서 클라우드의 선두 주자였다. 2008년, 완전하게 관리되고 있는 NoSQL 데이터베이스 서비스를 제공하는 구글 클라우드 데이터스토어에 액세스할 수 있는 파이썬 기반의 PAAS(Platform as a Service)가 출시되었다. 이는 시대를 훨씬 앞서가는 개념의 서비스였다고 볼 수 있다.

다른 측면에서 보면, 아마존은 고객의 요구를 직접 최우선으로 다루는 부분에서 상당한 기반을 구축했다. 아마존은 검소함과 함께 고객 강박증(customer obse ssion)을 기업의 핵심 가치로 여긴다. 이러한 조합의 미비로 인해 저가형 클라우드 서비스 및 기능 측면에서 맹비난을 받았음에도, 초기에 구글은 이를 개선하는 데 그다지 적극적이지 않았다. 서비스 시작 이후 수년간, 심지어는 모든 구글 서비스에 관련된 전화번호조차 찾을 수 없었으며, 구글 앱 엔진(Google App Engine)과 같은 초기의 혁신조차도 방치된 채 통째로 거의 사장될 위기에 처해 있었다. 구글의 진정한 수입원은 항상 광고였으며, 아마존에서는 언제나 제품이 수입원이었다. 그 결과 AWS는 (후발 주자임에도) 전세계 클라우드 시장의 30~35%를 점유하며 파급력 강한 리더십을 확보할 수 있게 되었다.

인공지능과 빅데이터의 '활용'에 대한 관심이 폭발적으로 증가하면서, 구글 클라우드에도 기회가 생겼고, 구글 클라우드에 대한 관심 또한 자연스럽게 고조되었다. 구글은 첫날부터 머신러닝과 빅데이터 회사로 변모해 클라우드 시장의 선두 주자인 AWS를 공격하기 위한 가공력 갖춘 무기들을 만들었다. 비록 클라우드 서비스를 제공하는 데 있어 일부는 아직 뒤쳐져 있지만, 머신러닝 및 인공지능 솔루션을 서비스하는 부분에 있어서는 앞서 나가고 있는 상황이다. 클라우드 머신러닝 및 인공지능 서비스를 놓고 업체들이 겨루는 새로운 전장이 생긴 셈이며, GCP는 여기서 가장 강력한 경쟁자 중 하나다.

▌GCP 개요

구글은 순수 디지털 광고 매출만 약 740억 달러에 달하지만, 클라우드 서비스 매출은 2017년 고작 4억 달러였다. 이런 상황의 최대 장점은 클라우드 서비스의 혁신을 위한 연구 및 개발에 충분한 보조금을 지원할 수 있다는 점이다. 이러한 혁신의 좋은 예가 현재의 GPU 및 CPU보다 15~30배 정도 빠른 연산 성능을 가진 TPU이다(https://cloud.google.com/blog/big-data/2017/05/an-in-depth-look-at-googles-first-tensor-processing-unit-tpu).

인공지능 연구 전용 칩(TPU)을 제작하는 것 외에도 구글은 클라우드 비전(Cloud Vision) API, 클라우드 스피치(Cloud Speech) API 및 클라우드 트랜슬레이션(Cloud Translation) API와 같이 서비스로 제공되는 미리 훈련된 모델들을 이용해 유용한 인공지능 서비스를 만드는 데 집중했다. 이 책에서 다루고자 하는 주제 중 하나는 실용주의 개념이다. 중요하지 않은 일에 집중하는 엔지니어와 데이터 과학자들로 가득 찬 회사들은 샌프란시스코 베이 지역에 언제나 존재하며, 그들은 아마도 조직에 어떤 실질적 가치도 부여하지 못한 채 주피터 노트북에만 바쁘게 매달려 있을 것이다.

이는 마치 이미 만들어진 웹 사이트를 백본부터 새로운 플랫폼을 이용해 다시 만드는 작업을 주기적으로 반복하는(앵귤러(Angular)로 만들었다가 다시 Vue.js로 만들었다가 하는 것과 같이 6개월마다 반복할 것으로 예측되는) 개발자 만큼이나 심각한 문제이다. 이 웹 개발자는 최소한 이력서에 새로운 플랫폼을 다루어 봤다는 내용이라도 적을 수 있으니 최소한의 가치는 있을지 모른다. 하지만 궁극적으로는 유익한 솔루션 산출물을 만드는 법을 배우지 못하고 있기 때문에 (같은 내용의 웹 페이지를 플랫폼만 바꿔 다시 만드는 것만 반복하느라) 개발자에게 엄청난 손해다.

GCP에서 제공되는 다양한 사전 훈련된 모델 및 고급 툴들은 상당히 유용하다. 자바스크립트(Javascript) 프레임워크를 이용해 한 달 동안 코드를 다시 포팅하는 대신, GCP가 제공하는 이러한 API를 사용함으로써 많은 회사들은 이득을 볼 수 있을 것이다. 개발자들 또한 지금 당장 요구되는 결과를 신속히 전달하면서도 보다 더 어려운 문제를 풀 수 있는 시간적인 여유를 확보할 수 있게 될 것이다.

GCP가 제공하는 고급 서비스들을 이용해 데이터 과학 연구팀은 그전에는 할 수 없던 많은 가치를 추구할 수 있게 될 것이다. 이러한 서비스 중 하나는 데이터랩(Datalab)이며 유사한 '무료' 서비스로 Colaboratory(https://colab.research.google.com/)가 있다. 이 서비스는 복잡한 패키지 관리 기능을 제거해 사용자가 손쉽게 놀라운 가치를 창출할 수 있다. 또한 GCP 플랫폼과 쉽게 통합될 수 있어 서비스 및 개발 중인 솔루션을 테스트하기에도 용이하다는 장점을 가진다. 캐글(Kaggle)(http://kaggle.com) 사의 인수를 통해 GCP는 Google Suite of tools와 보다 밀접한 연동이 가능해졌으며, 이를 계기로 업체들이 빅쿼리(BigQuery)와 같은 API를 사용할 줄 아는 데이터 과학자를 보다 쉽게 고용할 수 있게 되었다. 이는 생태계의 확장 측면에서 구글의 현명한 움직임이었다.

GCP 플랫폼이 취한 방향 중 하나로 AWS와 차별되는 점은 파이어베이스(Firebase)와 같은 상위 레벨 PaaS 서비스(https://firebase.google.com)를 제공한다는 점이다.

▌코래버러토리(Colaboratory)

코래버러토리(Colaboratory)는 사용자가 클라우드 환경에 직접 접속해 설정 또는 실행하지 않고도 서비스를 이용할 수 있게 하려는 목적으로 구글에서 시작한 연구 프로젝트이다(https://colab. research.google.com). 이는 주피터 노트북을 기반으로 하고 있으며 공짜로 사용할 수 있을 뿐 아니라, 판다스(Pandas), 매트플롯립(matplotlib) 및 텐서플로(TensorFlow)와 같이 사전 설치된 다양한 패키지를 지원한다. 다양한 사용자 환경에 유용한 기능을 제공할 수 있다는 측면에서도 주목할 만하다.

필자가 생각하는 코래버러토리의 가장 흥미로운 점들은 다음과 같다.

- 구글 스프레드시트, 구글 클라우드 스토리지(Google Cloud Storage) 및 사용자 로컬 파일 시스템과 쉽게 연동할 수 있으며, 판다스 데이터프레임(Pandas DataFrames)으로 변환할 수도 있다.
- 파이썬 2와 3 모두 지원된다.
- (주피터 노트북 기반이므로) 노트북 인스턴스를 업로드할 수 있다.

- 노트북 인스턴스는 구글 드라이브에 저장되며, 구글 드라이브 문서가 공유되는 것처럼 동일하게 공유될 수 있다.
- 두 명의 사용자가 동시에 노트북을 편집할 수 있다.

코래버러토리의 보다 매력적인 특징 중 하나는 주피터 노트북 기반의 프로젝트를 위한 공유 교육 랩(shared training lab)을 생성할 수 있다는 점이며, 이를 통해 공유나 데이터 세트 다루기, 라이브러리 설치 같은 몇 가지의 까다로운 문제가 바로 해결될 수 있다. 새로운 사용자 환경이 생기면 그에 대한 코래버러토리 노트북을 프로그래밍 방식으로 만들 수 있으며, 이는 조직의 인공지능(프로젝트) 파이프라인에 연결된다. 노트북 디렉토리는 빅쿼리(BigQuery)의 쿼리나 다음 프로젝트를 위해 사용될 수 있는 머신러닝 모델들로 미리 채워질 수도 있다.

이제 간단한 hello-world 워크플로를 다뤄 보겠다. 지금부터 다룰 사례의 소스들은 모두 공개되어 있으며 깃허브(GitHub)를 통해 받을 수 있다(https://github.com/noahgift/pragmaticai-gcp/blob/master/notebooks/dataflow_sheets_to_pandas.ipynb). 우선 [그림 4.1]과 같이 새 노트북을 생성한다.

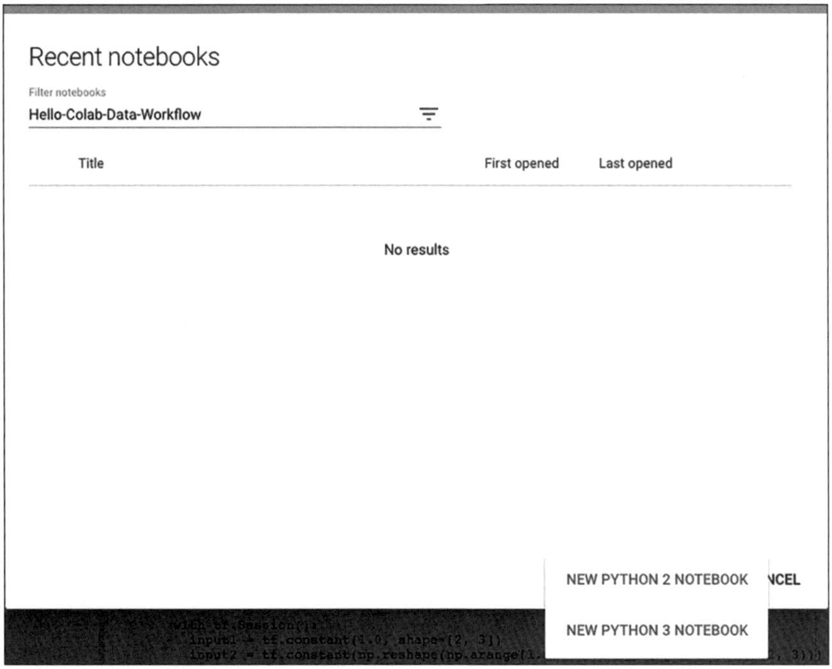

▲ [그림 4.1] 코래버러토리 노트북 생성하기

그 다음 아래의 명령을 이용해 gspread 라이브러리를 설치한다.

```
pip install --upgrade -q gspread
```

스프레드시트에 쓰기 작업을 수행하기 위해서는 인증이 필요하며, 이를 위해 다음처럼 'gc' 객체를 생성한다.

```
from google.colab import auth
auth.authenticate_user()

import gspread
from oauth2client.client import GoogleCredentials

gc = gspread.authorize(GoogleCredentials.get_application_default())
```

이제 gc 객체를 이용해 1부터 10까지의 값을 하나의 열(칼럼)로 가지고 있는 스프레드시트를 만든다.

```
sh = gc.create('pramaticai-test')
worksheet = gc.open('pramaticai-test').sheet1
cell_list = worksheet.range('A1:A10')

import random
count = 0
for cell in cell_list:
  count += 1
  cell.value = count
worksheet.update_cells(cell_list)
```

마지막으로, 스프레드시트를 판다스 데이터프레임으로 변환한다.

```
worksheet = gc.open('pramaticai-test').sheet1
rows = worksheet.get_all_values()
```

```
import pandas as pd
df = pd.DataFrame.from_records(rows)
```

▌ 데이터랩(Datalab)

GCP 투어의 다음 정류장은 데이터랩(Datalab)(https://cloud.google.com/datalab/docs/quickstart)이다. 구글 클라우드(gcloud) 생태계 전체를 이용하기 위해서는 웹에서 SDK(software development kit)를 받아 설치해야 하며(https://cloud.google.com/sdk/downloads), 이는 아래와 같이 터미널 기반의 작업으로 수행할 수도 있다.

```
curl https://sdk.cloud.google.com | bash
exec -l $SHELL
gcloud init
gcloud components install datalab
```

gcloud 환경이 성공적으로 초기화되었다면 데이터랩 인스턴스를 실행시킬 수 있으며, 여기서 몇 가지 흥미로운 사실들이 있다. 그중 특히 도커는 데이터 센터에서 실행하는 것과 동일한 방식으로 독자 또는 협동 연구자의 휴대용 컴퓨터에서 리눅스를 실행시킬 수 있는 훌륭한 기술이라는 점이다.

데이터랩을 도커 및 구글 컨테이너 레지스트리와 연동해 사용하기

데이터랩은 사용자의 로컬 환경에서 구동할 수 있으며, 구동을 위한 자세한 안내서를 참조(https://github.com/googledatalab/datalab/wiki/Getting-Started)하면 손쉽게 수행이 가능하다. 로컬에서 쉽게 구동할 수 있는 데이터랩의 무료 버전이 있다는 것 자체로도 이미 유용하지만, 이보다 더욱 강력한 점은 데이터랩의 기본 이미지를 확장해 사용자의 구글 컨테이너 레지스트리(Google Container Registry)에 저장한 후 로컬 환경(휴대용 컴퓨터/워크스테이션)보다 훨씬 강력한 인스턴스(예를 들어, 16코어 CPU와 104GB 메모리를 가진 n1-highmem-32)로 데이터랩(Datalab)을 구동할 수 있다는 사실이다.

앞에서 논한 사실로부터, 눈치가 빠른 독자라면 로컬 휴대용 컴퓨터에서 해결할 수 없었던 문제가 아주 간단히 해결될 수 있는 환경이 마련되었다는 점을 알 수 있을 것이다. 여기서는 데이터랩 도커의 코어 이미지를 확장하는 워크플로우에 대해 자세히 다룰 것이며, 그 첫 단계로 리포지터리를 복제한 후 Dockerfile.in을 변경하는 작업을 수행해야 한다.

강력한 컴퓨팅 자원에서 데이터랩 사용하기

고성능 컴퓨터 서버에서 주피터 노트북의 메가 인스턴스를 시작하면 다음과 같은 메시지 플로가 나타나며, [그림 4.2]와 같이 GCP 콘솔을 통해 그 동작을 확인할 수 있다.

```
→  pragmaticai-gcp git:(master) datalab create\
  --machine-type n1-highmem-16 pragai-big-instance
Creating the instance pragai-big-instance
Created [https://www.googleapis.com/compute/v1
/projects/cloudai-194723/zones/us-central1-f/
instances/pragai-big-instance].
Connecting to pragai-big-instance.
This will create an SSH tunnel and may prompt you
to create an rsa key pair. To manage these keys, see
https://cloud.google.com/compute/docs/instances/ \
adding-removing-ssh-keys
Waiting for Datalab to be reachable at http://localhost:8081/
Updating project ssh metadata...-
```

VM instances	CREATE INSTANCE ▼	IMPORT VM	REFRESH ▶ ■ ⏻ 🗑	SHOW INFO PANEL

☐	Name ^	Zone	Creation time	Machine type	Recommendation	Internal IP	External IP	Connect	
☐	pragai-big-instance	us-central1-f	Feb 27, 2018, 3:11:12 PM	16 vCPUs, 104 GB		10.128.0.2	35.224.142.212	SSH ▼	⋮
☐	tpu-demo-vm	us-central1-f	Feb 12, 2018, 1:03:07 PM	4 vCPUs, 15 GB		10.128.0.2	None	SSH ▼	⋮

▲ [그림 4.2] GCP 콘솔을 통해 구동되고 있는 데이터랩 인스턴스

이 인스턴스를 이용해 유용한 작업을 수행하기 위해, 우선 data.world(https://data.world/dataquest/mlb-game-logs)에서 제공하는 1871~2016년의 모든 메이저리그 야구 경기 기록들을 GCP 버킷에 동기화시킨다. [그림 4.3]에 나타난 것과 같이 describe 커맨드를 통해 판다스 데이터프레임(Pandas DataFrame)에 총 17만 1,000줄의 데이터가 로드된 사실을 확인할 수 있다.

```
gsutil cp game_logs.csv gs://pragai-datalab-test
Copying file://game_logs.csv [Content-Type=text/csv]...
- [1 files][129.8 MiB/129.8 MiB]
 628.9 KiB/s
Operation completed over 1 objects/129.8 MiB.
```

In [19]:	df.describe()								
Out[19]:		date	number_of_game	v_game_number	h_game_number	v_score	h_score	length_outs	attendanc
	count	171907.000	171907.000	171907.000	171907.000	171907.000	171907.000	140841.000	118877.00
	mean	19534616.307	0.261	76.930	76.954	4.421	4.701	53.620	20184.247
	std	414932.618	0.606	45.178	45.163	3.278	3.356	5.572	14257.382
	min	18710504.000	0.000	1.000	1.000	0.000	0.000	0.000	0.000
	25%	19180516.000	0.000	38.000	38.000	2.000	2.000	51.000	7962.000
	50%	19530530.000	0.000	76.000	76.000	4.000	4.000	54.000	18639.000
	75%	19890512.000	0.000	115.000	115.000	6.000	6.000	54.000	31242.000
	max	20161002.000	3.000	165.000	165.000	49.000	38.000	156.000	99027.000

8 rows × 83 columns

▲ [그림 4.3] GCP 버킷으로부터 데이터프레임에 로드된 17만 1,000줄의 데이터

이 노트북 인스턴스 전체 내용은 깃허브(https://github.com/noahgift/pragmaticai-gcp/blob/master/notebooks/pragai-big-instance.ipynb)에서 찾을 수 있으며, 필요한 커맨드들은 다음과 같다. 먼저 필요한 패키지들을 불러오자(import).

```
Import pandas as pd
pd.set_option('display.float_format', lambda x: '%.3f' % x)
import seaborn as sns
from io import BytesIO
```

다음으로 데이터 파일의 내용을 game_logs라는 변수에 저장하는 데이터랩 커맨드를 실행해야 한다.

```
%gcs read  --object gs://pragai-datalab-test/game_logs.csv\
           --variable game_logs
```

이제 새로운 데이터프레임이 생성되었다.

```
df = pd.read_csv(BytesIO(game_logs))
```

마지막으로 [그림 4.4]에 나온 것처럼 데이터프레임을 표시해 보자.

```
%timeit
ax = sns.regplot(x="v_score", y="h_score", data=df)
```

이 실습을 통해 기억해야 할 중요한 사실은 EDA(exploratory data analysis)를 강력한 컴퓨팅 자원에서 수행하기 위해 데이터랩을 사용하는 것이 상당히 좋은 아이디어라는 점이다. 클라우드 서비스의 요금 청구는 초 단위(사용 시간)로 이뤄지기 때문에, 데이터랩을 이용하면 많은 시간을 절약하면서 EDA를 처리할 수 있다. 또 다른 중요한 사실은 GCP가 이 부문에서는 AWS를 넘어선 리더십을 가졌다는 점인데, 이는 구글이 축적한 개발 경험을 기반으로 큰 데이터의 처리는 노트북 인스턴스를 기반으로 하고 친숙한 '소형 데이터'의 처리는 씨본(Seaborn)이나 판다스 같은 툴로 할 수 있도록 데이터 처리 방침을 손쉽게 이원화했기 때문이다.

이 책의 독자가 기억해야 할 또 다른 중요한 사실은 데이터랩이 머신러닝의 프로덕션 파이프라인 구축을 위한 훌륭한 토대가 될 수 있다는 점이다. 데이터랩은 GCP 버킷을 탐색하고 빅쿼리(BigQuery)와도 손쉽게 통합할 수 있을 뿐 아니라, 머신러닝 엔진이나 TPU, 컨테이너 레지스트리와 같은 GCP 생태계의 다른 부분과도 통합할 수 있다.

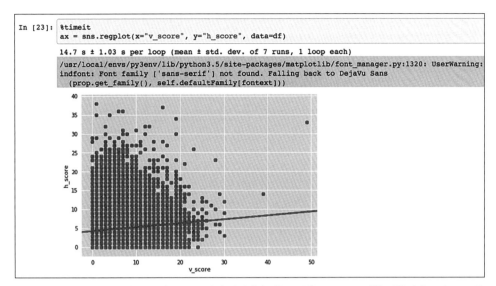

```
In [23]:  %timeit
          ax = sns.regplot(x="v_score", y="h_score", data=df)
```

14.7 s ± 1.03 s per loop (mean ± std. dev. of 7 runs, 1 loop each)
/usr/local/envs/py3env/lib/python3.5/site-packages/matplotlib/font_manager.py:1320: UserWarning:
indfont: Font family ['sans-serif'] not found. Falling back to DejaVu Sans
 (prop.get_family(), self.defaultFamily[fontext]))

▲ **[그림 4.4]** 100GB 메모리, 32코어 CPU를 가진 서버에서 씨본 플롯(Seaborn Plot)을 사용하면 17만 1,000줄의 데이터를 플롯하는 데 17초가 걸린다.

▌빅쿼리(BigQuery)

빅쿼리(BigQuery)는 GCP 생태계의 핵심 요소 중 하나로, 프로덕션 레벨에 실용적인 머신러닝 및 인공지능 파이프라인을 구축하는 데 유용하게 사용된다. 다양한 측면에서, AWS에 비해 개발자가 사용하기 편리하다는 장점도 있다. AWS는 가져다 쓰기만 하면 되는 완벽한 종단간(end-to-end) 솔루션을 제공하는 데 초점을 둔 반면, GCP는 이미 (구글 스위트(Google Suite) 등을 통해) 대중에게 친숙해진 툴들 및 개발 패러다임을 어느 정도 수용한 것으로 보인다. 빅쿼리를 이용해 데이터를 주고 받는 방법은 매우 다양하며 쉽다: 사용자의 로컬 컴퓨터에서 커맨드라인 기반 작업을 통해 수행할 수도 있고, GCP 버킷과 연동 후 API를 호출해 수행할 수도 있다.

커맨드라인 명령을 이용해 빅쿼리로 데이터 이동하기

빅쿼리로 이를 수행하는 가장 쉬운 방법은 bq 커맨드라인 툴을 사용하는 것이다. 다음에 추천 예시가 주어져 있다.

먼저, 기본 프로젝트에 이미 존재하는 데이터 세트가 있는지 확인한다.

```
➡  pragmaticai-gcp git:(master) bq ls
```

여기서 사용하는 예제의 경우 존재하는 데이터 세트가 없기 때문에 다음과 같이 새로운 데이터 세트를 생성해 준다.

```
➡  pragmaticai-gcp git:(master) bq mk gamelogs
Dataset 'cloudai:gamelogs' successfully created.
```

다음으로, bq ls 커맨드를 이용해 데이터 세트가 잘 생성되었는지 확인한다.

```
➡  pragmaticai-gcp git:(master) bq ls
   datasetId
   -----------
   gamelogs
```

그 다음 17만 1,000개의 데이터 레코드를 가진 134MB의 CSV 파일을 -autodetect 플래그를 사용해 업로드한다. 이 플래그는 수많은 열을 가진 데이터 세트를 업로드하기 위한 다소 '게으른' 방법으로, 이 플래그를 사용하면 CSV 파일에 저장된 데이터 스키마를 일일이 정의해 주지 않아도 된다.

```
➡  pragmaticai-gcp git:(master) ✗ bq load\
   --autodetect gamelogs.records game_logs.csv
Upload complete.
Waiting on bqjob_r3f28bca3b4c7599e_00000161daddc035_1
        ... (86s) Current status: DONE
➡  pragmaticai-gcp git:(master) ✗ du -sh game_logs.csv
134M    game_logs.csv
```

이제 데이터 세트가 로드되었으며, 데이터에 대한 쿼리 작업은 [그림 4.5]에 나온 것처럼 손쉽게 수행할 수 있다.

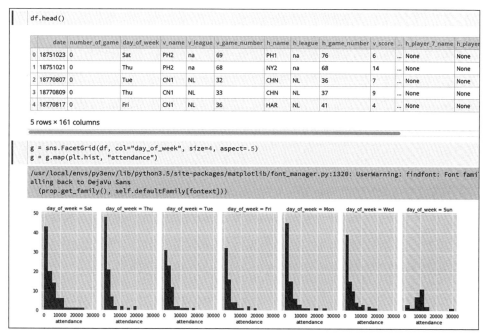

▲ [그림 4.5] 빅쿼리에서 판다스, 다시 씨본(Seaborn)으로 이어지는 파이프라인

쿼리 작업을 위해 다음과 같이 먼저 필요한 패키지들을 불러온다. 빅쿼리에 쉽게 접근하는 google.datalab.bigquery가 import 되었다.

```
import pandas as pd
import google.datalab.bigquery as bq
pd.set_option('display.float_format', lambda x: '%.3f' % x)
import seaborn as sns
from io import BytesIO
```

다음은 데이터프레임에 맞춰 쿼리를 조율한다. 원본 데이터는 17만 1,000줄을 가지고 있지만, 다음 예제는 첫 10줄에 대해서만 쿼리 조율 작업을 수행한다.

```
some_games = bq.Query('SELECT * FROM `gamelogs.records` LIMIT 10000')
df = some_games.execute(output_options=\
        bq.QueryOutput.dataframe()).result()
```

마지막으로 데이터프레임을 변환한 후 씨본을 이용해 데이터를 가시화한다([그림 4.5]에서 볼 수 있듯 요일별로 데이터를 나눠 표시함).

```
g = sns.FacetGrid(df, col = "day_of_week", size=4, aspect=.5)
g = g.map(plt.hist, "attendance")
```

이 예제를 통해 확인할 수 있는 점은 빅쿼리(BigQuery)와 데이터랩(Datalab)이 매우 인상적일 뿐 아니라 손쉬운 머신러닝 파이프라인 생성에 큰 도움이 된다는 사실이다. 고작 몇 분 만에 거대한 데이터 세트를 빅쿼리(BigQuery)에 업로드할 수 있고, 뛰어난 주피터(Jupyter) 워크스테이션을 이용해 EDA 작업을 수행한 후, 활용 가능한 노트북으로 변환할 수 있다.

이 툴체인은 구글의 머신러닝 서비스와 연동할 수 있으며, TPU를 이용해 사용자 맞춤형 분류 모델을 트레이닝하는 작업과도 연동할 수 있다. 앞서 언급했듯이, GCP가 가진 AWS 플랫폼 대비 강력한 차이점 중 하나는 씨본 및 판다스와 같은 일반적인 공개 라이브러리의 사용을 장려하는 워크플로우 시스템을 갖추었다는 사실이다(역자 주: 앞 부분에 필자가 구글이 데이터 처리 방침을 이원화했고, 소형 데이터 처리를 위해 씨본이나 판다스 같은 솔루션을 주로 사용한다고 언급한 측면에서). 씨본이나 판다스 같은 툴들도 결국에는 거대한 데이터 세트를 처리하는 쪽으로 그 기능의 방향이 바뀔 것이다. 하지만 현재 상태에서는 분명 대중에게 익숙한 툴을 사용할 수 있도록 선택의 편의성을 제공한다는 장점이 있다.

▌구글 클라우드 AI 서비스

이 책의 제목에서도 암시하듯, 인공지능에서 실용주의는 매우 중요하며, 제품 개발을 위한 철학으로 권장된다. 자체 개발 없이 기성 제품으로 서비스되는 툴을 사용하지 않을 이유가 무엇인가? 다행스럽게도 GCP는 야생 실험부터 '이를 기반으로 한 회사 설립'에까지 활용될 수 있는 다양한 서비스를 제공한다. GCP가 제공하는 몇 가지 주요 서비스(기성 제품 솔루션)를 소개한다.

- Cloud AutoML (https://cloud.google.com/automl/)

- Cloud TPU (https://cloud.google.com/tpu/)

- Cloud Machine Learning Engine (https://cloud.google.com/ml-engine/)

- Cloud Job Discovery (https://cloud.google.com/job-discovery/)

- Cloud Dialogflow Enterprise Edition (https://cloud.google.com/dialogflow-enterprise/)

- Cloud Natural Language (https://cloud.google.com/natural-language/)

- Cloud Speech-to API (https://cloud.google.com/speech/)

- Cloud Translation API (https://cloud.google.com/translate/)

- Cloud Vision API (https://cloud.google.com/vision/)

- Cloud Video Intelligence (https://cloud.google.com/video-intelligence/)

인공지능 서비스의 또 다른 활용 사례로 기존 데이터 센터나 클라우드를 보완해 주는 기능이 있다. 자체적으로 만든 자연어 모델을 훈련시키는 대신, 클라우드 자연어(Cloud Natural Language) 서비스를 AWS 데이터 세트에 적용해 본 후 그 성능을 비교해 보면 어떨까? 실용성을 추구하는 인공지능 팀이라면 이런 기성 제품 솔루션을 선택해 프로덕션 환경에 적용한 후 사용자 맞춤형 머신러닝 트레이닝에 집중하는 것이 현명한 선택이라는 것을 인지하고 있을 것이다.

이러한 기성 제품 솔루션 서비스 활용에 권장되는 워크플로는 이 장에서 다루는 다른 예들과 매우 유사하다. 즉, 데이터랩 인스턴스를 실행하고 일부 데이터를 업로드한 다음 제공되는 API들을 이용해 데이터를 처리하는 것이다. 하지만 서비스의 API 탐색기에 데이터를 업로드해 보는 것만으로도 초보자에게는 도움이 될 것이며, 실제로 많은 경우 이는 이상적인 출발점이다.

구글 비전 API를 이용해 나의 개(Dog) 분류해 보기

https://cloud.google.com/vision/docs에는 API 탐색기를 통해 컴퓨터 비전(Computer Vision) API를 사용하는 데 도움이 되는 퀵스타트(quickstart) 예제가 있다. 이 예제를 테스트해 보기 위해 필자는 필자의 개 사진을 찍어 파일 이름을 titan_small.jpg로 정한 후 pragai-claud-vision 버킷에 업로드해 보았다.

이후, [그림 4.6]과 같이 해당 버킷/파일에 대한 API 호출이 구성됐음을 확인할 수 있었으며 [그림 4.7]에서 보여주는 것처럼 필자의 개는 타이탄(Titan) 종으로 판명되었다.

Request body

```
{
  "requests": [
    {
      "features": [
        {
          "type": "LABEL_DETECTION"
        ⊕
        }
      ⊕
      ],
      "image": {
        "source": {
          "imageUri": "gs://pragai-cloud-vision/titan_small.jpg"
        ⊕
        }
      ⊕
      }
    ⊕
    }
  ⊕
  ]
}
```

Press ctrl+space or click one of the hint bubbles for suggestions.

▲ [그림 4.6] 구글 비전 API 요청 화면

▲ [그림 4.7] 타이탄(Titan)이 귀엽게 바라보는 사진만으로 구글 인공지능은 분류에 성공했다.

그래서 이미지 분류시스템은 개의 종과 관련해 무엇을 발견했을까? 다음에서 볼 수 있듯 필자의 개는 달마시안으로 판명될 수 있는 확률도 50% 이상이었으며 (여러 항목의 확률들로 종합해 볼 때) 잡종 개처럼 보인다.

```
{
  "responses": [
    {
      "labelAnnotations": [
        {
          "mid": "/m/0bt9lr",
          "description": "dog",
          "score": 0.94724846,
          "topicality": 0.94724846
        },
        {
          "mid": "/m/0kpmf",
          "description": "dog breed",
          "score": 0.91325045,
          "topicality": 0.91325045
        },
        {
          "mid": "/m/05mqq3",
          "description": "snout",
          "score": 0.75345945,
          "topicality": 0.75345945
        },
        {
          "mid": "/m/01z5f",
          "description": "dog like mammal",
          "score": 0.7018985,
          "topicality": 0.7018985
        },
        {
          "mid": "/m/02rjc05",
          "description": "dalmatian",
```

```
      "score": 0.6340561,
      "topicality": 0.6340561
    },
    {
      "mid": "/m/02x147d",
      "description": "dog breed group",
      "score": 0.6023531,
      "topicality": 0.6023531
    },
    {
      "mid": "/m/03f5jh",
      "description": "dog crossbreeds",
      "score": 0.51500386,
      "topicality": 0.51500386
    }
  ]
 }
]
}
```

▌ 클라우드 TPU와 텐서플로(TensorFlow)

2018년의 경향은 사용자 맞춤형 머신러닝 가속 장치의 등장이다. 2018년 2월, 구글은 TPU의 베타 버전을 출시했지만, TPU는 주로 구글 이미지 서치(Google Image Search), 구글 포토스 (Google Photos), 구글 클라우드 비전(Google Cloud Vision) API와 같은 자사 제품 개발 및 서비스를 위해 내부에서 활용되었다. "In-Datacenter Performance of a Tensor Processing Unit"라는 제목의 논문(https://drive.google.com/file/d/0Bx4hafXDDq2EMzRNcy1vSUxtcEk/view)을 통해 TPU에 대한 보다 상세한 기술적 내용을 접할 수 있다. 여기서 암달(Amdahl)의 법칙에 대한 '풍요의 산물'을 언급하는데, 이는 "크고 값싼 자원이라 할지라도 적당히 낮은 빈도로 사용하면 여전히 비용 측면에서도 효율적이고 높은 성능을 이끌어 낼 수 있다"는 것이다.

구글에서 나오는 다른 인공지능 서비스와 마찬가지로, TPU는 게임의 룰을 바꾸는 기술의 집합체다. TPU는 그 자체만으로도 흥미롭다. 만일, 구글이 텐서플로(TensorFlow) SDK를 이용해 딥러닝 모델 훈련을 손쉽게 만들고 인공지능 학습 전용의 하드웨어 가속 장치를 사용해 빼어난 효율성을 보여주었다면, 다른 클라우드 서비스에 비해 엄청난 이점을 가질 수 있었을 것이다.

그러나 클라우드 생태계의 일부를 개발자 친화적으로 만드는 데 놀라운 발전을 이루었음에도 불구하고, 구글이 만든 텐서플로 SDK는 계속 문제가 되고 있다. 매우 로-레벨의 언어인 동시에 복잡하며, 마치 어셈블리나 C++로 글쓰기를 선호하는 수학 박사를 위해 설계된 것 같다. 하지만 파이토피(PyTorch)처럼 이 문제를 완화하는 데 도움이 될 수 있는 몇 개의 솔루션이 있다.

클라우드 TPU에서 MNIST 실행하기

이 튜토리얼에서는 이 책을 출판할 당시 베타 버전으로 공개된 TPU에 대한 기존의 실습을 그대로 사용할 것이다. 이 내용은 https://cloud.google.com/tpu/docs/ tutorials/mnist에서 찾을 수 있다. 실습을 시작하기 위해서는 gcloud SDK를 설치해야 할 뿐 아니라, 베타 구성요소(beta component: 베타 버전의 TPU 활용을 위해 베타 버전으로 배포된 소프트웨어 등)도 필요하다.

```
gcloud components install beta
```

다음으로 작업 컨트롤러 역할을 수행할 가상 머신(virtual machine, VM)이 필요하다. gcloud cli를 이용해 4코어 CPU를 가진 VM을 central region에 생성한다.

```
(.tpu) ➜  google-cloud-sdk/bin/gcloud compute instances\
    create tpu-demo-vm \
  --machine-type=n1-standard-4 \
  --image-project=ml-images \
  --image-family=tf-1-6 \
  --scopes=cloud-platform
```

```
Created [https://www.googleapis.com/compute/v1/ \
        projects/cloudai-194723/zones/us-central1-f/ \
        instances/tpu-demo-vm].
NAME            ZONE            MACHINE_TYPE
STATUS
tpu-demo-vm     us-central1-f n1-standard-4 _
RUNNING
```

가상 머신이 생성된 후에는 다음과 같이 TPU 인스턴스를 등록해 주어야 한다.

```
google-cloud-sdk/bin/gcloud beta compute tpus create demo-tpu \
   --range=10.240.1.0/29 --version=1.6
Waiting for [projects/cloudai-194723/locations/us-central1-f/ \
operations/operation-1518469664565-5650a44f569ac-9495efa7-903
9887d] to finish...done.
Created [demo-tpu].

google-cloud-sdk/bin/gcloud compute ssh tpu-demo-vm -- -L \
        6006:localhost:6006
```

프로젝트에 사용될 데이터를 다운로드한 후 다시 클라우드 저장 장치에 업로드한다. 다음 예에서 필자가 사용하는 버킷은 tpu-research라고 되어 있는데, 독자가 직접 실습할 때의 이름은 달라질 것이다.

```
Python /usr/share/tensorflow/tensorflow/examples/how_tos/ \
        reading_data/convert_to_records.py --directory=./data
gunzip ./data/*.gz
export GCS_BUCKET=gs://tpu-research
gsutil cp -r ./data ${STORAGE_BUCKET}
```

마지막으로, TPU_NAME 환경 변수의 내용을 앞에서 생성한 TPU 인스턴스의 이름과 같게 설정해 주어야 한다.

```
export TPU_NAME='demo-tpu'
```

이제 남은 스텝은 모델을 훈련시키는 것이다. 이 예제에서는 반복 횟수가 매우 작게 설정되어 있다(500번). TPU의 성능이 상당히 좋기 때문에, 너무 빨리 작업이 끝나지 않도록 하려면 반복 회수에 몇 개의 0을 추가하는 것이 낫다.

```
python /usr/share/models/official/mnist/mnist_tpu.py \
  --tpu_name=$TPU_NAME \
  --data_dir=${STORAGE_BUCKET}/data \
  --model_dir=${STORAGE_BUCKET}/output \
  --use_tpu=True \
  --iterations=500 \
  --train_steps=1000
```

이 모델로부터 손실 값(loss value)이 출력될 것이며, 다양한 흥미로운 그래픽 기능을 가진 tensorboard를 볼 수도 있다. 하지만 잊지 말아야 할 것은 최종 정리 작업을 수행해야 한다는 점이다. 다음과 같이 사용이 끝난 TPU를 지워주어야 (클라우드 서비스) 요금이 (의도치 않게) 더 부과되는 것도 막을 수 있다.

```
noahgift@tpu-demo-vm:~$ gcloud beta compute tpus delete demo-tpu
Your TPU [demo-tpu] will be deleted.
Do you want to continue (Y/n)? y
Waiting for [projects/cloudai-194723/locations/us-central1-f/ \
operations/operation-1519805921265-566416410875e-018b840b
-1fd71d53] to finish...done.
Deleted [demo-tpu].
```

▌요약

GCP는 실용적 인공지능 솔루션을 구축하기 위한 적합한 경쟁자다. AWS에 비해 다수의 장점과 고유한 기능들을 지닌 GCP는 주로 개발자의 경험 및 기성 제품으로 제공되는 고급 인공지능 서비스에 중점을 두고 있다.

호기심 가득한 인공지능 연습생에게 권장하는 다음 단계는 '제대로 작동하는 솔루션'을 만들기 위해 인공지능 API들을 어떻게 엮어야 하는지 살펴보는 것이다. 구글이 만들어 낸 기회 중 하나는 바로 TPU와 텐서플로(TensorFlow) 생태계이다. 시작하기가 매우 복잡하다는 단점이 있지만, 그만큼 그 강력함은 매혹적이다. TPU 전문가가 없는 회사가 인공지능 영역에서 리더가 되기는 아마도 매우 어려울 것이다.

Chapter **5** 아마존 웹 서비스를 이용한 클라우드 인공지능 개발

당신의 사랑이 나를 강하게 만든다. 당신의 증오는 나를 멈출 수 없다.

– 로날도*(Ronaldo)*

지난 몇 년 동안 FANG(페이스북, 아마존, 넷플릭스 및 구글을 지칭) 주식은 엄청난 속도로 올랐다. 아마존 주식의 경우 그 가치가 지난 3년 동안(2015년 3월 ~ 2018년 3월) 약 300퍼센트 올랐다. 넷플릭스 역시 AWS를 기반으로 운영된다. AWS 클라우드는 많은 유입 자금과 성장 동력을 가지고 있기 때문에, 경력 관점에서 봐도 매력적인 대상이라고 할 수 있다. 앞으로의 인공지능 애플리케이션들이 성공하기 위해서는 플랫폼 및 그것이 제공해 주는 것들을 정확히 아는 것이 매우 중요하다.

FANG이 이끄는 자본의 커다란 변화로부터 알아야 할 사실은 클라우드가 단지 존재하는 것을 넘어서 소프트웨어 개발의 기본 패러다임을 바꾸고 있다는 점이다. AWS는 특히 서버리스(serverless) 기술 개발에 사활을 걸었으며, 이 결과의 결정체가 바로 대규모 생태계 안에서 이벤트로 실행할 수 있는 함수를 다양한 언어(Go, 파이썬, 자바, C# 및 Node 등) 기반으로 제공하는 람다 기술이다. 클라우드를 하나의 새로운 운영체제라고 생각하면 이를 이해하기에 수월할 것이다.

GIL(Global Interpreter Lock)과 파이썬의 성능이 중요하지 않다는 주장(설득력 있고 영감을 얻은 것 같은 주장이지만 한편으로는 틀린)이 있었지만, 규모가 있는 문제를 다루는 실제 상황에서 이들은 매우 중요한 역할을 한다. 파이썬의 경우, 사용하기 쉽게 만든 좋은 요소들이 한편으로 성능에 (저주받을 정도로) 악영향을 주는 요인으로 작용하며, GIL은 Java 같은 다른 언어와 비교해, 대규모의 문제를 다루는 데 필요한 효율적인 병렬 처리 수행의 발목을 잡는 언어라고 할 수 있다. 물론 리눅스 기반의 호스트를 대상으로 제안된 몇몇 해결 방법이 있기는 하지만 만족스러운 수준은 아니다. 예를 들어, 파이썬 언어의 성능 향상을 위해 파이썬 내에서 얼랭(Erlang) 언어 기반으로 동시성 아이디어(concurrency idea)를 재작성하는 데 낭비되는 시간이 너무 길다거나, 병렬 처리에 사용되어야 할 코어가 놀고 있다거나(유휴 코어) 하는 문제가 존재하기 때문이다.

AWS 람다를 사용하게 되면, 운영체제 자체가 AWS이기 때문에 앞에서 언급했던 약점들이 무의미해질 수 있다. 클라우드 개발자는 코드의 병렬 처리를 위해 OpenMP 스레드나 MPI 프로세스 대신 SNS, SQS, 람다 및 기타 빌딩블록(building-block) 기술을 사용할 수 있다. 이러한 AWS의 기본 요소들은 기존의 스레드, 프로세스 및 운영체제의 패러다임을 대체한다. 더 나아가 높은 스케일링 달성을 목표로 하고 있지만 그 결과가 의심스러운 파이썬 프로젝트들에 대한 심층적 조사를 통해, 전통적인 파이썬 언어에 대한 리눅스의 스케일링 문제를 입증할 수 있는 보다 많은 증거를 확보할 수 있을 것이다.

파이썬을 점점 파고들면, 결국 이 언어의 성능은 RabbitMQ와 얼랭(Erlang)으로 쓰여진 셀러리(Celery), 고도로 최적화된 C로 쓰여진 엔진엑스(Nginx)의 성능에 좌우된다는 것을 알게 될 것이다. 파이썬 언어의 성능을 개선하기 위해 얼랭을 잘 다루면 되지 않겠냐는 생각이 들어 흥분할지도 모르지만(필자는 실제로 얼랭을 사용하는 회사를 운영해 본 경험이 있다), 얼랭에 능숙한 개발자를 구하는 것은 거의 불가능하다. 고(Go) 언어는 파이썬이 해결하지 못하는 스케일링 문제를 해결할 수 있으며, 실제로 고 언어를 능숙히 사용할 줄 아는 개발자를 구하기도 수월하다. 그러나 달리 생각해 보면, 특정 언어에 신경쓰느니 동시성(병렬 처리) 문제를 클라우드 OS에 맡겨 알아서 해결하도록 하는 것이 가장 좋지 않을까? 그렇게 될 수 있다면, 인건비 비싼 고 언어나 얼랭에 능숙한 개발자를 굳이 고용하지 않아도 당신의 회사가 무너지는 일은 없을 것이다.

다행스럽게도 서버리스 기술을 사용하면 리눅스 운영체제에서 파이썬의 약점이 순식간에 무의미해진다. 필자가 빅데이터 회사인 로글리(Loggly)에서 근무하면서 깨달은 점이 이에 대한 좋은 예가 될 수 있을 것 같다. 당시 우리는 파이썬을 이용해 고성능 비동기 로그 처리 시스템을 개발하려고 시도했다. 개발된 시스템을 하나의 코어에서 실행했을 때에는 매우 인상적인 성능을 보였으며, 초당 6,000~8,000건의 요청을 처리할 수 있었다. 그러나 문제는 다른 코어들이 유휴 상태 였기 때문에 병렬 처리의 필요성이 제기되었었고, 이에 따라 파이썬 콜렉터를 다수의 코어로 확장해주는 솔루션을 개발했지만 그 성능이 생각보다 뛰어나지 않아 궁극적으로는 엔지니어링 측면에서 ROI(투자 대비 이득)가 좋지 못했던 기억이 있다. 하지만 AWS의 서버리스 기술을 사용할 경우 확장성은 플랫폼 고유의 특성이 되기 때문에, 파이썬을 이용해 전체 시스템을 개발하는 것이 탁월한 전략일 수 있다.

새로운 클라우드 운영체제를 사용할 때에는 실제로 이보다 더 많은 것들을 고려해야 한다. 웹 프레임워크 같은 수많은 기술들은 수십 년 전부터 알려진 기법들을 기반으로 추상화된 것이다. 1970년대에 발명된 관계형 데이터베이스는 의심의 여지없이 견고한 기술이다. 2000년대 초반, 웹 프레임워크 개발자는 개인용 컴퓨터(PC)와 데이터 센터의 시대에 진화한 이 기술들을 기반으로 웹 프레임워크 개발에 객체 관계형 맵퍼(object-relational mappers) 및 다양한 코드 생성 툴(code-generation tools)을 적용했다. 웹 애플리케이션 개발은 거의 설계가 그 성패를 좌우하기 때문에 이에 대한 많은 투자가 필요하다. 웹 애플리케이션이 강력하다 한들 대규모 인공지능 프로젝트의 관점에서 미래가 될 수 있겠는가? 필자는 아니라고 생각한다(역자 주: 고착된 기술을 사용하는 것으로 해결이 안된다는 뜻).

서버리스 기술은 기존 기술들과는 완전히 다른 사고방식이다. 데이터베이스는 자체적으로 확장 가능하며 데이터 스키마는 유연하고 효율적으로 관리할 수 있다. 코드(역자 주: 특정 상태일 때 특정 작업을 수행하라는 내용이 명시된 코드)에 접근하는 아파치(Apache)나 엔진엑스(Nginx) 같은 웹 프론트엔드(frontend)를 실행하는 대신, 상태 저장 없이 특정 이벤트가 발생했을 때에만 실행되는 응용 프로그램 서버를 사용한다.

복잡해지면 반드시 치뤄야 할 대가가 존재한다. 머신러닝 및 인공지능 응용 프로그램들이 복잡해지면서 반대로 다양한 문제들이 생겼다. 응용 프로그램의 복잡성을 줄일 수 있는 좋은 방법 중 하나는 언제나 유지되어야 하는 서버를 아예 없애버리는 것이다. 이는 마치 전통적인 웹 프레임워크를 날려버리는 것과 같은 이치이다(역자 주: rm -rf는 파일이나 폴더를 강제적으로 지우는 리눅스 커맨드). 물론 이런 일들이 하루 밤 사이에 일어나지는 않을 것이기 때문에, 이 장에서는 전통적인 웹 애플리케이션인 플라스크(Flask)에 대해서도 다루지만 클라우드 운영체제와의 연동에 초점을 맞출 것이다. AWS 챌리스(Chalice)와 같은 순수 서버리스 아키텍처에 대한 다양한 예들은 다른 장에서 자세히 다룰 예정이다.

■ AWS를 이용해 증강현실(Augmented Reality, AR)과 가상현실 (Virtual Reality, VR) 솔루션 구축하기

영화 산업 및 칼텍(Caltech)에서 일하면서, 조직 내 모든 워크스테이션에 마운트된 고성능 리눅스 파일 서버가 있음을 감사하게 생각했던 적이 많다. 수천 대의 워크스테이션 사용자들이 모두 하나의 중앙 마운트 포인트를 통해 운영체제를 구성하고 데이터를 배포하며 디스크 I/O를 공유할 수 있다는 사실은 효과적인 작업 환경을 위해 매우 강력한 장점이다.

수년 간 많은 영화사들이 세계 500위 안에 드는 슈퍼컴퓨터를 보유하고 있었다는 사실을 아는 사람은 아마 별로 없을 것이다(https://www.top500.org/news/new-zealand-to-join-petaflop-club/). 고성능 중앙집중식 파일 서버에 마운트 되어 있는(그래픽 처리에 필요한) 렌더 팜(render farm)이 엄청난 컴퓨팅 및 디스크 I/O 리소스를 사용하기 때문에 영화사에서 슈퍼컴퓨터를 필요로 하는 것이다. 영화 아바타(Avatar) 작업 때문에 2009년 뉴질랜드의 웨타 디지털에서 근무할 때(https://www.geek.com/chips/the-computing-power-that-created-avatar-1031232/), 이 회사는 4만 코어 프로세서와 104TB 메모리를 가진 슈퍼컴퓨터를 보유하고 있었다. 당시 일평균 140만 건의 작업을 처리했으며, 이 때문에 영화계에 오래 종사하는 베테랑들이 요즘 스파크(Spark)나 하둡(Hadoop) 기반으로 수행되는 워크로드를 생각하고 살짝 웃기도 한다(역자 주: 슈퍼컴퓨터의 크기와 성능을 생각하면서).

이 스토리에서 중요한 점은 – 빅데이터에 새로 진입하려는 사람들에게 "내 구역에서 나가!"라고 말하는 것 말고 – 중앙 집중식 파일 서버가 대규모 컴퓨팅의 좋은 예가 된다는 사실이다. 역사적으로, 이러한 '페라리' 파일 서버는 전문적인 '미케닉'을 이용해 안정적인 운영을 유지했지만 (역자 주: 빠른 파일 서버의 구동을 유지하기 위해 전문 엔지니어들을 고용했어야 했다는 뜻), 요즘 같은 클라우드 시대에는 그저 클릭하기만 하면 페라리 같은 빠른 서버를 얻을 수 있다.

컴퓨터 비전: EFS와 플라스크를 사용하는 AR/VR 파이프라인

AWS는 EFS(Elastic File System) 서비스를 제공하는데, 이는 마우스 조작으로 간단히 구축할 수 있는 빠른 파일 서버이다. 필자가 EFS를 사용해 과거에 수행했던 작업 중 하나는 AWS에 가상현실(VR) 기반의 컴퓨터 비전 파이프라인을 위한 중앙 집중식 파일 서버를 구축하는 것이었다. 코드는 물론이고 개발 과정에서 만들어진 모든 산출물들이 모두 EFS에 저장되었다. [그림 5.1]에서는 EFS를 이용해 만들 수 있는 가상현실 파이프라인의 '하나의 안'을 보여주고 있다. 카메라 스테이션(camera station)은 48개 또는 72개의 카메라로 구성되어 있는데, 이들은 모두 나중에 가상현실의 장면들을 효과적으로 이어붙이기 위한 알고리즘에 의해 처리될 대형 프레임들을 생성해 준다.

EFS의 마운트 포인트는 DEV, STAGE 및 PRODUCTION과 같은 각각의 환경에 대해 개별적으로 생성될 수 있으며, 이 미묘하고도 강력한 특징 때문에 EFS는 파이썬 응용 프로그램을 손쉽게 배포하는 데 도움이 된다. 여기서 '배포'를 위해서는 코드들의 rsync 작업이 필요한데 (rsync는 'Remote Sync'의 약자로 삼바(samba)의 개발자인 앤드류 트리젤(Andrew Tridgell)이 만든 두 사이트 간의 파일과 디렉토리의 동기화를 위한 유닉스용 유틸리티임. 그냥 동기화라고 해석해도 됨), 이 작업은 저장소의 브랜치에 따라 빌드 서버에서 EFS 마운트 포인트까지 몇 초 이내에 수행될 수 있다. EFS 마운트 포인트를 위에서 언급한 각 환경에 대해 개별적으로 생성할 수 있으므로, 예를 들어 DEV의 EFS 마운트 포인트를 마스터 브랜치로, STAGE의 EFS 마운트 포인트를 스테이징 브랜치로 설정할 수 있게 되는 것이다. 이렇게 되면, (rsync 작업이 매우 빠르므로) 플라스크는 언제나 최신 버전의 코드를 디스크에 가지고 있을 수 있게 되기 때문에, 최신 코드를 배포하는 것이 쉬운 문제가 된다. 이에 대해 독자의 이해를 돕기 위한 예가 [그림 5.2]에 제시되어 있다.

고급 가상현실 파이프라인 개요

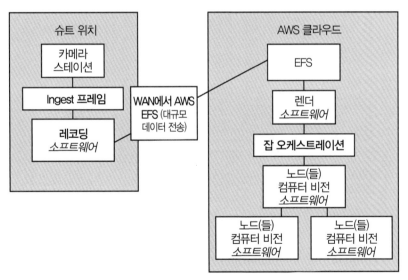

▲ [그림 5.1] EFS와 연결된 AWS 가상현실 파이프라인

EFS와 플라스크를 서버리스 기술과 함께 사용하면 인공지능 제품을 개발하는 데 효과적인 환경을 구축할 수 있다. 여기서 컴퓨터 비전/VR/AR과 관련된 예를 다루고 있지만, EFS는 전통

적인 머신러닝을 위한 데이터 엔지니어링 작업 환경을 구축하는 데에도 손쉽게 활용될 수 있다.

마지막으로, 위에서 언급한 아키텍처가 실제로 유용하다는 사실을 알게 된 이유는 필자가 VR/AR 회사에 근무하면서 초기에 스크래치부터 직접 개발했기 때문이다. 단 몇 달 만에 AWS 의 10만 크레딧을 소진했을 정도로 인기리에 사용되었으며, 이 때문에 몇백 노드에서 수행이 가능한 병렬 처리 개발 작업이 따로 생길 정도였다(역자 주: 인기 있게 활용되긴 했지만, AWS의 크레딧이 사용 시간 단위로 결정되기 때문에 크레딧 소모가 컸다는 뜻. 병렬 처리가 되면 그만큼 사용 시간 을 줄일 수 있어 크레딧을 절약할 수 있다). 때때로 성공은 주머니가 가벼워진다는 뜻이기도 하다.

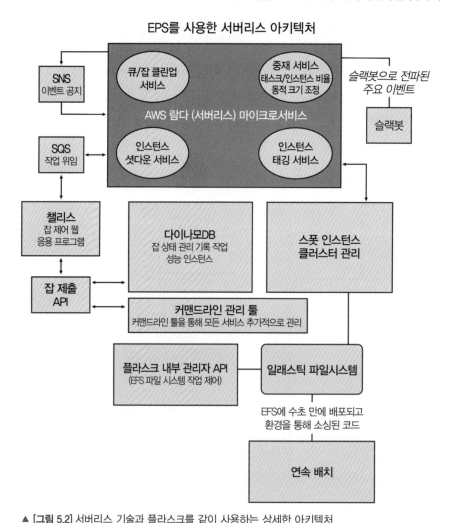

▲ [그림 5.2] 서버리스 기술과 플라스크를 같이 사용하는 상세한 아키텍처

EFS, 플라스크 및 판다스에 기반한 데이터 엔지니어링 파이프라인

프로덕션용 머신러닝 파이프라인을 구축할 때 데이터 엔지니어링은 가장 큰 과제가 될 수 있다. 다음 섹션에서는 넷플릭스, AWS 또는 유니콘 스타트업들(역자 주: unicorn start-up이란 기업가치 10억 달러 이상이면서 생긴지 10년 미만인 회사들을 의미)에서 프로덕션 API 개발 작업이 어떻게 시작되는지를 알아볼 것이다. 회사의 데이터 팀은 종종 조직의 플랫폼에서 데이터 작업을 쉽게 수행하는 데 필요한 라이브러리 및 서비스를 구축해야 할 때가 있다.

다음에서 다룰 예제에서는 CSV 데이터의 개념 집합(concept aggregation)에 대한 증명 작업을 수행한다. CSV 파일과 각각의 파일들의 데이터를 담고 있는 열, 그리고 합친 데이터가 저장될 열을 매개변수로 받는 REST API가 결과를 반환해 준다. 다음의 예제는 API의 문서화, 테스트, 연속적인 통합(continuous integration), 플러그인 및 벤치마킹과 같은 세부 사항들을 모두 포함하고 있다는 점에서 매우 현실적이다.

문제에 대한 입력 정보는 아래와 같이 생겼다.

```
first_name,last_name,count
chuck,norris,10
kristen,norris,17
john,lee,3
sam,mcgregor,15
john,mcgregor,19
```

API를 이용해 수행한 결과는 다음과 같이 나타날 것이다.

```
norris, 27
lee, 3
mcgregor, 34
```

이 전체 프로젝트의 코드는 https://github.com/noahgift/pai-aws에서 확인할 수 있다. Makefile들 및 virtualenv의 사용과 관련된 내용은 다른 장에서 자세히 다룰 것이기 때문에, 여기서는 코드에 대해서만 설명하고자 한다. 이 프로젝트는 크게 5개의 주요 부분으로 구성되며 그것들은 플라스크 응용 프로그램, 'nlib' 라이브러리, 노트북, 테스트 및 커맨드라인 툴이다.

● 플라스크 앱

플라스크 앱(App)은 세 가지 요소로 구성되어 있으며, 그 요소들은 (1)favicon.ico를 포함하고 있는 static 디렉토리, (2)index.html을 포함하고 있는 templates 디렉토리 및 (3)약 150줄의 코드로 이루어진 코어 웹 애플리케이션이다. 우선 다음의 내용을 통해 핵심 플라스크 앱에 대해 둘러보도록 하겠다.

먼저 초기 섹션에서는 아래와 같이 플라스크와 플래스저(flasgger)(스웨거(swagger) API 문서 생성기, https:// github.com/ rochacbruno/flasgger)를 불러온 후, 로깅 및 플라스크 앱을 정의해 준다.

```python
import os
import base64
import sys
from io import BytesIO

from flask import Flask
from flask import send_from_directory
from flask import request
from flask_api import status
from flasgger import Swagger
from flask import redirect
from flask import jsonify

from sensible.loginit import logger
from nlib import csvops
from nlib import utils

log = logger(__name__)
app = Flask(__name__)
Swagger(app)
```

이제, payload(역자 주: 전송된 데이터 중 실제 정보를 담고 있는 부분을 의미함)를 Base64 디코딩해 주는 헬퍼 함수를 다음과 같이 만든다.

```
def _b64decode_helper(request_object):
    """base 64로 디코딩된 데이터와 인코딩된 데이터의 크기 반환"""

    size = sys.getsizeof(request_object.data)
    decode_msg = "Decoding data of size: {size}".format(size=size)
    log.info(decode_msg)
    decoded_data = BytesIO(base64.b64decode(request.data))
    return decoded_data, size
```

그 다음 favicon을 제공하고 메인 문서로 리다이렉션(redirection)하는 역할을 실제 수행하는 boilerplate(역자 주: 반복적으로 흔히 사용되는 상용구문들을 의미) 라우트(route) 몇 개를 만들어 준다.

```
@app.route("/")
def home():
    """/ 라우트가 API 문서로 리디렉션됨: /apidocs"""

    return redirect("/apidocs")

@app.route("/favicon.ico")
def favicon():
    """The Favicon"""

    return send_from_directory(os.path.join(app.root_path, 'static'),
                    'favicon.ico',
                    mimetype='image/vnd.microsoft.icon')
```

/api/funcs에 있는 것들을 사용하면 더 재미있는 일들을 꾸밀 수 있다. 이곳에는 동적으로 설치할 수 있는 플러그인들이 포함되어 있으며, 이들은 사용자 정의 알고리즘을 구현하는 데 사용될 수 있다. 다음에 간단한 예가 있으며, 보다 자세한 내용은 라이브러리 섹션에서 설명한다.

```
@app.route('/api/funcs', methods = ['GET'])
def list_apply_funcs():
    """적용가능한 함수 목록 반환

    GET /api/funcs
    ---
    응답:
        200:
            설명: 적용 가능한 함수 목록을 반환한다.
    """

    appliable_list = utils.appliable_functions()
    return jsonify({"funcs":appliable_list})
```

다음 섹션은 groupby 라우트를 생성해 줄 뿐 아니라 상세한 docstring 문서를 포함하고 있어 스웨거(swagger) API 문서를 동적으로 생성할 수 있다.

```
@app.route('/api/<groupbyop>', methods = ['PUT'])
def csv_aggregate_columns(groupbyop):
    """업로드된 CSV에서의 열 집계

    ---
    소비: application/json
    매개변수:
        - in: path
          name: Appliable Function (i.e. npsum, npmedian)
          type: string
          required: true
          description: appliable function,
          which must be registered (check /api/funcs)
        - in: query
          name: column
          type: string
          description: The column to process in an aggregation
```

```
            required: True
      -   in: query
          name: group_by
          type: string
          description:\
          The column to group_by in an aggregation
          required: True
      -   in: header
          name: Content-Type
          type: string
          description: \
          Requires "Content-Type:application/json" to be set
          required: True
      -   in: body
          name: payload
          type: string
          description: base64 encoded csv file
          required: True

   responses:
      200:
          설명: 적용 가능한 CSV 목록을 반환한다.
"""
```

마지막으로 API 호출의 가장 중요한 부분이 아래에 생성된다. 올바른 콘텐츠 유형을 체크한 다거나 특정한 HTTP 신호의 형태를 찾거나 동적으로 로드하는 플러그인을 로깅하거나 제대로 동작할 경우 상태 코드(status code) 200을 반환하고 그렇지 못할 경우 다른 HTTP 상태 코드를 반환하는 올바른 JSON 응답 작업을 수행하는 등 실제 상황에서 발생하게 될 수많은 '지저분한' 문제가 여기서 다루어진다.

```
content_type = request.headers.get('Content-Type')
content_type_log_msg =\
      "Content-Type is set to: {content_type}".\
      format(content_type=content_type)
```

```python
        log.info(content_type_log_msg)
        if not content_type == "application/json":
            wrong_method_log_msg =\
                "Wrong Content-Type in request:\
            {content_type} sent, but requires application/json".\
                format(content_type=content_type)
            log.info(wrong_method_log_msg)
            return jsonify({"content_type": content_type,
                    "error_msg": wrong_method_log_msg}),
status.HTTP_415_UNSUPPORTED_MEDIA_TYPE
        # 조회 매개변수 구문 분석 및 값 검색
        query_string = request.query_string
        query_string_msg = "Request Query String:
{query_string}".format(query_string = query_string)
        log.info(query_string_msg)
        column = request.args.get("column")
        group_by = request.args.get("group_by")

        # 쿼리 매개변수 로깅과 핸들링
        query_parameters_log_msg =\
            "column: [{column}] and group_by:\
            [{group_by}] Query Parameter values".\
                format(column=column, group_by = group_by)
        log.info(query_parameters_log_msg)
        if not column or not group_by:
            error_msg = "Query Parameter column or group_by not set"
            log.info(error_msg)
            return jsonify({"column": column, "group_by": group_by,
                    "error_msg": error_msg}), status.HTTP_400_BAD_REQUEST

        # 플러그인을 로드하고 올바른 플러그인을 잡는다.
        plugins = utils.plugins_map()
        appliable_func = plugins[groupbyop]

        # 데이터를 풀어 그 위에서 작동
        data,_ = _b64decode_helper(request)
```

```
# 판다 시리즈 반환
res = csvops.group_by_operations(data,
    groupby_column_name=group_by, \
    apply_column_name=column, func=appliable_func)
log.info(res)
return res.to_json(),  status.HTTP_200_OK
```

다음의 코드 블록은 디버깅에 쓰이는 것과 같은 플래그를 설정하고, 플라스크 앱을 스크립트로 실행하기 위한 상용 구문 코드를 포함하고 있다.

```
if __name__ == "__main__": # pragma: no cover
    log.info("START Flask")
    app.debug = True
    app.run(host='0.0.0.0', port=5001)
    log.info("SHUTDOWN Flask")
```

이제 코드를 실행하기 위해, 필자는 다음과 같이 Makefile 명령을 수행했다.

```
(.pia-aws) ➡  pai-aws git:(master) make start-api
# PYTHONPATH를 위의 디렉토리로 설정한다.
# 생산에 있어 다르게 할 것이다.
cd flask_app && PYTHONPATH=".." python web.py
2018-03-17 19:14:59,807 - __main__ - INFO - START Flask
 * Running on http://0.0.0.0:5001/ (Press CTRL+C to quit)
 * Restarting with stat
2018-03-17 19:15:00,475 - __main__ - INFO - START Flask
 * Debugger is active!
 * Debugger PIN: 171-594-84
```

스웨거(swagger) 문서를 사용하면, [그림 5.3]과 같이 현재 사용 가능한 함수들, 즉 nlib의 플러그인을 사용자에게 편리하게 보여줄 수 있다. 그림에서 보는 대로 npmedian, npsum, numpy 및 tanimoto 함수가 사용 가능한 목록에 로드되었음을 알 수 있다. [그림 5.4]에는 개발자가 curl이나 프로그래밍 언어를 사용하지 않고도 API 호출을 웹 기반으로 수행할 수 있게 해주는 유용한 양식이 있다. 이 시스템의 가장 중요한 점은 고작 150줄의 코드로 이루어진 핵심 웹 응용 프로그램으로, 현실 세계에서 사용 가능하게 준비가 되었다는 사실이다.

▲ [그림 5.3] 사용 가능한 플러그인 리스트의 출력

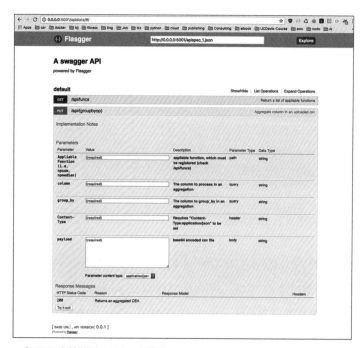

▲ [그림 5.4] 웹 기반으로 API 사용하기

● 라이브러리와 플러그인

nlib 디렉토리에는 다음과 같이 파일 네 개가 있다: __init__.py, applicable.py, csvops. py, utils.py로, 각 파일에 대해 간략히 설명하도록 하겠다.

__init__.py 파일은 매우 간단하며, 아래와 같이 버전 변수를 가지고 있다.

```
__version__ = 0.1
```

utils.py 파일은 플러그인 로더(loader)이며 appliable.py 파일에서 'appliable(사용 가능한)' 함수들을 찾아준다.

```
"""유틸리티들
함수가 다음과 같이 될 수 있도록 '플러그인' 유틸리티로 사용할 때 주로 사용한다. :
    * registered(등록된)
    * discovered(발견된)
    * documented(문서화된)
"""

import importlib

from sensible.loginit import logger

log = logger(__name__)

def appliable_functions():
    """GroupBy 연산에 이용될 수 있도록
        적용 가능한 함수들 목록 반환"""

    from . import appliable
    module_items = dir(appliable)
    # 특수 아이템 필터링 __
    func_list = list(
        filter(lambda x: not x.startswith("__"),
        module_items))
```

```
        return func_list

def plugins_map():
    """호출 가능한 함수들의 딕셔너리 만들기

    In [2]: plugins = utils.plugins_map()
Loading appliable functions/plugins: npmedian
Loading appliable functions/plugins: npsum
Loading appliable functions/plugins: numpy
Loading appliable functions/plugins: tanimoto

    In [3]: plugins
    Out[3]:
    {'npmedian': <function nlib.appliable.npmedian>,
     'npsum': <function nlib.appliable.npsum>,
     'numpy': <module 'numpy' from site-packages...>,
     'tanimoto': <function nlib.appliable.tanimoto>}

    In [4]: plugins['npmedian']([1,3])
    Out[4]: 2.0
    """

    plugins = {}
    funcs = appliable_functions()
    for func in funcs:
        plugin_load_msg =\
          "Loading appliable functions/plugins:\
          {func}".format(func=func)
        log.info(plugin_load_msg)
        plugins[func] = getattr(
        importlib.import_module("nlib.appliable"), func
        )
    return plugins
```

appliable.py 파일은 사용자 정의 함수를 작성할 수 있는 곳이다. 이 함수들은 판다스 데이터프레임(Pandas DataFrame)의 열에 'applied(적용)' 되며, 해당 열에 대해 사용자가 필요로 하는 모든 작업을 수행하도록 완전히 커스터마이징할 수 있다.

```
"""판다스 GroupBy 연산에 적용 가능한 함수들(I.E 플러그인)"""

import numpy

def tanimoto(list1, list2):
    """타니모토 계수

    In [2]: list2 = ['39229', '31995', '32015']
    In [3]: list1 = ['31936', '35989', '27489',
    '39229', '15468', '31993', '26478']
    In [4]: tanimoto(list1,list2)
    Out[4]: 0.1111111111111111

    두 세트의 교차점을 사용하여 수치 점수 결정

    """

    intersection = set(list1).intersection(set(list2))
    return float(len(intersection))\
    /(len(list1) + len(list2) - len(intersection))

def npsum(x):
    """넘파이(Numpy) 라이브러리의 합"""

    return numpy.sum(x)

def npmedian(x):
    """넘파이(Numpy) 라이브러리의 중앙값"""

    return numpy.median(x)
```

마지막으로 cvops 모듈은 아래와 같이 csv 파일을 가져와 필요한 작업을 수행하는 역할을 담당한다.

```
"""
CSV 연산 모듈:
판다스의 입출력(I/O) 성능에 대한 자세한 내용은 이 항목을 참조한다:
http://pandas.pydata.org/pandas-docs/stable/io.html#io-perf
"""

from sensible.loginit import logger
import pandas as pd

log = logger(__name__)
log.debug("imported csvops module")

def ingest_csv(data):
    """판다스 CSV I/O를 사용하여 CSV 가져오기"""

    df = pd.read_csv(data)
    return df

def list_csv_column_names(data):
    """CSV에서 열 이름 목록 반환"""

    df = ingest_csv(data)
    colnames = list(df.columns.values)
    colnames_msg = "Column Names: {colnames}".\
        format(colnames=colnames)
    log.info(colnames_msg)
    return colnames

def aggregate_column_name(data,
        groupby_column_name, apply_column_name):
    """열 이름으로 CSV의 집계 결과를 json으로 반환"""

    df = ingest_csv(data)
```

```
        res = df.groupby(groupby_column_name)[apply_column_name].sum()
        return res

def group_by_operations(data,
        groupby_column_name, apply_column_name, func):
    """
    임의의 함수를 수행할 groupby 연산 허용

    In [14]: res_sum = group_by_operations(data = data,
    groupby_column_name = "last_name", columns = "count",
    func = npsum)

    In [15]: res_sum
    Out[15]:
    last_name
    eagle        34
    lee           3
    smith        27
    Name: count, dtype: int64
    """

    df = ingest_csv(data)
    grouped = df.groupby(groupby_column_name)[apply_column_name]
    # 특정 열(들)에 대한 필터 포함 GroupBy
    applied_data = grouped.apply(func)
    return applied_data
```

● 커맨드라인 툴

이제 또 다른 실습을 위해, 어떤 프로젝트를 수행하는 데 있어서도 유용한 커맨드라인 툴을 만들어 볼 것이다. 주피터 노트북이 아무리 강력해도, 커맨드라인 툴을 이용해 더 효율적으로 수행할 수 있는 것들이 있다.

cvscli.py 파일은 다음과 같은 내용이며, 처음에는 반복적으로 활용되는 상용문 생성 및 import 작업을 수행한다.

```
#!/usr/bin/env python
"""
CSV 연산을 수행하기 위한 커맨드라인 툴:
    * 집계(Aggregation)
    * TBD

"""

import sys

import click
from sensible.loginit import logger

import nlib
from nlib import csvops
from nlib import utils

log = logger(__name__)
```

커맨드라인 툴의 핵심 기능은 HTTP API와 동일하다. 툴을 테스트할 수 있는 샘플 파일 (input.csv)이 ext 디렉토리 안에 있으며, 상세한 문서도 포함되어 있다. 출력(테스트 결과)은 docstring에 포함되어 있으며, 이는 툴을 어떻게 사용하는지 파악하는 데 큰 도움이 된다.

```
@click.version_option(nlib.__version__)
@click.group()
def cli():
    """CSV 연산 툴

    """
@cli.command("cvsops")
@click.option('--file', help = 'Name of csv file')
@click.option('--groupby', help = 'GroupBy Column Name')
@click.option('--applyname', help = 'Apply Column Name')
@click.option('--func', help = 'Appliable Function')
def agg(file,groupby, applyname, func):
    """csv 파일의 groupby 열에 대해 연산하고 함수를 적용한다.
```

```
    Example Usage:
    ./csvcli.py cvsops --file ext/input.csv -groupby\
 last_name --applyname count --func npmedian
    Processing csvfile: ext/input.csv and groupby name:\
 last_name and applyname: count
    2017-06-22 14:07:52,532 - nlib.utils - INFO - \
Loading appliable functions/plugins: npmedian
    2017-06-22 14:07:52,533 - nlib.utils - INFO - \
Loading appliable functions/plugins: npsum
    2017-06-22 14:07:52,533 - nlib.utils - INFO - \
Loading appliable functions/plugins: numpy
    2017-06-22 14:07:52,533 - nlib.utils - INFO - \
Loading appliable functions/plugins: tanimoto
    last_name
    eagle    17.0
    lee              3.0
    smith    13.5
    Name:    count,    dtype: float64

    """
    파일도 아니고 groupby도 아니며 applyname도 func도 아닌 경우:
        click.echo("--file and --column and -applyname\
--func are required")
        sys.exit(1)

    click.echo("Processing csvfile: {file} and groupby name
{groupby} and applyname: {applyname}".\
            format(file = file, groupby = groupby, applyname = applyname))
    # 플러그인을 로드해 올바른 것을 잡는다.
    plugins = utils.plugins_map()
    appliable_func = plugins[func]
    res = csvops.group_by_operations(data = file,
            groupby_column_name = groupby, apply_column_name = applyname,
            func = appliable_func)
    click.echo(res)
```

마지막으로, 웹 API인 커맨드라인 툴을 이용하면 현재 상태에 적용가능한 플러그인 목록을 확인할 수 있다.

```
@cli.command("listfuncs")
def listfuncs():
    """GroupBy 연산에 적용할 수 있는 함수 목록
    사용 예:

    ./csvcli.py listfuncs
    Appliable Functions: ['npmedian', 'npsum', 'numpy', 'tanimoto']
    """

    funcs = utils.appliable_functions()
    click.echo("Appliable Functions: {funcs}".format(funcs=funcs))

if __name__ == "__main__":
    cli()
```

● API 벤치마킹 및 테스트

실제 프로덕션 API를 개발할 때, 최종 산출물을 배포하기 전에 반드시 벤치마킹 작업을 수행해야 한다. Makefile 명령을 실행하면 다음과 같이 수행됨을 볼 수 있을 것이다.

```
➜  pai-aws git:(master) make benchmark-web-sum
# 합산 연산에 대한 매우 간단한 벤치마크
ab -n 1000 -c 100 -T 'application/json' -u ext/input_base64.txt\
http://0.0.0.0:5001/api/npsum\?column=count\&group_by = last_name
This is ApacheBench, Version 2.3 <$Revision: 1757674 $>
......
Benchmarking 0.0.0.0 (be patient)
Completed 100 requests
Finished 1000 requests

Server Software:        Werkzeug/0.14.1
```

```
Server Hostname:          0.0.0.0
Server Port:              5001

Document Path:            /api/npsumcolumn=count&group_by=last_name
Document Length:          31 bytes

Concurrency Level:        100
Time taken for tests:     4.105 seconds
Complete requests:        1000
Failed requests:          0
Total transferred:        185000 bytes
Total body sent:          304000
HTML transferred:         31000 bytes
Requests per second:      243.60 [#/sec] (mean)
Time per request:         410.510 [ms] (mean)
```

위에서 사용한 예의 경우 응용 프로그램은 수행 작업에 합당한 성능을 가지고 있을 뿐 아니라, ELB(Elastic Load Balancer)를 이용하면 다수의 엔진엑스(Nginx) 노드에서도 뛰어난 성능 확장성을 보인다. 하지만 여기서 짚고 넘어가야 할 부분은 이 예제가 파이썬이 얼마나 코딩하기에 강력하고 재미있는 언어인지, 그리고 C++, Java, C# 및 고(Go) 언어와 같은 언어가 성능 면에서 얼마나 타격을 줄 수 있는지를 보여주는 좋은 예 중 하나라는 점이다. 얼랭이나 고 언어로 만들어진 애플리케이션이 비슷한 작업을 수행하면서 초당 수천 건의 요청을 받는 것은 드문 일이 아니다.

그럼에도 불구하고 이 경우는 현재 상태의 개발 산출물의 작업 속도가 나쁘지 않은 편이고, 몇몇 훌륭한 데이터 과학 분야의 활용 사례들이 존재하기 때문에 아직까지는 무난히 사용할 수 있다. 하지만 장기적인 관점에서 버전 2는 AWS 챌리스 기반으로 전환한 후, 스파크 또는 레디스(Redis)와 같은 것들을 사용하여 요청들을 캐싱하고 그 결과를 메모리에 저장하는 방식으로 개발될 예정이다. AWS 챌리스는 기본적으로 API 요청에 대한 캐싱을 수행할 수 있기 때문에 다수 계층의 캐싱을 추가하는 것은 매우 간단한 작업이다(역자 주: 수많은 요청이 문제가 되는데, 이를 캐시 메모리에 추가하는 것처럼 캐싱하여 요청 처리 속도를 향상시킨다는 뜻).

● EFS에 배포하기 위한 아이디어

이제 산출물을 프로덕션 환경에 배포하기 위해 수행해야 할 마지막 작업으로, 다수의 EFS 마운트 포인트(개발 환경에 대한 마운트 포인트, 프로덕션 환경에 대한 마운트 포인트 등)들에 마운트된 빌드 서버를 마련해야 한다. 빌드 서버에서는 최종 산출물 코드가 (로컬에서) 저장소의 브랜치로 전송되면, 빌드 작업이 저장소 각 브랜치 내의 최신 코드에 대해 수행될 수 있도록 동기화(rsync 유틸리티를 이용) 작업이 수반되어야 한다. 이와 관련해 오류가 발생하지 않도록 EFS 이름을 해당 환경에 접근하기 위한 경로의 이름으로 코드 내에 명시할 수 있다. 다음에 주어진 env.py 파일에는 이와 관련된 내용이 담겨 있으니 참고하기 바란다.

df 명령을 이용하면(역자 주: 마운트된 전체 파일 시스템의 디스크 공간 변화를 실시간으로 보여주기 때문에) 코드가 올바른 위치에서 실행되고 있는지 확인할 수 있다. 환경 정보를 (env.py 파일처럼 코드 안에 써놓는 것보다) AWS 시스템 매니저 파라미터 스토어(Systems Manager Parameter Store)(https://docs.aws.amazon.com/systems-manager/latest/userguide/systems-manager-paramstore.html)에 저장해 놓는 것이 더 좋은 선택일 수도 있다.

```
"""
환경 전환 코드:

    여기서의 가정은 EFS가 기본적으로 다음 항목을 맵핑할 수 있는 키라는 것이다.
"""

from subprocess import Popen, PIPE

ENV = {
    "local": {"file_system_id": "fs-999BOGUS",\
        "tools_path": ".."},  # 테스트용으로 사용
    "dev": {"file_system_id": "fs-203cc189"},
    "prod": {"file_system_id": "fs-75bc4edc"}
}

def df():
    """df 출력 구하기"""
```

```python
    p = Popen('df', stdin = PIPE, stdout = PIPE, stderr = PIPE)
    output, err = p.communicate()
    rc = p.returncode
    if rc == 0:
        return output
    return rc,err

def get_amazon_path(dfout):
    """디스크 마운트에서 아마존 경로를 잡는다."""
    for line in dfout.split():
        if "amazonaws" in line:
            return line
    return False

def get_env_efsid(local=False):
    """df를 파싱하여 env 및 efs id를 구한다."""

    if local:
        return ("local", ENV["local"]["file_system_id"])
    dfout = df()
    path = get_amazon_path(dfout)
    for key, value in ENV.items():
        env = key
        efsid = value["file_system_id"]
        if path:
            if efsid in path:
                return (env, efsid)
    return False

def main():
    env, efsid = get_env_efsid()
    print "ENVIRONMENT: %s | EFS_ID: %s" % (env,efsid)

if __name__ == '__main__':
    main()%
```

▌ 요약

AWS는 기업이 기술에 대한 의사 결정을 하는 데 있어 합리적인 판단을 내릴 수 있는 기반이 되는 아이템이다. 아마존의 시가 총액의 흐름으로도 볼 수 있듯, AWS는 꽤 오랜 기간 동안 기업의 개발 비용을 절감하고 개발 프로세스를 혁신할 수 있는 기반이 될 수 있을 것이다. 서버리스 기술 개발품들을 살펴보면 매우 흥미롭다.

어떤 사람들은 서비스 공급 업체가 고정되어 있다는 점을 걱정할지도 모르지만(역자 주: 아마존이 유일), 디지털오션(DigitalOcean)이나 독자의 데이터 센터를 위한 개발 작업에 얼랭 언어를 사용하는 (기존의) 것도 특정 공급 업체에 얽매이고 있는 점은 마찬가지다. 이 책을 읽는 독자 역시 소속 개발 팀이나 시스템 관리자에 얽매여 있는 것처럼.

이 장에서는 AWS를 기반으로 필자가 수행한 컨설팅을 통해 해결한 실제 문제들에 사용된 API 및 솔루션들에 대해 다루었다. 이 책의 다른 장에서 논할 여러 아이디어들은 이 장에서 논했던 내용과 연결될 수 있으며, 결국은 프로덕션을 위한 효과적인 솔루션이 될 수 있다.

Part

3

실제 인공지능
응용 프로그램 만들기

재능만으로 한두 게임에 승리할 수는 있다. 하지만 챔피언이 되기 위해서는 팀워크와 지성이 필요하다.

– 마이클 조던(Michael Jordan)

스포츠라는 것은 숫자로 표현되는 수많은 요소들을 가지고 있으며, 그 숫자들 뒤에는 항상 스토리가 있기 때문에 데이터 과학자들에게 매혹적인 주제이다. 단지 더 점수를 많이 낸다는 이유로 NBA(미 프로농구 리그) 선수에게 보다 큰 가치를 부여한다는 식의 단순한 논리만은 아니며, 최근 폭발적으로 증가하고 있는 개인 통계를 종합적으로 분석하여 선수의 영향력을 측정하고 평가하는 것이 데이터 분석의 목적이라고 할 수 있다. 이와 관련해 ESPN은 'RPM(Real Plus-Minus)*' 서비스를, FiveThirtyEight은 'PIE(Player Impact Estimate)*' 서비스를 선보이고 있다. 소셜 미디어 서비스도 비슷하다 – 점수를 중점적으로 봤던 기존 방식보다는 다양한 관점에서 플레이어의 가치를 평가하는 것이다.

이 장에서는 머신러닝을 사용하는 데이터 수치들의 속성에 대해 자세히 살펴보고, 관련 머신러닝 모델을 제공하는 API 생성에 대해 설명할 것이다. 환경 설정, 배포 및 모니터링과 같은 세부 정보를 다루고, 양질의 데이터로 머신러닝 모델을 만들어 봄으로써, 실제 상황의 문제를 실용적인 방식으로 해결하는 데 대해 독자가 충분한 감을 가질 수 있도록 하는 것이 본 장의 목적이다.

＊RPM : 공격 및 방어 100당 순점 차이로 측정된 선수의 팀 성적에 대한 경기중인 코드 내 영향 추정치. RPM은 팀 동료, 상대 선수 및 추가요인을 고려함.

＊PIE : 선수가 플레이하는 각 게임에 선수의 영향을 계산하는 등급. PIE 수식은 점수, 리바운드, 블록, 놓친 프리드로 등 점수를 단일 선수가 게임 내에서 수행하는 모든 것을 편집하고 같은 게임의 모든 사람이 생성한 동일한 통계에 대한 해당 수치를 비교한다.

▌ 문제에 대한 기술: 무엇을 풀 것인가?

소셜 미디어와 NBA를 뜯어보기 시작하면 풀어 볼 만한 재미있는 문제들이 많이 있음을 알 수 있다. 다음은 이에 대한 몇 가지 예를 보여준다.

- 개별 선수들의 퍼포먼스가 팀의 승리에 영향을 주는가?
- 경기 퍼포먼스가 소셜 미디어의 영향력과 얼마나 연관되어 있는가?
- 소셜 미디어의 연동이 위키피디아(Wikipedia)에서의 인기에 미치는 영향은 어떠한가?
- 소셜 미디어의 팔로워 수 및 소셜 미디어와의 연동이 트위터에서의 인기를 잘 예측하는가?
- 연봉과 경기 퍼포먼스의 상관관계는 어떠한가?
- 시합에 승리하면 더 많은 팬이 생기는가?
- 관중의 참여(출석)와 연고지의 부동산 가치 중 팀 가치에 더 영향을 주는 요인은 무엇인가?

앞의 예로 주어진 질문 및 그 외 다른 질문들에 대한 답을 얻기 위해서는 먼저 데이터를 수집하는 과정이 필요하며, 이전에도 언급했던 80/20의 법칙이 여기에도 적용된다. 데이터 과학 연구의 수행에 필요한 80%의 워크로드는 양질의 데이터를 수집하는 것이며, 나머지 20%가 올바른 모델을 찾고 EDA 작업과 특성에 맞는 엔지니어링 작업(역자 주: 예를 들어 데이터 가공 등)을 수행하는 것과 같은 머신러닝/데이터 과학 관련 작업들이다.

데이터 모으기

[그림 6.1]은 데이터 추출 및 변환 작업에 필요한 NBA 관련 데이터 소스의 목록을 보여 준다.

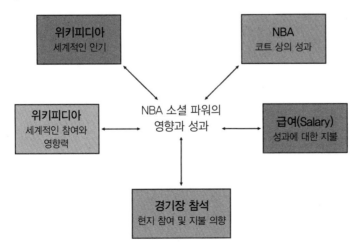

▲ [그림 6.1] NBA의 사회적 영향력을 가늠하는 데 필요한 데이터 소스들

이 데이터를 수집하는 것 자체는 그다지 중요하지 않은 소프트웨어 엔지니어링 작업(나머지 20%에 해당하는)에 해당한다. 데이터 연구를 수행하기 위해서는 극복해야 할 많은 장애물들이 존재하는데, 예를 들어 좋은 데이터 소스를 찾고, 제공되는 API의 한계점을 고려해 데이터 추출용 코드를 작성하고, (데이터 분석 작업에 맞는) 올바른 모양으로 데이터를 가공해 가져오는 것이다. 데이터를 수집하는 첫 번째 단계는 데이터 소스 및 그 위치를 파악하는 것이다.

이 장에서 궁극적으로 해결하고자 하는 문제는 소셜 미디어의 영향력과 NBA 선수들의 파워를 비교하는 것이므로, 데이터 수집을 시작하기 좋은 곳은 2016-2017 시즌에 뛴 NBA 선수 명단이다. 이론적으로는 쉬운 작업이나 데이터를 수집하는 데는 몇 가지 함정들이 존재한다. 직감적으로는 NBA 공식 사이트(nba.com)가 데이터를 제공하는 올바른 장소인 것 같지만, 모종의 이유로 많은 스포츠 협회들이 공식 사이트에서 데이터를 다운로드 못하게 막아 놓고 있다. NBA도 예외는 아니어서, 공식 사이트에서 데이터를 얻는 것은 불가능하지는 않지만 어려운 작업이다.

공식 사이트에서 데이터를 받기 어렵다는 사실은 데이터 수집과 관련해 하나의 흥미로운 이슈를 제기한다. 웹 사이트에서 데이터를 다운로드 후 엑셀(Excel)이나 주피터 노트북 또는 R 스튜디오에서 수동으로 정리하는 작업이 쉬울 때가 있으며, 이는 데이터 과학 문제 해결을 위한 합리적인 시작 방법일 수도 있다. 그러나 데이터 소스가 방대해 수집 및 정리에 몇 시간 이상이 걸린다면, 문제를 해결하기 위해 코드를 별도로 작성하는 것이 좋다. 이를 위한 절대적인 룰은 없지만, 숙련된 개발자들은 큰 막힘 없이 데이터 추출을 효과적으로 수행하는 방법들을 찾아내며 발전시켜 가고 있다.

● 첫 데이터 소스 수집

데이터의 직접적인 다운로드를 막는 공식 NBA 웹 사이트와 같은 까다로운 데이터 소스 대신, 비교적 쉬운 데이터 소스를 이용해 시작해 보려고 한다. 농구와 관련된 첫 데이터는 이 책의 깃헤브(GutHub) 프로젝트 사이트(https://github.com/noahgift/pragmaticai)나 농구 참조 사이트(Basketball Reference) 사이트(https://www.basketball-reference.com/leagues)에서 직접 다운로드할 수 있다.

실제 현업에서 수행되는 머신러닝 작업은 그저 데이터에 맞는 올바른 모델을 찾는 것만을 의미하지 않는다. 이와 관련된 중요한 문제 중 하나는 로컬 작업 환경을 어떻게 설정해야 하는지 올바로 이해하는 것이다.

코드 실행을 시작하기 위해서는 다음과 같은 몇 단계를 거쳐야 한다.

❶ 가상 환경을 만든다(파이썬 3.6 기반).

❷ 이 장에서 사용할 패키지 몇 개(Pandas, Jupyter)를 설치한다.

❸ 이 모든 것을 Makefile을 통해 실행한다.

[리스팅 6.1]은 파이썬 3.6용 가상 환경을 생성하고 [리스팅 6.2]의 requirements.txt 파일에 나열된 패키지를 설치하는 setup 명령을 보여준다. [리스팅 6.1]의 내용이 Makefile에 잘 반영되었다면 설치 작업은 다음과 같은 한 줄 명령으로 손쉽게 끝날 수 있다.

```
make setup && install
```

리스팅 6.1 Makefile의 내용

```
setup:
        pytjon 3 -m venv ~/.pragai6
install:
        pip install -r requirement.txt
```

리스팅 6.2 requirement.txt의 내용

```
pytest
nbval
ipython
requests
python-twitter
pandas
pylint
sensible
```

```
jupyter
matplotlib
seaborn
statsmodels
sklearn
wikipedia
spacy
ggplot
```

참고 사항

파이썬 가상 환경을 다루는 데 유용한 또 다른 트릭은 환경을 자동으로 활성화하고 디렉토리를 한번에 변경하는 명령의 앨리어싱(alias, 별칭)을 .bashrc나 .zshrc 파일에 만들어 놓는 것이다. 필자는 보통 다음과 같이 앨리어싱을 만들어 놓는다.

```
alias pragai6top = "cd ~/src/pragai/chapter6\
&& source ~/. Pragai6 /bin/activate"
```

이 장의 프로젝트 작업을 수행하기 위해 우선 셸(shell)에 pragai6top을 입력하면, 자동으로 프로젝트 체크아웃 디렉토리로 이동한 후 가상 환경이 시작될 것이다. 일일이 명령을 줄 필요 없이 한번에 모든 것을 자동으로 수행할 수 있다는 점이 앨리어싱의 힘이다. 비슷한 기능을 수행해 주는 pipenv 같은 다른 툴들도 있으니 관심 있는 독자는 참고하기 바란다.

다운로드한 데이터를 검사하기 위해 셸에 "Jupyter Notebook" 명령을 입력해 주피터 노트북을 실행하자. 실행되면 기존의 노트북을 탐색하거나 새로운 노트북을 만들 수 있는 웹 브라우저가 뜨는 것을 볼 수 있을 것이다. 이 책의 깃허브(GitHub) 프로젝트 저장소로부터 소스 코드를 받아 수행하는 독자는 basketball_reference.ipynb라는 파일이 표시되었음을 확인할 수 있을 것이다.

이것은 데이터가 로드되어 있는 매우 쉬운 노트북 예제다. 주피터 노트북이나 R, R스튜디오를 사용한다면, 때로는 다운로드받은 데이터가 유효한지 초기 검사를 수행하는 좋은 방법이 직접 그 데이터 세트를 로드해 보는 것일 수 있다. [리스팅 6.3]은 주피터에 추가하거나 대신에

IPython 셸에서 데이터를 검사하는 방법을 보여준다.

리스팅 6.3 주피터 노트북용 Basketball 레퍼런스 데이터를 IPython 셸에서 검사하는 방법

```
import pandas as pd
nba = pd.read_csv("data/nba_2017_br.csv")
nba.describe()
```

참고 사항

노트북 파일이 pytest의 nbval 플러그인에 물려 잘 돌아가는지 확인하는 습관을 가지는 것이 바람직하다. 이를 위해 Makefile에 test 브랜치를 만들어 추가할 수 있으며, 추가 후 다음의 명령을 통해 확인할 수 있다.

```
make test
```

test 브랜치는 다음과 같이 구성하면 된다.

```
테스트
      py.test  --nbval  notebooks/*.ipynb
```

CSV 파일에 열 이름이 명시되어 있고 데이터 각 열의 행 길이가 같다면, CSV 파일을 쉽게 판다스(Pandas)에 로드할 수 있다. 그러나 보통 데이터 세트가 로드하기에 적합한 모양으로 구성된 경우는 흔치 않으며, 이 장의 뒤에서도 볼 수 있듯이 데이터를 올바른 모양으로 가공해 가져오는 작업은 그 자체가 전투와도 같다.

[그림 6.2]에서는 주피터 노트북에서 describe 명령을 수행했을 때 데이터가 어떻게 출력되는지를 보여준다. 판다스 데이터프레임의 describe 함수는 데이터의 열 수(예제의 경우 27) 및 각 열에서의 median 값(50% 행: 즉 네 번째 행)을 포함해 잘 설명된 다양한 통계 자료를 제공한다. 일단 여기까지 해본 후, 주피터 노트북(Jupyter Notebook)을 이용해 이것저것 탐색해 보면서 전반적인 내용들을 파악하는 것이 좋다. 이 데이터 세트에 포함되어 있지 않은 기능 중 하나는 단일 통계 처리를 통해 선수의 공격과 '존재하는 데이터'를 발견해 사용하고, 변환하는

작업만으로도 프로젝트의 난이도가 현저히 증가할 것이다. 스크래피(Scrapy) 같은 그럭저럭 쓸 만한 툴을 사용하는 것이 합리적인 접근법이 될 수 있지만, 여기서는 좀 더 특별한 방법을 사용할 수도 있다. ESPN 및 NBA 공식 웹 사이트로 이동해 데이터를 잘라내어 붙여 넣은 후 수동으로 데이터를 정리해 CSV 파일 형식으로 만들면 되는데, 이런 방법은 데이터 세트가 작은 경우, 동일한 작업을 수행하기 위한 스크립트를 짜는 것보다 훨씬 빠르다.

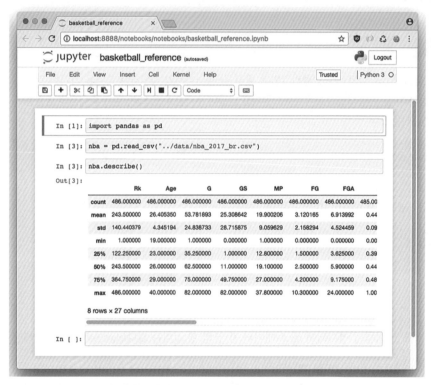

▲ [그림 6.2] describe 명령을 통해 주피터 노트북에서 출력된 NBA 데이터프레임

　큰 데이터 세트를 이용해 보다 큰 프로젝트를 수행해야 하는 경우, 앞에서 언급한 방법을 이용해 데이터 가공 작업을 수행하는 것은 좋지 않은 아이디어다. 그러나 작은 규모의 프로토타입을 만들 때 이만큼 강력하고 빠른 방법을 찾기가 어려운 것도 사실이다. 지저분한 데이터를 다루며 과학 문제를 해결해 나가는 데 있어 가장 중요한 사실 중 하나는 너무 세부적인 사항들에 얽매이지 말고 앞으로 나아가야 한다는 점이다. 개발자들이 '일단' 지저분한 데이터 소스 가공 작업의 자동화에만 매달려 많은 시간을 쏟는 경우가 많은데, 전체적인 프로세스의 올바른 동

작을 확인하기보다 이런 사소한 기능에 먼저 집중하는 것이 효율적인 프로젝트 수행에 결코 도움이 되지 않는다는 사실을 결국엔 쉽게 깨닫게 될 것이다.

ESPN에서 데이터를 가져오는 방법은 FiveThirtyEight과 비슷하기 때문에 데이터 수집 방법에 대해서는 다시 설명하지 않겠다. 우선 수집해야 할 다른 몇 가지 데이터 소스로 급여 및 기업 후원(endorsement) 계약(역자 주: 기업 후원 회사와의 스폰서 계약을 의미) 정보다. ESPN에 급여 정보가 있고 Forbes에 NBA 톱 8명의 선수의 기업 후원(endorsement) 계약 정보가 존재한다. CSV 파일로 가공된 데이터 소스의 출처, 파일 이름, 행의 수 및 내용 요약이 [표 6.1]에 있다. 상당히 인상적인 데이터 소스들이 존재함을 알 수 있으며, 모든 가공 작업은 주로 수동으로 이루어졌다.

[표 6.1] NBA 데이터 소스

Data Source	Filename	Rows	Summary
Basketball Reference	nba_2017_attendance.csv	30	스타디움 관중
Forbes	nba_2017_endorsements.csv	8	톱 선수 8명
Forbes	nba_2017_team_valuations.csv	30	모든 팀
ESPN	nba_2017_salary.csv	450	대부분의 선수
NBA	nba_2017_pie.csv	468	모든 선수
ESPN	nba_2017_real_plus_minus.csv	468	모든 선수
Basketball Reference	nba_2017_br.csv	468	모든 선수
FiveThirtyEight	nba_2017_elo.csv	30	팀 순위
Basketball Reference	nba_2017_attendance.csv	30	스타디움 관중
Forbes	nba_2017_endorsements.csv	8	톱 선수
Forbes	nba_2017_team_valuations.csv	30	모든 팀
ESPN	nba_2017_salary.csv	450	대부분의 선수

이제 트위터 및 위키피디아(Wikipedia)에서 나머지 데이터를 가져와 통합 데이터 세트로 변환해야 하며 이를 위해 수행해야 하는 작업이 아직 많이 남았지만, 우선 흥미로운 몇 가지의 가능성을 확인하기 위해 톱 8 플레이어의 기업 후원(endorsement) 계약 정보와 NBA팀들의 가치 평가 정보를 먼저 살펴볼 것이다.

● 첫 데이터 소스 탐색하기: 팀

가장 먼저 해야 할 일은 새로운 주피터 노트북을 생성하는 것이다. 깃허브 저장소에 이 작업이 완료된 exploring_team_evaluation_nba라는 프로젝트가 존재한다. 다음으로, [리스팅 6.4] 처럼 주피터 노트북에서 데이터 탐색에 많이 사용하는 공통 라이브러리들을 import 해준다.

리스팅 6.4 주피터 노트북(Jupyter Notebook)에서 많이 사용되는 초기 import

```
import pandas as pd
import statsmodels.api as sm
import statsmodels.formula.api as smf
import matplotlib.pyplot as plt
import seaborn as sns
color = sns.color_palette()
%matplotlib inline
```

다음은, [리스팅 6.5]에서 보이는 것처럼 각 소스용 판다스 데이터프레임을 생성한다.

리스팅 6.5 소스 데이터를 읽어 들이는 데이터프레임(DataFrame) 만들기

```
attendance_df = pd.read_csv("../data/nba_2017_attendance.csv")
endorsement_df = pd.read_csv("../data/nba_2017_endorsements.csv")
valuations_df = pd.read_csv("../data/nba_2017_team_valuations.csv")
salary_df = pd.read_csv("../data/nba_2017_salary.csv")
pie_df = pd.read_csv("../data/nba_2017_pie.csv")
plus_minus_df = pd.read_csv("../data/nba_2017_real_plus_minus.csv") br_stats_
df = pd.read_csv("../data/nba_2017_br.csv")
elo_df = pd.read_csv("../data/nba_2017_elo.csv")
```

[리스팅 6.5]의 내용을 실행하고 나면, [그림 6.3]에서 보여주는 것처럼 일련의 데이터프레임 들이 생성되었음을 확인할 수 있다. 이는 야생(의 소스)에서 데이터를 수집하는 흔한 실습 중 하나이다.

▲ [그림 6.3] 주피터 노트북에 출력된 다중 데이터프레임

이제, 관중 출석 및 팀 가치 데이터를 합친 후 첫 몇 줄을 출력한다.

```
In [14]: attendance_valuation_df =\
 attendance_df.merge(valuations_df, how="inner", on="TEAM")

In [15]: attendance_valuation_df.head()
Out[15]:
                  TEAM  GMS  PCT  TOTAL_MILLIONS  AVG_MILLIONS
0      Chicago Bulls   41  104        0.888882      0.021680
1   Dallas Mavericks   41  103        0.811366      0.019789
2   Sacramento Kings   41  101        0.721928      0.017608
3         Miami Heat   41  100        0.805400      0.019643
4     Toronto Raptors   41  100        0.813050      0.019830
```

이 데이터 세트에 대해 다음과 같이 씨본(Seaborn)을 이용하여 페어플롯(pairplot)을 하면 [그림 6.4]와 같이 나타난다.

```
In [15]: from IPython.core.display import display, HTML
    ...: display(HTML("<style>.\
container{ width:100% !important; }</style>"));\
sns.pairplot(attendance_valuation_
    ...: df, hue="TEAM")
```

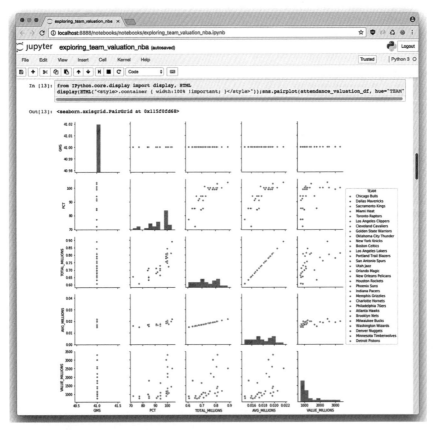

▲ [그림 6.4] 출석/가치 데이터의 페어플롯(Pairplot)

그래프를 보면 관중 출석량의 평균 또는 합계가 팀의 가치 평가와 관계가 있는 것으로 보인다. 이 관계에 대해 더 깊이 파고 들어갈 수 있는 또 다른 방법은 [그림 6.5]와 같은 상관관계 히트맵(correlation heatmap)을 다음과 같이 작성해 보는 것이다.

```
In [16]:  corr = attendance_valuation_df.corr()
   ...:  sns.heatmap(corr,
   ...:              xticklabels=corr.columns.values,
   ...:              yticklabels=corr.columns.values)
   ...:
Out[16]:  <matplotlib.axes._subplots.AxesSubplot at 0x111007ac8>
```

▲ [그림 6.5] 출석/가치 데이터의 상관관계 히트맵(correlation heatmap)

페어플롯을 통해 볼 수 있는 관계가 상관관계 히트맵을 통해 더욱 정량화된 것을 알 수 있다. 히트맵은 팀 가치와 관중 출석이 50% 정도의 중간 상관관계를 가지고 있음을 보여준다. 또 다른 히트맵은 관중의 평균 출석 수와 팀의 가치를 모든 NBA 팀에 대해 보여주고 있다. 씨본에서 이러한 유형의 히트맵을 생성하려면 먼저 데이터를 아래 예제와 같이 피벗 테이블(pivot table)로 변환해야 하며, 이 플롯은 [그림 6.6]에서 볼 수 있다.

```
In [18]: valuations = attendance_valuation_df.\
pivot("TEAM", "TOTAL_MILLIONS", "VALUE_MILLIONS")
In [19]: plt.subplots(figsize=(20,15))
    ...: ax = plt.axes()
    ...: ax.set_title("NBA Team AVG Attendance vs\
Valuation in Millions: 2016-2017 Season")
    ...: sns.heatmap(valuations,linewidths=.5, annot=True, fmt='g')
    ...:
Out[19]: <matplotlib.axes._subplots.AxesSubplot at 0x114d3d080>
```

[그림 6.6]의 히트맵은 더 자세한 형태의 그래프(3D 플롯과 같은) 분석을 통해 뉴욕과 로스 엔젤레스에는 특이점이 있다. 흥미로운 패턴의 존재 가능성을 암시하고 있다.

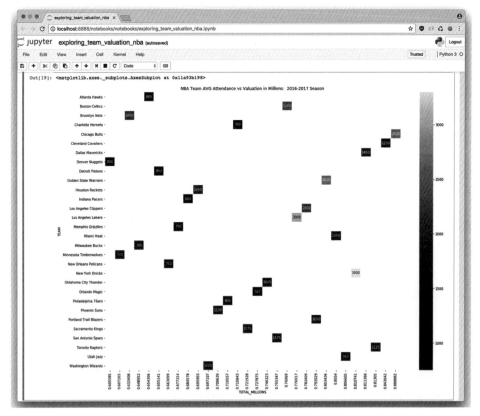

▲ [그림 6.6] 전체 NBA 팀에 대해 관중 출석 수와 팀의 가치를 보여주는 히트맵

● 회귀분석(Regression)을 통해 첫 데이터 소스 탐색하기

[그림 6.6]은 분석하기에 매력적인 이상적인 데이터를 몇 개 보여 준다. 예를 들어, 브룩클린 네츠(Brooklyn Nets)의 가치는 매우 높은 18억 달러이지만 NBA에서 가장 낮은 출석률을 보이고 있다. 이런 이상치들을 보다 자세히 분석해 볼 가치가 분명히 있으며, 이를 위한 하나의 방법은 선형 회귀분석(Linear Regression) 방법을 사용하여 관계를 설명하는 것이다. 파이썬과 R을 이용해 이 작업을 수행할 수 있는 몇 가지 방법이 있으며, 그 중 파이썬의 경우 가장 일반적인 두 가지 방법은 스탯츠모델즈(StatsModels) 패키지와 사이킷런(scikit-learn) 모듈을 사용하는 것이다.

여기를 보면서 가치 있는 일이 일어나고 있다. 더 자세히 조사할 수 있는 한 가지 방법은 선형회귀를 사용하여 관계를 설명하는 것이다. 파이썬과 R을 모두 포함하는 경우 이 작업을 수행할 수 있는 몇가지 방법이 있다. 파이썬에서 가장 일반적인 두 가지 방법은 스탯츠모델즈(StatsModels) 및 사이킷런(scikit-learn) 패키지를 사용하는 것이다. 이 두가지 접근 방식을 모두 살펴보도록 하자.

스탯츠모델즈(StatsModels) 패키지를 이용하면 상당히 훌륭한 선형 회귀분석 결과를 얻을 수 있으며, 마치 미니탭(Minitab)과 R을 사용해 분석하는 것과 비슷한 느낌을 가질 수 있을 것이다.

```
In [24]:   results = smf.ols(
           'VALUE_MILLIONS ~TOTAL_MILLIONS',
           data=attendance_valuation_df).fit()
In [25]:   print(results.summary())
                       OLS Regression Results
==============================================================
Dep. Variable:        VALUE_MILLIONS  R-squared:              0.282
Model:                           OLS  Adj. R-squared:         0.256
Method:                Least Squares  F-statistic:            10.98
Date:             Thu, 10 Aug 2017  Prob (F-statistic):    0.00255
Time:                     14:21:16  Log-Likelihood:        -234.04
No. Observations:               30  AIC:                    472.1
Df Residuals:                   28  BIC:                    474.9
```

```
Df Model:                        1
Covariance Type:        nonrobust
==========================================================
            coef        std err          t   P > |t| [0.025 0.975]
----------------------------------------------------------
.....
Warnings:
[1] Standard Errors assume that the covariance matrix of the errors
is correctly specified.
```

회귀분석 결과를 보면, 관중의 전체 출석 수를 의미하는 TOTAL_MILLIONS 변수가 출석 변화를 예측하는 데 있어(P 값이 .05 미만인 경우) 통계적으로 상당히 중요한 의미를 가지는 것으로 나타난다. .282(또는 28%)를 보이는 R 제곱값은 회귀 직선의 '적합성'을 의미하며, 회귀 직선이 원 데이터에 얼마나 잘 맞는지를 보여준다.

데이터에 대해 몇 개의 플롯 작업을 더 해보고 그 결과를 진단해 보면, 이 (회귀분석) 모델의 예측 정확성이 상당이 좋음을 알 수 있다. 씨본(Seaborn)에는 잔여(residual)값을 그림으로 표현해 주는 유용한 residplot 함수가 내장되어 있으며, 그 결과는 [그림 6.7]에 주어져 있다. 잔여(residual)값들이 무작위로 분포되어 있는 것이 이상적이며, 플롯에 어떤 패턴이 나타나면 회귀분석 모델에 문제가 있음을 의미한다. 여기에서는 모델에 문제가 있다고 판단할 만한 특이한 패턴이 규칙적으로 나타나지는 않는 것 같다.

```
In [88]: sns.residplot(y = "VALUE_MILLIONS", x = "TOTAL_MILLIONS",
    ...: data = attendance_valuation_df)
    ...:
Out[88]: <matplotlib.axes._subplots.AxesSubplot at 0x114d3d080>
```

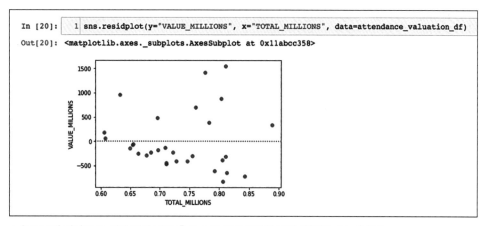

```
In [20]:    1 sns.residplot(y="VALUE_MILLIONS", x="TOTAL_MILLIONS", data=attendance_valuation_df)
Out[20]: <matplotlib.axes._subplots.AxesSubplot at 0x11abcc358>
```

▲ **[그림 6.7]** 전체 NBA 팀에 대해 관중 출석 수와 팀의 가치에 대한 잔여(Residual) 플롯

머신러닝이나 통계 예측의 정확성을 측정하는 보편적 방법은 평균제곱근 오차(root mean squared error(RMSE))를 계산하는 것이다. 스탯츠모델즈(StatsModels) 패키지를 이용해 RMSE 를 재는 방법은 다음에 있다.

```
In [92]: import statsmodels
    ...: rmse = statsmodels.tools.eval_measures.rmse(
         attendance_valuation_predictions_df["predicted"],
         attendance_valuation_predict
    ...: ions_df["VALUE_MILLIONS"])
    ...: rmse
    ...:
Out[92]: 591.33219017442696
```

RMSE 값이 낮을수록 예측값이 정확하기 때문에, 예측의 정확성을 높이기 위해서는 RMSE 를 낮추는 방법을 찾아야 한다. 보통 (머신러닝) 모델을 만들 때 테스트 및 학습용 데이터로 나눠 사용할 수 있을 정도로 주어진 데이터 세트가 크면, 그만큼 만들어진 모델의 정확성이 좋아지고 오버피팅될 가능성이 줄어든다. 선형 회귀분석으로 예측된 값들과 실제 값들을 그래프로 찍어보면 모델의 정확성을 보다 구체적으로 파악할 수 있다. 엘엠플롯(lmplot)을 이용해 NBA 팀 가치의 예측값과 실제값을 그려보면 [그림 6.8]과 같이 나타난다. 비록 예측 모델이 매우 훌륭하지는 않지만, 처음 얻은 것치고는 나쁘지 않다고 볼 수 있다. 상관관계 및 통계적으로 중요한 관계를 찾고 그 정확성을 측정한 후 (개선을 위해) 데이터를 더 모아야 할지 결정하는 것은 머신러닝 모델을 만드는 과정에서 일반적으로 거치는 단계들이다.

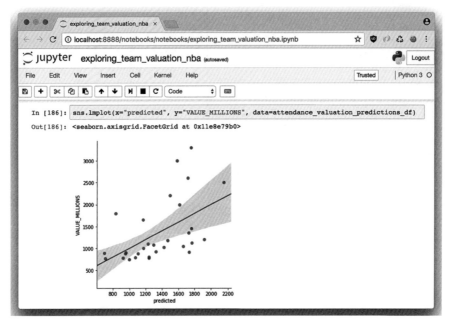

▲ [그림 6.8] NBA 팀 가치의 실제값과 예측값 플롯

지금까지 논한 내용을 바탕으로 초기 결론을 내려 보자면, 일단은 관중 수와 NBA 팀 가치 사이에는 상관관계가 있어 보인다. 하지만 예측 모델이 매우 뛰어나지는 않다는 점에서, 모델을 만드는 데 고려되지 않았거나 허술하게 고려된 변수들이 있는 것 같다. 일단 지역 인구나 해당 지역 부동산 가치의 중간값, 팀이 얼마나 좋은지(ELO 랭킹 및 승률)에 대한 내용들이 모두 팀 가치에 영향을 미치는 것이 아닐까 싶다.

```
In [89]: attendance_valuation_predictions_df =\
         attendance_valuation_df.copy()

In [90]: attendance_valuation_predictions_df["predicted"] =\
         results.predict()

In [91]: sns.lmplot(x="predicted", y="VALUE_MILLIONS",\
         data=attendance_valuation_predictions_df)
Out[91]: <seaborn.axisgrid.FacetGrid at 0x1178d2198>
```

● 비지도학습: 첫 데이터 소스를 클러스터링

NBA 팀에 대해 더 배우기 위한 다음 단계로, 보다 많은 인사이트를 얻기 위해 비지도 (unsupervised) 머신러닝을 이용해 데이터를 클러스터링해 보고자 한다. 데이터 보강을 위해 나라 전 지역에 대한 집값의 중간값을 https://www.zillow.com/research/에서 얻었으며, https://www.census.gov/data/tables/2016/demo/popest/counties-total.html에서 각 주의 인구수를 얻었다.

이 새로운 데이터들은 다음과 같이 모두 새 데이터프레임에 로드하였다.

```
In [99]: val_housing_win_df =
pd.read_csv("../data/nba_2017_att_val_elo_win_housing.csv")
In [100]: val_housing_win_df.columns
Out[100]:
Index(['TEAM', 'GMS', 'PCT_ATTENDANCE', 'WINNING_SEASON',
       'TOTAL_ATTENDANCE_MILLIONS', 'VALUE_MILLIONS',
       'ELO', 'CONF', 'COUNTY',
       'MEDIAN_HOME_PRICE_COUNTY_MILLONS',
       'COUNTY_POPULATION_MILLIONS'],
      dtype='object')
```

k-nearest neighbors(kNN) 클러스터링은 각 포인트 사이의 유클리드 거리를 계산하여 이루어진다. 클러스터링될 속성들이 동일한 축척을 가지도록 스케일링을 해주는 것이 중요한데, 이를 해주지 않을 경우 속성들 간에 서로 다른 축척을 가지는 상황이 생겨 클러스터링이 왜곡될 수 있기 때문이다. 클러스터링은 과학이라기보다 예술에 가까운 작업이며, 클러스터의 적당한 수를 선택하는 것은 다분히 시행착오를 수반할 수 있다. 여기에 실제 상황에서 속성 간 스케일링 작업을 어떻게 수행하는지를 보여 주는 예가 나와 있다.

```
In [102]: numerical_df = val_housing_win_df.loc[:,\
["TOTAL_ATTENDANCE_MILLIONS", "ELO", "VALUE_MILLIONS",
 "MEDIAN_HOME_PRICE_COUNT
    ...: Y_MILLONS"]]
```

```
In [103]: from sklearn.preprocessing import MinMaxScaler
     ...: scaler = MinMaxScaler()
     ...: print(scaler.fit(numerical_df))
     ...: print(scaler.transform(numerical_df))
MinMaxScaler(copy=True, feature_range=(0, 1))
[[ 1.          0.41898148  0.68627451  0.08776879]
 [ 0.72637903  0.18981481  0.2745098   0.11603661]
 [ 0.41067502  0.12731481  0.12745098  0.13419221]]...
```

앞의 예는 사이킷런(scikit-learn) 패키지의 MinmaxScaler 함수를 이용하고 있는데, 이 함수는 데이터의 모든 수치를 0과 1사이의 값으로 변환해 준다. 이렇게 스케일된 데이터에 대해 sklearn.cluster를 수행해 준 후 클러스터링된 결과를 새로운 칼럼에 저장한다.

```
In [104]: from sklearn.cluster import KMeans
     ...: k_means = KMeans(n_clusters=3)
     ...: kmeans = k_means.fit(scaler.transform(numerical_df))
     ...: val_housing_win_df['cluster'] = kmeans.labels_
     ...: val_housing_win_df.head()
     ...:
Out[104]:
```

	TEAM	GMS	PCT_ATTENDANCE	WINNING_SEASON \
0	Chicago Bulls	41	104	1
1	Dallas Mavericks	41	103	0
2	Sacramento Kings	41	101	0
3	Miami Heat	41	100	1
4	Toronto Raptors	41	100	1

	TOTAL_ATTENDANCE_MILLIONS	VALUE_MILLIONS	ELO	CONF
0	0.888882	2500	1519	East
1	0.811366	1450	1420	West
2	0.721928	1075	1393	West
3	0.805400	1350	1569	East
4	0.813050	1125	1600	East

	MEDIAN_HOME_PRICE_COUNTY_MILLONS	cluster
0	269900.0	1

```
1                    314990.0        1
2                    343950.0        0
3                    389000.0        1
4                    390000.0        1
```

이 시점에서 회사에 즉각적인 가치를 제공할 수 있는 충분한 솔루션이 존재하며 데이터 파이프라인의 시작 부분이 만들어지고 있다. 다음으로 R과 ggplot을 사용해 클러스터를 표시해 보자. 이 데이터를 R로 가져오기 위해 CSV 파일에 쓸 수 있다.

```
In [105]: val_housing_win_df.to_csv(
"../data/nba_2017_att_val_elo_win_housing_cluster.csv"
)
```

● R을 이용해 kNN 클러스터링 결과를 3D로 표시하기

R 언어의 특징 중 하나는 의미 있는 텍스트를 전달해 줄 수 있는 고급 그림을 만드는 능력이다. R과 파이썬으로 솔루션을 코딩할 수 있는 능력을 가지고 있다면, 머신러닝 분야에서 보다 다양한 솔루션을 개발할 수 있는 가능성이 열리게 될 것이다. 여기서는 R스튜디오(RStudio) 및 R의 3D 스캐터 플롯(scatter plot) 라이브러리를 이용해, kNN 클러스터를 사용하면서 배웠던 관계들에 대한 정교하고 복잡한 그림을 만들어 볼 것이다. 이 장의 깃허브(GitHub) 프로젝트 저장소에는 코드와 그림을 포함한 R 마크다운(markdown) 노트북이 있으니, 이를 받아 R스튜디오의 미리 보기 기능을 이용해 따라가 보는 것도 좋은 학습이 될 것이다.

R스튜디오(RStudio)(또는 R 셸) 콘솔에서 시작하기 위해, 우선 다음의 명령을 사용해 scatterplot3d 라이브러리를 가져온 후 데이터를 로드하자.

```
> library("scatterplot3d",
        lib.loc="/Library/Frameworks/R.framework/ \
        Versions/3.4/Resources/library")
> team_cluster <- read_csv("~/src/aibook/src/chapter7/data/ \
nba_2017_att_val_elo_win_housing_cluster.csv",
+                          col_types = cols(X1 = col_skip()))
```

다음으로, 데이터 형태를 scatteringplot3d 라이브러리에 맞는 포맷으로 변환해 주는 함수를 만든다.

```
> cluster_to_numeric <- function(column){
+     converted_column <- as.numeric(unlist(column))
+     return(converted_column)
+ }
```

각 클러스터의 색 데이터를 저장하기 위해 다음과 같이 새로운 칼럼을 만든다.

```
> team_cluster$pcolor[team_cluster$cluster == 0] <- "red"
> team_cluster$pcolor[team_cluster$cluster == 1] <- "blue"
> team_cluster$pcolor[team_cluster$cluster == 2] <- "darkgreen"
```

스켈레톤(역자 주: '기본(뼈대) 타입' 정도로 해석할 수 있음.) 3D 플롯을 만든다.

```
> s3d  <-  scatterplot3d(
+      cluster_to_numeric(team_cluster["VALUE_MILLIONS"]),
+      cluster_to_numeric(
+        team_cluster["MEDIAN_HOME_PRICE_COUNTY_MILLIONS"]),
+      cluster_to_numeric(team_cluster["ELO"]),
+      color = team_cluster$pcolor,
+      pch = 19
+      type = "h"
+      lty.hplot = 2,
+      main= "3-D Scatterplot NBA Teams 2016-2017:
  Value, Performance, Home Prices with kNN Clustering",
+      zlab="Team Performance (ELO)",
+      xlab="Value of Team in Millions",
+      ylab="Median Home Price County Millions"
+ )
>
```

텍스트를 3D 플롯 내의 올바른 위치에 표시하기 위해서는 다음과 같이 약간의 작업이 필요하다.

```
s3d.coords <- s3d$xyz.convert(
cluster_to_numeric(team_cluster["VALUE_MILLIONS"]),
                              cluster_to_numeric(
team_cluster["MEDIAN_HOME_PRICE_COUNTY_MILLIONS"]),
              cluster_to_numeric(team_cluster["ELO"]))

# 텍스트 플롯
text(s3d.coords$x, s3d.coords$y,        # x 좌표와 y 좌표
     labels=team_cluster$TEAM,          # 플롯할 텍스트
     pos=4, cex=.6)                     # 텍스트 줄이기
```

[그림 6.9]는 몇 가지의 특이한 패턴을 보여준다. 뉴욕 닉스(New York Knicks)와 로스앤젤레스 레이커스(Los Angeles Lakers)는 퍼포먼스가 가장 안 좋은 두 팀이지만 가장 큰 가치를 지진 팀으로 나타나고 있다. 또한 이 팀들은 주택 가격의 중간값이 가장 높은 도시에 연고를 가지고 있다는 것을 알 수 있으며 이것이 팀 가치를 결정하는 데 중요한 역할을 하고 있다. 팀 퍼포먼스, 주택 가격 및 팀의 가치 모두를 고려했을 때 결과적으로 이 팀들은 같은 특성을 가진 그들만의 클러스터 안에 존재한다.

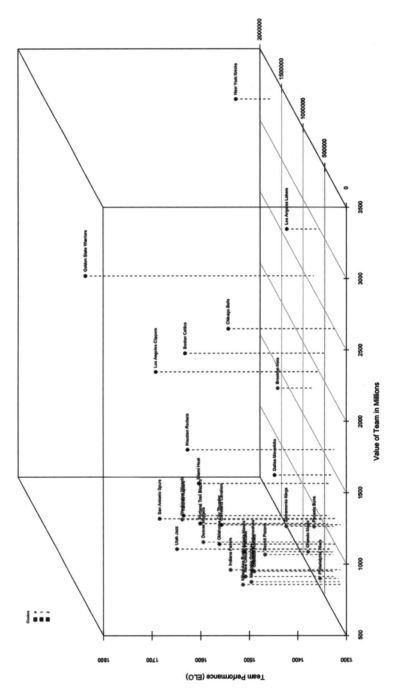

▲ [그림 6.9] 3D 스캐터링 플롯(scattering plot)으로 표현한 2016-2017 NBA 팀들에 대한 kNN 클러스터링 결과

[그림 6.9]에서 파란색 클러스터는 대부분 NBA 최고의 팀들의 집합을 보여주며, 이 팀들은 집값의 중간값이 높으면서도 그 가치가 크게 변화하고 있는 도시를 연고지로 하는 경향이 있다. 이로부터 우리는 팀의 가치를 평가하는 데 있어서 그 팀의 경기 퍼포먼스보다 연고지의 부동산 가치가 더 큰 역할을 하는 것이 아닌가 하는 의심을 가져볼 수 있다.

붉은색 클러스터는 일반적으로 평균 이하의 경기 성과를 보여주고 평균 이하의 가치를 가졌다고 평가되며, 평균 이하의 부동산 가격을 가진 지역을 연고지로 가진 팀들을 보여준다. 예외는 로스앤젤레스 레이커스와 뉴욕 닉스와 같은 팀으로, 이들은 경기 성과는 좋지 않음에도 팀의 가치가 높다.

R은 이러한 관계를 다양한 차원에서 시각화할 수 있는 또 다른 방법을 가지고 있는데, 다음에서 R의 ggplot을 이용해 그림을 만들어 볼 것이다.

새로운 그래프에서 데이터 간의 관계를 표현할 때 가장 먼저 할 일은 클러스터들의 논리적인 이름을 만드는 것이다. [그림 6.9]의 3D 그림을 보면 클러스터들의 이름을 비교적 수월하게 정할 수 있다. 클러스터 0은 저가치/저성과 클러스터, 클러스터 1은 중가치/고성과 클러스터, 클러스터 2는 고가치/저성과 클러스터로 나타난다. 한 가지 덧붙여야 할 점은 클러스터의 번호 선택이 생각보다 복잡한 문제라는 점이다(이 주제에 대한 보다 자세한 내용은 부록 B를 참조하자).

```
> team_cluster <- read_csv("nba_cluster.csv",
+                          col_types = cols(X1 = col_skip()))
> library("ggplot2")
>
> # 클러스터들에 이름을 붙여준다.
> team_cluster$cluster_name[team_cluster$cluster == 0] <- "Low"
Unknown or uninitialised column: 'cluster_name'.
> team_cluster$cluster_name[team_cluster$
      cluster == 1] <- "Medium Valuation/High Performance"
> team_cluster$cluster_name[team_cluster$
      cluster == 2] <- "High Valuation/Low Performance"
```

앞의 예제처럼 클러스터의 이름들을 설정하고 나면, 이를 이용해 [그림 6.9]에서 보인 3D 플롯을 여러 개의 면으로 잘라 여러 개의 서브플롯들로 표현할 수 있다. ggplot을 이용하면 (면뿐 아니라 선과 같은) 다른 차원의 그래프도 쉽게 그릴 수 있기 때문에, 여기서는 이기고 지는 팀의 비율, 지역 주택 가격의 중간 값 차이, 그리고 NBA의 동부 또는 서부 컨퍼런스를 상징하는

(데이터 관계의) 형태 등을 알아보는 데 ggplot을 사용할 것이다.

```
> p <- ggplot(data = team_cluster) +
+     geom_point(mapping = aes(x = ELO,
+                                   y = VALUE_MILLIONS,
+                                   color =
factor(WINNING_SEASON, labels =
c("LOSING","WINNING")),
+ size = MEDIAN_HOME_PRICE_COUNTY_MILLIONS,
+                                   shape = CONF)) +
+     facet_wrap(~ cluster_name) +
+     ggtitle("NBA Teams 2016-2017 Faceted Plot") +
+     ylab("Value NBA Team in Millions") +
+     xlab("Relative Team Performance (ELO)") +
+     geom_text(aes(x = ELO, y = VALUE_MILLIONS,
+ label = ifelse(VALUE_MILLIONS>1200,
+ as.character(TEAM),'')), hjust = .35,vjust=1)
```

앞 예제에서 geom_text 함수는 팀의 평가액이 1,200을 초과하는 경우에만 팀 이름을 출력하는데, 이렇게 하면 의미가 크지 않은 팀의 이름을 출력하지 않으니 불필요한 텍스트의 출력을 줄일 수 있어 그림의 가독성이 좋아진다. 예제 코드의 마지막 부분에서는 범례 제목이 변경된다. 색깔도 기본값(0, .25, .50, 1)으로 주어지는 4단계 대신, 두 개의 값에 기반한 2단계로 표현된다. [그림 6.10]은 출력된 그림을 보여준다. ggplot이 지원하는 다차원 플롯 기능을 이용하면 실제로 클러스터링을 통해 탐색된 데이터에 가치를 부여할 수 있다. 독자가 파이썬이나 스칼라(Scala) 같은 머신러닝 언어에 익숙한 전문가라 할지라도, R을 사용해 고급 레벨의 그림을 그리는 것은 시도해 볼 만한 일이며 아마 그 결과에 결코 실망하지 않을 것이다.

```
# 범례 변경
p +
    guides(color = guide_legend(title = "Winning Season")) +
    guides(size = guide_legend(
+ title = "Median Home Price County in Millions" )) +
    guides(shape = guide_legend(title = "NBA Conference"))
```

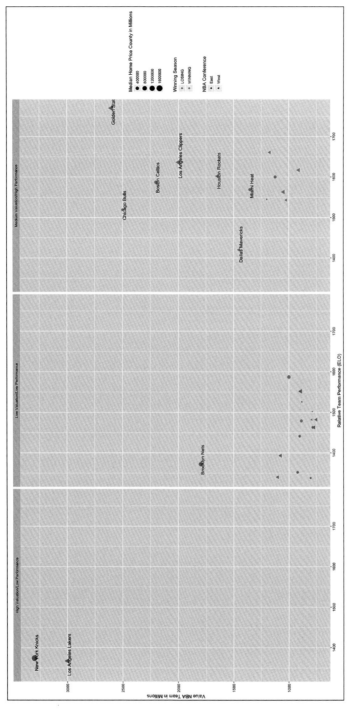

▲ [그림 6.10] ggplot을 이용해 면 플롯(facet plots)으로 표현한 2016–2017 시즌 NBA 팀들에 대한 kNN 클러스터링 결과

▌도전적인 데이터 소스 수집하기

팀에서 이미 보유하고 있는 우수한 데이터 세트들이 있다면, 얼마나 까다로운 데이터 소스로부터 수집되었는지 살펴보자. 까다로운 데이터 소스, 여기서부터 모든 것이 현실화되기 시작한다. 보통 임의의 데이터 소스로부터 데이터를 수집하기 위해서는 API 제한, 도큐먼테이션 없는 API, 또는 복잡한 형태로 저장된 데이터 등과 같은 몇 개의 큰 문제를 넘어야 한다.

운동선수에 대한 위키피디아 페이지뷰(Wikipedia Pageview) 수집하기

다음은 이 작업을 수행하기 위해 해결해야 할 몇 가지 문제들이다.

❶ 페이지뷰를 얻기 위해 위키피디아를 리버스 엔지니어링할 것인가? (또는 숨겨진 API 문서를 어떻게 찾을 것인가?)

❷ 페이지뷰에 대한 위키피디아 핸들은 어떻게 생성되는가? (핸들 이름은 해당 페이지뷰의 NBA 선수 이름과 다를 수 있다.)

❸ 나머지 데이터와 데이터프레임(DataFrame)을 어떻게 연동할 것인가?

위에서 제기한 문제들을 파이썬으로 해결하는 방법이 있다. 지금부터 자세히 분석해 볼 예제 코드들은 모두 이 책의 깃허브(GitHub) 프로젝트 저장소에서 다운로드받을 수 있다. 다음은 수집하고자 하는 페이지뷰 및 필요한 4개 모듈의 예시 URL이다. 다음 예제 코드에서 불러올 requests 라이브러리는 HTTP 호출에 사용되고, pandas 라이브러리는 결과를 데이터프레임으로 변환하는 데 사용할 것이며, wikipedia 라이브러리는 운동선수의 위키피디아 URL을 경험적으로 탐지하는 데 사용할 것이다.

```
"""
구성할 경로(Route)의 예:

https://wikimedia.org/api/rest_v1/ +
metrics/pageviews/per-article/ +
en.wikipedia/all-access/user/ +
LeBron_James/daily/2015070100/2017070500 +
"""
```

```
import requests
import pandas as pd
import time
import wikipedia

BASE_URL =\
 "https://wikimedia.org/api/rest_v1/ \
metrics/pageviews/per-article/en.wikipedia/all-access/user"
```

다음으로, 아래 코드는 데이터의 범위 및 사용자 이름을 이용해 URL 경로를 구축하고, 만들어진 URL에 페이지뷰가 존재할 경우 쿼리를 반환하는 함수들이다.

```
def construct_url(handle, period, start, end):
    """"인수를 기반으로 URL을 구성한다.

    다음 URL을 구성해야 한다:
    /LeBron_James/daily/2015070100/2017070500
    """
    urls = [BASE_URL, handle, period, start, end]
    constructed = str.join('/', urls)
    return constructed

def query_wikipedia_pageviews(url):

    res = requests.get(url)
    return res.json()

def wikipedia_pageviews(handle, period, start, end):
    """JSON 반환"""

    constructed_url = construct_url(handle, period, start,end)
    pageviews = query_wikipedia_pageviews(url=constructed_url)
    return pageviews
```

다음의 함수는 2016년 데이터에 대한 쿼리를 자동으로 채워준다. 이 함수는 나중에 보다 추상적인 형태로 만들 수 있지만, 일단 지금은 속도를 빠르게 만들기 위해 '하드 코딩'을 이용해 만들어진 일종의 '해커 코드'다. 또한 현재는 sleep 값이 0으로 설정되어 있으나, API의 한계에 봉착할 경우 enable로 설정(1)해야 할 수도 있다. 이는 API를 처음 사용할 때 흔히 쓰는 패턴이다. 실제 데이터 소스에 물렸을 때 API들은 예상치 못한 방식으로 동작할 수 있기 때문에, 때로는 이러한 문제를 일시적인 '해킹'으로 해결할 수 있다(역자 주: sleep 값을 하드코딩으로 (0 또는 1로 상황에 맞춰) 설정하는 작업이 코드의 내부를 수동으로 건드리는 일종의 해킹과 같다는 의미).

```python
def wikipedia_2016(handle,sleep=0):
    """2016년용 페이지뷰 검색"""

    print("SLEEP: {sleep}".format(sleep=sleep))
    time.sleep(sleep)
    pageviews = wikipedia_pageviews(handle=handle,
            period = "daily", start = "2016010100", end = "2016123100")
    if not 'items' in pageviews:
        print("NO PAGEVIEWS: {handle}".format(handle=handle))
        return None
    return pageviews
```

다음 함수는 결과들을 판단스 데이터프레임에서 사용할 수 있게 변환시켜 준다.

```python
def create_wikipedia_df(handles):
    """페이지뷰의 DataFrame 생성"""

    pageviews = []
    timestamps = []
    names = []
    wikipedia_handles = []
    for name, handle in handles.items():
        pageviews_record = wikipedia_2016(handle)
        if pageviews_record is None:
```

```
        continue
    for record in pageviews_record['items']:
        pageviews.append(record['views'])
        timestamps.append(record['timestamp'])
        names.append(name)
        wikipedia_handles.append(handle)
data = {
    "names": names,
    "wikipedia_handles": wikipedia_handles,
    "pageviews": pageviews,
    "timestamps": timestamps
}
df = pd.DataFrame(data)
return df
```

앞에서도 언급했듯 위키피디아의 정확한 핸들을 추측하는 데는 일부 경험적 방법이 사용되기 때문에 이를 코드로 구현하는 것은 다소 까다롭다. 아래에 핸들을 생성하는 두 개의 함수가 정의되어 있다(create_wikipedia_handle, create_wikipedia_nba_handle). 첫 번째 함수에서는 대부분의 핸들을 단순히 first_last(선수의 이름과 성)로 추측하며, 두 번째 함수에서 추측된 핸들 이름에 "basketball"을 붙여 '생길지도 모르는 이름의 중복성'을 제거한다. 이는 위키피디아의 핸들을 구분하기 위해 흔히 사용되는 전략이다.

```
def create_wikipedia_handle(raw_handle):
    """원시 행들을 가져와 위키피디아 행들로 변환한다."""

    wikipedia_handle = raw_handle.replace(" ", "_")
    return wikipedia_handle

def create_wikipedia_nba_handle(name):
    """링크에 basketball을 붙인다."""

    url = " ".join([name, "(basketball)"])
    return url
```

```
def wikipedia_current_nba_roster():
    """위키피디아 현재 로스터(roster) 페이지에서 모든 링크 가져오기"""

    links = {}
    nba = wikipedia.page("List_of_current_NBA_team_rosters")
    for link in nba.links:
        links[link] = create_wikipedia_handle(link)
    return links
```

다음의 함수는 경험적으로 예측한 핸들 및 검증된 핸들 모두를 반환해 준다.

```
def guess_wikipedia_nba_handle(data="data/nba_2017_br.csv"):
    """정확한 위키피디아 핸들을 핸들을 얻기 위한 시도"""

    links = wikipedia_current_nba_roster()
    nba = pd.read_csv(data)
    count = 0
    verified = {}
    guesses = {}
    for player in nba["Player"].values:
        if player in links:
            print("Player: {player}, Link: {link} ".\
        format(player=player,
                link=links[player]))
                print(count)
                count += 1
                verified[player] = links[player] # 위키피디아 링크 추가
            else:
                print("NO MATCH: {player}".format(player=player))
                guesses[player] = create_wikipedia_handle(player)
        return verified, guesses
```

다음 함수에서는 이름과 성의 잘못된 추측값을 변환하기 위해 위키피디아 파이썬 라이브러리를 사용하며, (위키피디아의) 페이지 요약 내용(page summary)에 NBA라는 키워드가 있는지 검색한다. 핸들을 몇 개 더 맞추는 데 유용한 또 다른 해킹 작업이라고 볼 수 있다.

```python
def validate_wikipedia_guesses(guesses):
    """예측된 위키피디아 계정 정보가 실제로 맞는지 검증한다"""

    verified = {}
    wrong = {}
    for name, link in guesses.items():
        try:
            page = wikipedia.page(link)
        except (wikipedia.DisambiguationError,
        wikipedia.PageError) as error:
            # NBA라는 키워드가 있는지 검색
            nba_handle = create_wikipedia_nba_handle(name)
            try:
                page = wikipedia.page(nba_handle)
                print("Initial wikipedia URL Failed:\
                {error}".format(error=error))
            except (wikipedia.DisambiguationError,
                 wikipedia.PageError) as error:
                print("Second Match Failure: {error}".\
        format(error=error))
                wrong[name] = link
                continue
        if "NBA" in page.summary:
            verified[name] = link
        else:
            print("NO GUESS MATCH: {name}".format(name=name))
            wrong[name] = link
    return verified, wrong
```

스크립트의 마지막 부분에서 모든 작업이 실행되며, 그 결과는 새로운 CSV 파일을 생성하는 데 이용된다.

```
def clean_wikipedia_handles(data="data/nba_2017_br.csv"):
    """핸들 청소"""

    verified, guesses = guess_wikipedia_nba_handle(data=data)
    verified_cleaned, wrong = validate_wikipedia_guesses(guesses)
    print("WRONG Matches: {wrong}".format(wrong=wrong))
    handles = {**verified, **verified_cleaned}
    return handles

def nba_wikipedia_dataframe(data="data/nba_2017_br.csv"):
    handles = clean_wikipedia_handles(data=data)
    df = create_wikipedia_df(handles)
    return df

def create_wikipedia_csv(data="data/nba_2017_br.csv"):
    df = nba_wikipedia_dataframe(data=data)
    df.to_csv("data/wikipedia_nba.csv")

if __name__ == "__main__":
    create_wikipedia_csv()
```

지금까지 다룬 내용들을 모두 합치면 작게는 몇 시간에서 크게는 며칠까지도 걸릴 수 있는 작업량이 되며, 이는 일반적인 (정형화되지 않은 무작위의) 데이터 소스에 접근해 데이터를 얻어오는 게 얼마나 어려운 작업인지를 잘 보여준다.

운동선수의 트위터 참여도(Twitter Engagement) 정보 수집하기

트위터(Twitter)로부터 데이터를 얻는 작업을 수월하게 만드는 요소들이 존재하며, 그중 하나는 파이썬이 'twitter'라는 이름을 가진 멋진 라이브러리를 지원한다는 사실이다. 하지만 여전히 몇 가지의 도전적인 요소들 또한 존재하는데 이를 정리해 보면 다음과 같다.

❶ 설명적 통계량(descriptive statistics)을 이용한 트위터 참여도 요약

❷ 올바른 Twitter 핸들 찾기(트위터(Twitter) 핸들 이름은 위키피디아(Wikipedia)보다 찾기가 더 어렵다)

❸ 나머지 데이터들과 데이터프레임(DataFrame) 연동하기

먼저 구성 파일(config file)인 config.py를 생성한 후 트위터 API를 사용하는 데 필요한 사용자 인증 관련 정보(credentials)를 채운다. 그 다음 .import config 구문을 통해 이 정보를 사용하기 위한 namespace를 생성한다. 다음의 코드에서 볼 수 있듯이, 트위터 에러 처리에 필요한 TwitterError 패키지, 판다스(Pandas) 및 넘파이(Numpy)도 import 해주도록 하자.

```python
import time

import twitter
from . import config
import pandas as pd
import numpy as np
from twitter.error import TwitterError
```

다음의 코드는 트위터에서 200개의 트윗을 수집한 다음 이를 판다스 데이터프레임(Pandas DataFrame)으로 변환해 주는 기능을 수행한다. 다음 코드에서 API 활용 패턴 – 열(column)들을 목록에 추가한 후 목록을 통째로 사용해 DataFrame을 생성하는 – 은 데이터를 긁어올 때 꽤 자주 사용되므로 유의해 볼 필요가 있다.

```python
def api_handler():
    """트위터 API에 대한 연결 생성"""

    api = twitter.Api(consumer_key=config.CONSUMER_KEY,
    consumer_secret=config.CONSUMER_SECRET,
    access_token_key=config.ACCESS_TOKEN_KEY,
    access_token_secret=config.ACCESS_TOKEN_SECRET)
    return api

def tweets_by_user(api, user, count=200):
    """트윗의 "n" 개수를 수집한다. 기본 값 200"""

    tweets = api.GetUserTimeline(screen_name=user, count=count)
    return tweets
```

```
def stats_to_df(tweets):
    """트위터 통계를 데이터프레임(DataFrame)으로 변환"""

    records = []
    for tweet in tweets:
        records.append({"created_at":tweet.created_at,
            "screen_name":tweet.user.screen_name,
            "retweet_count":tweet.retweet_count,
            "favorite_count":tweet.favorite_count})
    df = pd.DataFrame(data = records)
    return df

def stats_df(user):
    """통계 데이터프레임(DataFrame) 반환"""

    api = api_handler()
    tweets = tweets_by_user(api, user)
    df = stats_to_df(tweets)
    return df
```

마지막에 주어진 함수 stats_df를 이용하면 트위터(Twitter) API 호출 결과를 대화형으로 탐색할 수 있다. 르브론 제임스(LeBron James)(NBA 선수)에 대한 설명적 통계치(descriptive statistics)가 다음 예제로 주어져 있다.

```
df = stats_df(user="KingJames")
In [34]: df.describe()
Out[34]:
        favorite_count    retweet_count
count     200.000000       200.000000
mea     11680.670000      4970.585000
std     20694.982228      9230.301069
min         0.00000         39.000000
25%      1589.500000       419.750000
50%      4659.500000      1157.500000
75%     13217.750000      4881.000000
```

```
max       128614.000000    70601.000000

In [35]: df.corr()
Out[35]:
                favorite_count    retweet_count
favorite_count       1.000000         0.904623
retweet_count        0.904623         1.000000
```

다음의 코드에서, 트위터(Twitter) API는 스로틀링(throttling: 하드웨어를 과부하 등으로부터 보호하기 위해 API의 성능을 자동으로 저하시키는 조치)이 발생하지 않도록 일부러 짧은 시간 동안 sleep(역자 주: 아무것도 하지 않고 일정 시간 동안 대기하게 하는 함수) 함수를 호출하고 있다. 여기서는 트위터(Twitter) 핸들 정보를 CSV 파일로부터 가져오고 있으나, 농구 참조(Basketball Reference) 사이트에도 선수들의 트위터 계정이 많이 노출되어 있기 때문에 데이터 소스로 사용할 수 있다. 트위터 계정 정보를 수동으로 찾는 것도 하나의 방법이 될 수 있을 것이다.

```python
def twitter_handles(sleep=.5,data="data/twitter_nba_combined.csv"):
    """핸들 생성"""

    nba = pd.read_csv(data)
    for handle in nba["twitter_handle"]:
        time.sleep(sleep) # 트위터 API 사용 과부하 회피
        try:
            df = stats_df(handle)
        except TwitterError as error:
            print("Error {handle} and error msg {error}".format(
                handle=handle,error=error))
            df = None
        yield df

def median_engagement(data="data/twitter_nba_combined.csv"):
    """트위터 참여도의 중간값"""

    favorite_count = []
    retweet_count = []
```

```
        nba = pd.read_csv(data)
        for record in twitter_handles(data=data):
            print(record)
            #None records stored as Nan value
            if record is None:
                print("NO RECORD: {record}".format(record=record))
                favorite_count.append(np.nan)
                retweet_count.append(np.nan)
                continue
            try:
                favorite_count.append(record['favorite_count'].median())
                retweet_count.append(record["retweet_count"].median())
            except KeyError as error:
                print("No values found to append {error}".\
            format(error=error))
                favorite_count.append(np.nan)
                retweet_count.append(np.nan)

        print("Creating DF")
        nba['twitter_favorite_count'] = favorite_count
        nba['twitter_retweet_count'] = retweet_count
        return nba
```

이 모든 것의 최종 결과로 새로운 CSV 파일이 생성된다.

```
def create_twitter_csv(data="data/nba_2016_2017_wikipedia.csv"):
    nba = median_engagement(data)
    nba.to_csv("data/nba_2016_2017_wikipedia_twitter.csv")
```

NBA 운동선수의 데이터 탐색하기

운동선수의 데이터를 탐색하기 위해 새로운 주피터 노트북을 생성하고 이 노트북을 nba_player_power_influence_performance라고 명명한다. 먼저 많이 쓰이는 몇 개의 라이브러리들을 다음과 같이 import 해준다.

```
In [106]: import pandas as pd
     ...: import numpy as np
     ...: import statsmodels.api as sm
     ...: import statsmodels.formula.api as smf
     ...: import matplotlib.pyplot as plt
     ...: import seaborn as sns
     ...: from sklearn.cluster import KMeans
     ...: color = sns.color_palette()
     ...: from IPython.core.display import display, HTML
     ...: display(HTML("<style>.container \
 { width:100% !important; }</style>"))
     ...: %matplotlib inline
     ...:
<IPython.core.display.HTML object>
```

이제 프로젝트에서 데이터 파일들을 로드하고 열(column)들의 이름을 정한다.

```
In [108]: attendance_valuation_elo_df =\
 pd.read_csv("../data/nba_2017_att_val_elo.csv")
In [109]: salary_df = pd.read_csv("../data/nba_2017_salary.csv")
In [110]: pie_df = pd.read_csv("../data/nba_2017_pie.csv")
In [111]: plus_minus_df =\
 pd.read_csv("../data/nba_2017_real_plus_minus.csv")
In [112]: br_stats_df = pd.read_csv("../data/nba_2017_br.csv")
In [113]: plus_minus_df.rename(
        columns={"NAME":"PLAYER", "WINS": "WINS_RPM"}, inplace=True)
     ...: players = []
     ...: for player in plus_minus_df["PLAYER"]:
     ...:     plyr, _ = player.split(",")
     ...:     players.append(plyr)
     ...: plus_minus_df.drop(["PLAYER"], inplace=True, axis=1)
     ...: plus_minus_df["PLAYER"] = players
     ...:
```

데이터 소스에서 일부 중복된 내용들을 다음과 같이 제거해 준다.

```
In [114]: nba_players_df = br_stats_df.copy()
     ...: nba_players_df.rename(
        columns={'Player': 'PLAYER','Pos':'POSITION',
        'Tm': "TEAM", 'Age': 'AGE', "PS/G": "POINTS"}, i
     ...: nplace = True)
     ...: nba_players_df.drop(["G", "GS", "TEAM"],
        inplace=True, axis=1)
     ...: nba_players_df =\
 nba_players_df.merge(plus_minus_df, how="inner", on="PLAYER")
        ...:

In [115]: pie_df_subset = pie_df[["PLAYER", "PIE",
        "PACE", "W"]].copy()
     ...: nba_players_df = nba_players_df.merge(
        pie_df_subset, how="inner", on="PLAYER")
        ...:

In [116]: salary_df.rename(columns={'NAME': 'PLAYER'}, inplace=True)
     ...: salary_df["SALARY_MILLIONS"] =.\
        round(salary_df["SALARY"]/1000000, 2)
     ...: salary_df.drop(["POSITION","TEAM", "SALARY"],
        inplace=True, axis=1)
        ...:

In [117]: salary_df.head()
Out[117]:
          PLAYER    SALARY_MILLIONS
0    LeBron James           30.96
1     Mike Conley           26.54
2      Al Horford           26.54
3   Dirk Nowitzki           25.00
4  Carmelo Anthony          24.56
```

NBA 선수 111명에 대한 급여 정보가 누락되어 있기 때문에, 실제 분석할 때는 이 111명에 대한 데이터를 다음과 같이 잘라내야 한다.

```
In [118]: diff = list(set(
        nba_players_df["PLAYER"].values.tolist()) -
set(salary_df["PLAYER"].values.tolist()))

In [119]: len(diff)
Out[119]: 111

In [120]: nba_players_with_salary_df =\
 nba_players_df.merge(salary_df);
```

제거 작업이 끝나고 나면 판다스 데이터프레임에 총 38열의 데이터가 남는다.

```
In [121]: nba_players_with_salary_df.columns
Out[121]:
Index(['Rk', 'PLAYER', 'POSITION', 'AGE', 'MP',
       'FG', 'FGA', 'FG%', '3P',
      '3PA', '3P%', '2P', '2PA', '2P%', 'eFG%',
        'FT', 'FTA', 'FT%', 'ORB',
       'DRB', 'TRB', 'AST', 'STL', 'BLK', 'TOV',
        'PF', 'POINTS', 'TEAM', 'GP',
      'MPG', 'ORPM', 'DRPM', 'RPM', 'WINS_RPM',
       'PIE', 'PACE', 'W',
       'SALARY_MILLIONS'],
     dtype='object')
In [122]: len(nba_players_with_salary_df.columns)
Out[122]: 38
```

이제 이 데이터프레임을 앞에서 만든 위키피디아 데이터와 통합할 수 있다. 페이지뷰 데이터는 그 중간값(median)으로 반영되었기 때문에, 위키피디아 데이터는 통합된 데이터에서 한 개의 열(column) 안의 요소 하나로 보이게 된다.

```
In [123]: wiki_df = pd.read_csv(
        "../data/nba_2017_player_wikipedia.csv")
In [124]: wiki_df.rename(columns =\
        {'names': 'PLAYER', "pageviews": "PAGEVIEWS"}, inplace = True)
In [125]: median_wiki_df = wiki_df.groupby("PLAYER").median()
In [126]: median_wiki_df_small = median_wiki_df[["PAGEVIEWS"]]
In [127]: median_wiki_df_small.reset_index(
        level = 0, inplace = True); median_wiki_df_sm.head()
Out[127]:
          PLAYER    PAGEVIEWS
0    A.J. Hammons        1.0
1    Aaron Brooks       10.0
2    Aaron Gordon      666.0
3    Aaron Harrison    487.0
4    Adreian Payne     166.0
In [128]: nba_players_with_salary_wiki_df =\
 nba_players_with_salary_df.merge(median_wiki_df_small)
```

마지막으로 열 하나를 더 추가해 주는데, 여기에는 트위터 데이터값이 들어간다.

```
In [129]: twitter_df = pd.read_csv(
        "../data/nba_2017_twitter_players.csv")

In [130]: nba_players_with_salary_wiki_twitter_df =\
        nba_players_with_salary_wiki_df.merge(twitter_df)
```

통합된 데이터는 총 41개의 속성을 가지고 있다.

```
In [132]: len(nba_players_with_salary_wiki_twitter_df.columns)
Out[132]: 41
```

논리적으로 보면 다음 단계는 데이터를 탐색해 상관관계 히트맵(correlation heatmap)을 그려보는 것이다.

```
In [133]: plt.subplots(figsize = (20,15))
    ...: ax = plt.axes()
    ...: ax.set_title("NBA Player Correlation Heatmap")
    ...: corr = nba_players_with_salary_wiki_twitter_df.corr()
    ...: sns.heatmap(corr,
    ...:                xticklabels = corr.columns.values,
    ...:                yticklabels = corr.columns.values)
    ...:
Out[133]: <matplotlib.axes._subplots.AxesSubplot at 0x111e665c0>
<matplotlib.figure.Figure at 0x111e66780>
```

[그림 6.11]에 주어진 히트맵은 (이전에는 찾을 수 없었던) 일부 데이터 간에 환상적인 상관관계가 존재함을 보여준다. 트위터 참여도와 위키피디아 페이지뷰의 상관관계는 매우 높은 것으로 나타나고 있으며, 선수의 WINS_RPM(승리 기여도) 역시 트위터 및 위키피디아와 높은 상관관계를 보인다. 연봉과 득점도 상관관계가 크다.

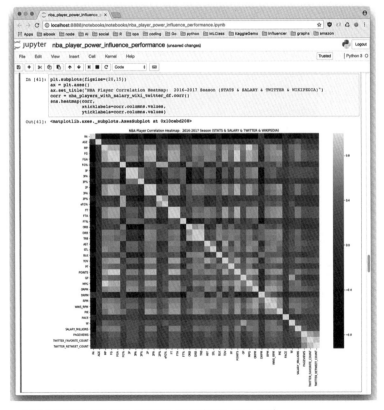

▲ **[그림 6.11]** NBA 선수들의 상관관계 히트맵(2016–2017 시즌)

▌비지도학습(Unsupervised Learning) 기반의 NBA 선수 분석

다양한 데이터 세트와 여러 유용한 속성들을 바탕으로 비지도학습을 수행할 경우 NBA 선수들을 분석하는 데 도움이 되는 정보들을 얻을 수 있을 것으로 생각한다. 비지도학습을 수행하기 위해서는 먼저 데이터의 스케일을 맞추고 클러스터링할 속성들을 선택해야 한다(이 과정에서 값이 빠져 있는 데이터 행들은 모두 제거해야 한다).

```
In [135]: numerical_df =\
 nba_players_with_salary_wiki_twitter_df.loc[:,\
["AGE", "TRB", "AST", "STL", "TOV", "BLK", "PF", "POINTS",\
 "MPG", "WINS_RPM", "W", "SALARY_MILLIONS", "PAGEVIEWS", \
"TWITTER_FAVORITE_COUNT"]].dropna()
In [142]: from sklearn.preprocessing import MinMaxScaler
    ...: scaler = MinMaxScaler()
    ...: print(scaler.fit(numerical_df))
    ...: print(scaler.transform(numerical_df))
    ...:
MinMaxScaler(copy = True, feature_range = (0, 1))
[[ 4.28571429e-01    8.35937500e-01   9.27927928e-01 ...,
   2.43447079e-01    1.73521746e-01]
 [ 3.80952381e-01    6.32812500e-01   1.00000000e+00 ...,
   1.86527023e-01    7.89216485e-02]
 [ 1.90476190e-01    9.21875000e-01   1.80180180e-01 ...,
   4.58206449e-03    2.99723082e-02]
 ...,
 [ 9.52380952e-02    8.59375000e-02   2.70270270e-02 ...,
   1.52830350e-02    8.95911386e-04]
 [ 2.85714286e-01    8.59375000e-02   3.60360360e-02 ...,
   1.19532117e-03    1.38459032e-03]
 [ 1.42857143e-01    1.09375000e-01   1.80180180e-02 ...,
   7.25730711e-03    0.00000000e+00]]
```

이제 클러스터링을 수행한 후, R을 이용해 면(facet) 플롯을 그리기 위해 CSV 파일을 만들어 준다.

```
In [149]: from sklearn.cluster import KMeans
   ...: k_means = KMeans(n_clusters=5)
   ...: kmeans = k_means.fit(scaler.transform(numerical_df))
   ...: nba_players_with_salary_wiki_twitter_df['cluster'] = kmeans.labels_
   ...:
In [150]: nba_players_with_salary_wiki_twitter_df.to_csv(
       "../data/nba_2017_players_social_with_clusters.csv")
```

R로 NBA 선수 데이터 클러스터링 결과의 고급 플롯 그려보기

먼저 앞에서 생성한 CSV 파일을 읽어 들인 후 ggplot2 라이브러리를 사용하자.

```
> player_cluster <- read_csv(
+ "nba_2017_players_social_with_clusters.csv",
+                       col_types = cols(X1 = col_skip()))
> library("ggplot2")
```

다음으로 모든 4개의 클러스터에 대해 의미있는 이름을 붙인다.

```
> # 클러스터들에 이름을 붙인다.
> player_cluster$cluster_name[player_cluster$
+ cluster == 0] <- "Low Pay/Low"
> player_cluster$cluster_name[player_cluster$
+ cluster == 1] <- "High Pay/Above Average Performance"
> player_cluster$cluster_name[player_cluster$
+ cluster == 2] <- "Low Pay/Average Performance"
> player_cluster$cluster_name[player_cluster$
+ cluster == 3] <- "High Pay/High Performance"
> player_cluster$cluster_name[player_cluster$
+ cluster == 4] <- "Medium Pay/Above Average Performance"
```

각 클러스터 이름을 가지고 facet(면 데이터)을 생성하자.

```
> # 면 플롯 생성
> p <- ggplot(data = player_cluster) +
+       geom_point(mapping = aes(x = WINS_RPM,
+                                y = POINTS,
+                                color = SALARY_MILLIONS,
+                                size = PAGEVIEWS))
+       facet_wrap(~ cluster_name)   +
+       ggtitle("NBA Players Faceted")  +
+       ylab("POINTS PER GAME")  +
+       xlab("WINS ATTRIBUTABLE TO PLAYER (WINS_RPM)")   +
+       geom_text(aes(x = WINS_RPM, y = POINTS,
```

각 면 플롯에는 텍스트를 표시해야 하는데, 이 작업은 R 또는 다음의 문장들을 이용해 수행할 수 있다. 급여 부분에는 세 가지 색상을 사용하여 그 차이를 보다 명확히 볼 수 있도록 한다.

```
label = ifelse(
+ PAGEVIEWS>10000|TOV>5|AGE>37|WINS_RPM>15|cluster
+ == 2 & WINS_RPM > 3,
+
as.character(PLAYER),'')),hjust = .8, check_overlap = FALSE)
>
> # 범례 변경
> p +
+       guides(color = guide_legend(title = "Salary Millions"))
+       guides(size = guide_legend(
+ title = "Wikipedia Daily pageviews" ))   +
+       scale_color_gradientn(colours = rainbow(3))
>       geom_text(aes(x = ELO, y = VALUE_MILLIONS, label = ifelse(
VALUE_MILLIONS > 1200,as.character(TEAM),'')),hjust = .35,vjust = 1)
```

여기까지 수행한 최종 결과는 [그림 6.12]와 같이 훌륭한 면 플롯(facet plots)으로 나타나며, 이를 통해 인기, 급여 및 경기 성적 간의 차이점을 파악할 수 있다. 르브론 제임스(LeBron James)와 러셀 웨스트브룩(Russell Westbrook)으로 구성된 클러스터는 모든 면에서 최고 중의 최고라고 할 수 있는데 성적, 인기는 물론이고 연봉 액수에서도 최고를 달리고 있다.

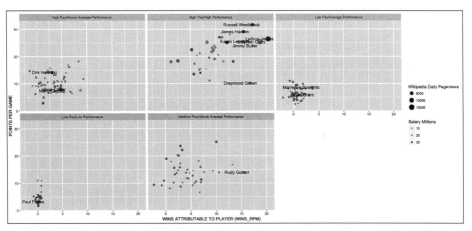

▲ [그림 6.12] ggplot을 이용해 면 플롯(facet plots)으로 표현한 2016–2017 시즌 NBA 선수들에 대한 kNN 클러스터링 결과

팀, 선수, 영향력, 기업 후원(Endorsement) 등 모든 것을 고려하기

데이터의 수집이 완료되었다면 테스트해 볼 만한 재미있는 새로운 플롯들을 시도해 보자. 기업 후원(Endorsement) 계약, 팀, 선수 데이터들을 묶어 훌륭한 플롯 몇 개를 만들 수 있다. 먼저, 아래의 코드를 이용하면 기업 후원 계약 정보에 대한 상관관계 히트맵을 그릴 수 있으며, 구리색의 칼라맵을 입히면 [그림 6.13]과 같이 재미있어 보이면서 복잡한 분포를 얻을 수 있다.

```
In [150]: nba_players_with_salary_wiki_twitter_df.to_csv(
"../data/nba_2017_players_social_with_clusters.csv")

In [151]: endorsements = pd.read_csv(
"../data/nba_2017_endorsement_full_stats.csv")

In [152]: plt.subplots(figsize = (20,15))
    ...: ax = plt.axes()
    ...: ax.set_title("NBA Player Endorsement, \
Social Power, On-Court Performance, \
Team Valuation Correlation Heatmap: 2016-2017
    ...: Season")
    ...: corr = endorsements.corr()
```

```
    ...: sns.heatmap(corr,
    ...:               xticklabels=corr.columns.values,
    ...:               yticklabels=corr.columns.values, cmap="copper")
    ...:
Out[152]: <matplotlib.axes._subplots.AxesSubplot at 0x1124d90b8>
<matplotlib.figure.Figure at 0x1124d9908>
```

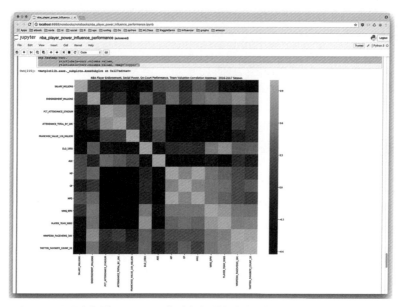

▲ [그림 6.13] 기업 후원(Endorsement) 계약에 대한 상관관계 히트맵

다음으로 전체 데이터에 대한 액센트 플롯이 [그림 6.14]에 주어져 있다. 이 플롯을 생성하는
코드는 다음과 같다.

```
In [153]: from matplotlib.colors import LogNorm
    ...: plt.subplots(figsize = (20,15))
    ...: pd.set_option('display.float_format', lambda x: '%.3f' % x)
    ...: norm = LogNorm()
    ...: ax = plt.axes()
    ...: grid = endorsements.select_dtypes([np.number])
    ...: ax.set_title("NBA Player Endorsement,\
```

```
Social Power, On-Court Performance,\
Team Valuation Heatmap: 2016-2017 Season")
    ...: sns.heatmap(grid,annot = True,
yticklabels = endorsements["PLAYER"],fmt = 'g',
cmap = "Accent", cbar=False, norm = norm)
    ...:
Out[153]: <matplotlib.axes._subplots.AxesSubplot at 0x114902cc0>
<matplotlib.figure.Figure at 0x114902048>
```

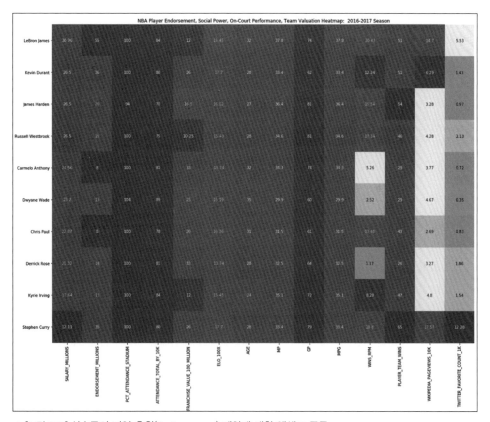

▲ [그림 6.14] 선수들의 기업 후원(Endorsement) 계약에 대한 액센트 플롯

이 액센트 플롯의 가독성을 높이기 위해 색 스케일을 LogNorm으로 변환하는 데 많은 시간을 투자했는데(역자 주: LogNorm은 log normalize를 의미하며, 임의의 값을 0과 1사이의 값으로 리스케일할 때 사용), 이렇게 하면 '상대적 변화량'으로 셀들 사이의 경계를 구분할 수 있다.

▌ 보다 실용적인 단계와 학습

이 책이 존재하는 주요 이유 중 하나는 어떻게 하면 프로덕션에 적용 가능한 완벽한 솔루션을 만들 수 있는지 보여주기 위함이다. 다른 장에서 프로젝트를 프로덕션 레벨에 적용하기 위한 기술들을 검토하며 다루는 일부 솔루션들을 탐색해 보는 것은 연습 레벨을 벗어나 실용적인 솔루션을 얻을 수 있는 한 가지 방법일 수 있으며, 이 장에서 다룬 NBA 팀의 가치를 예측하는 API나 NBA 슈퍼스타들의 사회적 영향력을 보여주는 API 등이 그 실용적 솔루션의 좋은 예라고 할 수 있다. 뿐만 아니라 여기에 몇 줄의 코드만 더 추가하면 와이콤비네이터(Y combinator, YC)*의 피치덱(pitch deck)*를 개발할 수 있는 가능성도 있다.

게다가 웹에 공개된 캐글(Kaggle) 노트북(https://www.kaggle.com/noahgift/social-power-nba)은 그 자체로도 심화 학습을 위한 출발점이 될 수 있을 뿐 아니라 이 노트북에서 사용한 기법들을 이용해 다른 프로젝트로 파생될 수도 있다. 마지막으로 이 장에서 다룬 주제와 관련된 비디오와 슬라이드 자료는 2018년 산호세에서 열린 스트라타 데이터 컨퍼런스(Strata Data Conference)(https://conferences.oreilly.com/strata/strata-ca/public/schedule/detail/63606) 웹 페이지에 공개되어 있으니 관심 있는 독자는 참고하기 바란다.

▌ 요약

이 장에서는 질문들로부터 시작해 공개된 웹 사이트에서 데이터를 수집하는 방법으로 토픽을 옮겨가며 실제 머신러닝들에 대해 살펴보았다. 실습에 사용된 소규모 데이터 세트의 대부분은 수집 작업을 쉽게 허용하거나 허용하지 않는 웹 사이트들에서 잘라내어 붙이는 방식으로 확보하였다. 더 큰 데이터 소스인 위키피디아와 트위터로부터 데이터를 가져오기 위해서는 단순히 잘라내고 붙이는 방식이 아닌, 보다 소프트웨어 엔지니어링 중심의 다른 접근 방식이 필요하다는 점도 알아보았다.

---

* 와이콤비네이터(Y Combinator, 줄여서 YC): 실리콘밸리 스타트업 액셀러레이터(투자 육성 회사)

* 피치덱(pitch deak): 스타트업이 투자 유치를 위해 일종의 투자 설명회인 피칭을 할 때 사용하는 문서

확보된 데이터는 통계적 방법과 비지도 머신러닝, 데이터 시각화를 모두 사용해 분석되었다. 마지막 부분에서는 확장 가능한 API, 서버리스 애플리케이션, 데이터 시각화 프레임워크(Shiny)를 모두 제공하는 클라우드 서비스를 이용해 몇 가지의 솔루션을 구축해 보았다.

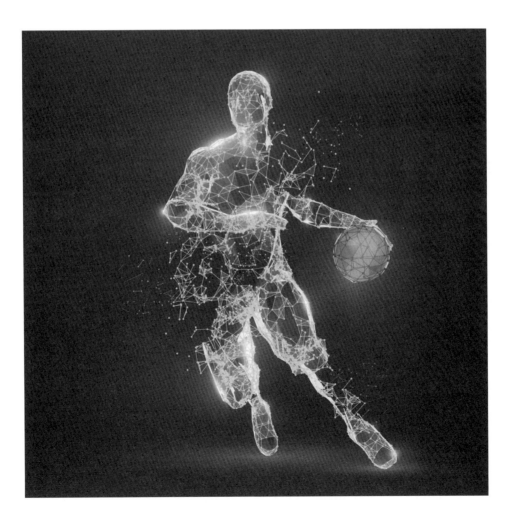

AWS를 이용해 지능형 슬랙봇 만들기

고통스럽더라도 계속 노력하는 사람이 결국 승리할 것이다

— 로저 배니스터*(Roger Bannister)*

(인공지능 연구자들에게) '인공적인 삶'을 창조하는 것은 매우 오랫동안 이어져온 꿈이었으며, 이를 실현하는 가장 흔한 방법 중 하나는 봇(Bot)을 만드는 것이었다. 특히 애플(Apple)의 시리(Siri)와 아마존(Amazon)의 알렉사(Alexa)가 등장하면서, 로봇은 점점 우리 일상 생활의 일부가 되어가고 있다. 이 장에서는 '봇'의 개발에 관련된 미스터리를 밝혀보고자 한다.

▌봇 만들기

봇을 만들기 위해서는 파이썬의 슬랙(Slack) 라이브러리(https://github.com/slackapi/python-slackclient)를 사용해야 하며, 이를 이용해 무언가를 하기 위해서는 먼저 토큰을 생성해야 한다. 이와 같은 토큰을 다루는 좋은 방법은 셸에서 export 커맨드를 이용해 환경 변수를 설정하는 것이다. 필자는 종종 virtualenv 안에 환경 변수를 설정하는데, 이렇게 한번만 해 놓으면 다음부터 다시 설정할 필요가 없다. 즉, 활성화 스크립트를 편집해 virtualenv를 '해킹'하는 것이다.

Slack 변수를 통해 virtualenv를 편집하기 위해 ~/.env/bin/activate에 위치해 있는 활성화 스크립트 파일을 작성한다면, 대개 다음과 비슷하게 작성될 것이다.

참고로 파이썬 기반의 공식 환경 관리 툴(pipenv)이 있으니 관심 있는 독자는 웹(https://github.com/pypa/pipenv)에서 최신 버전을 받아 사용해 보기 바란다.

```
_OLD_VIRTUAL_PATH = "$PATH"
PATH="$VIRTUAL_ENV/bin:$PATH"
export PATH
SLACK_API_TOKEN = <Your Token Here>
export SLACK_API_TOKEN
```

환경 변수가 제대로 설정되었는지 확인하는 좋은 방법은 `printenv` 커맨드를 사용하는 것이며, 리눅스 또는 OS X에서 사용 가능하다. Slack 변수 설정이 제대로 되었다면 다음의 간단한 메시지 전송 스크립트가 성공적으로 실행되어야 한다.

```
import os
from slackclient import SlackClient

slack_token = os.environ["SLACK_API_TOKEN"]
sc = SlackClient(slack_token)

sc.api_call(
    "chat.postMessage",
    channel = "#general",
    text = "Hello from my bot! :tada:"
)
```

pipenv는 pip과 virtualenv를 하나의 요소로 통합할 수 있는 추천 솔루션일 뿐 아니라 최근 새로운 표준으로 자리잡았기 때문에 패키지 관리를 위한 사용법을 공부해 볼 가치가 있다.

▌ 라이브러리를 커맨드라인 툴로 변환하기

이 책의 다른 예제와 같이 특정 기능을 수행하는 코드를 커맨드라인을 통해 실행할 수 있는 유틸리티로 변환시켜 놓는 것은 상당히 바람직한 아이디어이다. 많은 신규 개발자들이 주피터 노트북에서 쉽게 동작하는 솔루션 대신 커맨드라인 툴을 사용하는 것을 반대한다는 점을 짚고 넘어갈 필요가 있다. 아마 일부 독자들도 "왜 주피터 노트북 기반 프로젝트에 커맨드라인 툴을 도입하려고 하는가? 셸과 커맨드라인을 사용하지 않아도 되는 편리함이 주피터 노트북의 핵심적 장점 아닌가?"라고 질문을 던질지도 모르겠다. 잠시 '악마의 옹호자' 입장에서 말을 해보자면, 프로젝트에 커맨드라인 툴을 추가할 경우 '대체 입력'을 통해 특정한 개념을 신속하게 반복할 수 있는 기능이 생긴다는 장점이 있다(역자 주: '직접' 키보드로 쳐서 명령을 입력해 주는 것이 빠르고 편한 경우가 존재한다는 뜻. 다음 문장에서 커맨드라인 툴 없이 주피터 노트북만 사용할 경우의 잠재적 문제점 하나를 언급하고 있음). 주피터 노트북의 코드 블록은 대화형으로 입력을 받지 않으므로, 어떤 의미에서 보면 이는 하드코딩된 스크립트라고 볼 수 있다.

GCP와 AWS가 플랫폼 전반에 걸쳐 광범위한 커맨드라인 툴을 보유하고 있는 데는 다 이유가 있다: 커맨드라인 툴은 GUI로는 도저히 따라잡을 수 없는 유연성과 파워를 제공한다. 공상 과학 소설 작가인 닐 스티븐슨(Neal Stephenson)이 쓴 책 〈In the Beginning…was the Command Line(처음에는… 커맨드라인이었다)〉에는 "GUI는 소프트웨어의 모든 부분, 심지어 가장 작은 부분에도 큰 오버헤드를 주는 경향이 있으며, 이러한 오버헤드는 프로그램의 운영 환경을 완전히 변화시킨다"고 했다. 그는 "인생은 복잡하고 힘든 것이다; 어떤 인터페이스도 이를 바꿀 수 없으며, 그렇지 않다고 믿는 사람들은 모두 바보다"라는 문장으로 이 책을 마친다. 거친 표현이지만, 필자의 경험에 비추어 봐도 이는 사실이다. 인생은 커맨드라인과 함께 하는 것이 낫다. 한 번 해보면, 뒤돌아보는 일은 없을 것이다.

5장에서 예제로 사용되었던 클릭 프레임워크를 이용해 커맨드라인 툴이 어떻게 실행되는지 살펴보자. 아래의 예시와 같이 커맨드라인 기반의 인터페이스를 이용해 새로운 메시지를 보내는 것은 매우 쉽다.

```
./clibot.py send --message "from cli"
sending message from cli to # 일반적
```

[그림 7.1]에서 세팅된 메시지의 기본값 및 cli 유틸리티를 이용해 커스터마이징된 메시지를 확인할 수 있다.

```
# !/usr/bin/env python
import os
```

```
import click
from slackclient import SlackClient

SLACK_TOKEN = os.environ["SLACK_API_TOKEN"]

def send_message(channel = "#general",
                                    message = "Hello from my bot!"):
    """"채널에 메시지 보내기"""

    slack_client = SlackClient(SLACK_TOKEN)
    res = slack_client.api_call(
      "chat.postMessage",
      channel = channel,
      text = message
    )
    return res

@click.group()
@click.version_option("0.1")
def cli():
    """
    슬랙봇용 커맨드라인 유틸리티
    """

@cli.command("send")
@click.option("--message", default = "Hello from my bot!",
              help="text of message")
@click.option("--channel", default = "#general",
              help = "general channel")
def send(channel, message):
    click.echo(f"sending message {message} to {channel}")
    send_message(channel, message=message)

if __name__ == '__main__':
    cli()
```

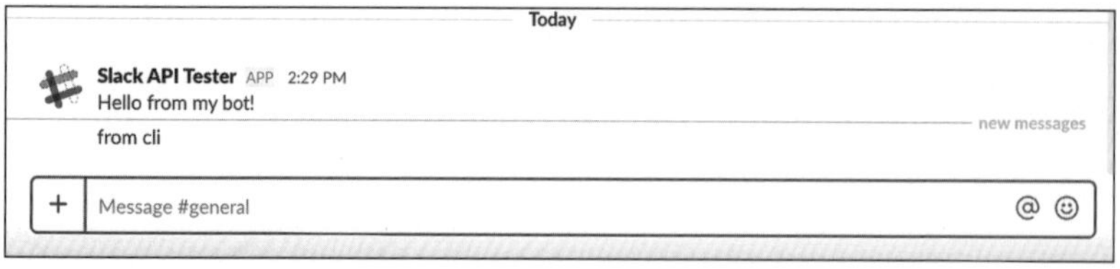

▲ [그림 7.1] 슬랙봇 커맨드라인 툴

▌AWS 스텝 펑션으로 봇을 다음 레벨로 진화

슬랙(Slack)으로 메시지를 전송하기 위해 만든 통신 경로를 이용, 정해진 스케줄에 맞춰 유용한 작업을 수행하도록 만듦으로써 이 코드를 다음 레벨로 진화시킬 수 있다. AWS의 스텝 펑션(step function)은 이를 위한 강력한 수단이다. 이의 예제로 다음 섹션에서 알아볼 슬랙봇은 NBA 선수들의 야후(Yahoo) 스포츠 페이지를 스크랩한 후 선수들의 출생지 정보를 추가해 슬랙(Slack)으로 전송해 주는 기능을 수행한다.

[그림 7.2]는 스텝별로 수행할 액션들의 구성이 끝난 스텝 펑션을 보여준다. 첫 스텝에 수행할 액션은 NBA 선수 프로필을 가진 URL을 긁어 오는 것이고, 두 번째 스텝에서는 뷰티플 숍(Beautiful Soup)을 이용해 각 선수의 출생지를 찾는다. 여기까지 완료되면 슬랙(Slack)에 결과를 전송하는 스텝으로 넘어간다.

각 스텝에서 수행할 개별 작업들은 AWS 람다(Lambda)와 챌리스(Chalice)를 사용해 조정할 수 있다. 람다(https://aws.amazon.com/lambda/)는 사용자가 AWS에서 (스텝) 펑션을 실행할 수 있도록 도와 주며, 챌리스(http://chalice.readthedocs.io/en/latest/)는 파이썬에서 서버리스 애플리케이션을 구축하는 데 필요한 프레임워크다. 시작하기 전에 전제되어야 하는 몇 가지 조건은 다음과 같다.

- 사용자는 AWS 계정을 가지고 있어야 한다.
- 사용자는 API 사용에 필요한 크레덴셜(자격 증명)을 가지고 있어야 한다.
- 챌리스에 의해 만들어지는 람다의 역할은 "필요한 AWS 서비스를 선택적으로 사용할 수 있는 특권을 포함한 정책(S3와 같은)"을 기반으로 수행되어야 한다.

▌셋업을 위해 IAM 크레덴셜 확보

AWS에서 제공하는 API 등을 활용하는 데 필요한 크레덴셜(Credential, 자격 증명) 설정에 관련된 자세한 내용은 http://boto3.readthedocs.io/en/latest/guide/configuration.html을 참조한다. https://docs.aws.amazon.com/amazonswf/latest/awsrbflowguide/set-up-creds.html에는 윈도우나 리눅스에서 어떻게 AWS 변수를 export하는 지에 대한 자세한 내용을 참조할 수 있다. 크레덴셜을 구성하는 방법에는 여러 가지가 있으나 virtualenv 사용자라면 AWS 크레덴셜을 /bin/activate 안의 로컬 virtualenv에 다음과 같이 설정해 줄 수 있다.

```
#AWS 키(Keys) 추가
AWS_DEFAULT_REGION=us-east-1
AWS_ACCESS_KEY_ID=xxxxxxxx
AWS_SESSION_TOKEN=xxxxxxxx

#키(key) 내보내기(export)
export AWS_DEFAULT_REGION
export AWS_ACCESS_KEY_ID
export AWS_DEFAULT_REGION
```

챌리스(Chalice)로 작업하기

챌리스에는 다음과 같이 다양한 서브 명령들로 구성된 커맨드라인 툴이 존재한다.

```
용법: chalice [OPTIONS] COMMAND [ARGS]...
옵션:
  --version              버전을 보여주고 끝낸다.
  --project-dir TEXT     프로젝트 디렉토리. 기본값은 CWD이다.
  --debug / -no-debug    디버그 로그를 stderr에 프린트한다.
  --help                 이 메시지를 보여주고 종료한다.

명령:
  delete
  deploy
  gen-policy
```

```
generate-pipeline    Generate a cloudformation template for a...
generate-sdk
local
logs
new-project
package
url
```

app.py 파일을 통해 제공되는 스켈레톤 코드의 일부는 몇 개의 람다 함수로 대체될 것이다. AWS 챌리스의 장점 중 하나는 단순히 웹 서비스의 생성만 다루는 게 아니라 '독립적으로' 동작하는 람다 함수를 만들 수 있다는 점이다. 이러한 챌리스의 기능을 잘 사용하면, 스텝 펑션과 연계해 레고(LEGO) 블록처럼 선택적으로 원하는 곳에 장착할 수 있는 여러 개의 람다 함수를 만들 수 있다.

예를 들어, 시간에 맞춰 무언가를 수행하는 람다(Lambda)(함수)는 다음과 같이 만들 수 있다.

```python
@app.schedule(Rate(1, unit = Rate.MINUTES))
def every_minute(event):
    """매분마다 실행되는 예약된 이벤트"""

    # 여기서 슬랙봇에게 메시지를 보낸다.
```

웹 페이지에서 스크랩 기능을 수행하는 봇을 만들기 위해서는 몇 가지 함수를 만들어 주어야 한다. 먼저 다음과 같이 스켈레톤 파일 상단에 필요한 변수 몇 개를 생성하고 라이브러리 몇 개를 import 해주자.

```python
import logging
import csv
from io import StringIO

import boto3
from bs4 import BeautifulSoup
```

```
import requests
from chalice import (Chalice, Rate)

APP_NAME = 'scrape-yahoo'
app = Chalice(app_name = APP_NAME)
app.log.setLevel(logging.DEBUG)
```

봇이 일부 데이터를 S3에 저장할 수 있는 기능을 가지고 있으면 상황에 따라 유용하게 사용될 수도 있다. 다음 함수는 결과를 CSV 파일로 저장하기 위해 보토(Boto)를 사용한다.

```
def create_s3_file(data, name = "birthplaces.csv"):

    csv_buffer = StringIO()
    app.log.info(f"Creating file with {data} for name")
    writer = csv.writer(csv_buffer)
    for key, value in data.items():
        writer.writerow([key,value])
    s3 = boto3.resource('s3')
    res = s3.Bucket('aiwebscraping').\
        put_object(Key = name, Body = csv_buffer.getvalue())
    return res
```

다음 fetch_page 함수는 NBA 통계를 파싱하고 soup 객체를 반환하기 위해 뷰티플 숍 (https://www.crummy.com/software/BeautifulSoup)을 이용한다.

```
def fetch_page(url = "https://sports.yahoo.com/nba/stats/"):
    """야후(Yahoo) URL 가져오기"""

    # 페이지를 다운로드하여 soup 객체로 변환한다.
    app.log.info(f"Fetching urls from {url}")
    res = requests.get(url)
    soup = BeautifulSoup(res.content, 'html.parser')
    return soup
```

`get_player_links` 함수와 `fetch_player_urls` 함수는 선수 프로필 정보를 제공하는 URL을 찾는 데 사용된다.

```python
def get_player_links(soup):
    """플레이어 URL의 링크를 가져온다.

    nba/players 구문을 포함한 URL들을 찾아 모은다.
    """

    nba_player_urls = []
    for link in soup.find_all('a'):
        link_url = link.get('href')
        #"None"을 버린다
        if link_url:
            if "nba/players" in link_url:
                print(link_url)
                nba_player_urls.append(link_url)
    return nba_player_urls

def fetch_player_urls():
    """플레이어 URL을 반환한다."""

    soup = fetch_page()
    urls = get_player_links(soup)
    return urls
```

찾은 URL로부터 선수 출생지 정보를 추출하는 작업은 `find_birthplaces` 함수가 맡는다.

```python
def find_birthplaces(urls):
    """야후(Yahoo) 프로필 페이지를 통해 NBA 선수들의 출생지 정보를 얻는다"""

    birthplaces = {}
    for url in urls:
        profile = requests.get(url)
```

```
            profile_url = BeautifulSoup(profile.content, 'html.parser')
            lines = profile_url.text
            res2 = lines.split(",")
            key_line = []
            for line in res2:
                if "Birth" in line:
                    # line을 출력한다.
                    key_line.append(line)
            try:
                birth_place = key_line[0].split(":")[-1].strip()
                app.log.info(f"birth_place: {birth_place}")
            except IndexError:
                app.log.info(f"skipping {url}")
                continue
            birthplaces[url] = birth_place
            app.log.info(birth_place)
        return birthplaces
```

챌리스를 사용하기 위해서는 기본 경로를 생성해 줘야 한다. 해당 기능을 수행해 주는 다음 코드는 챌리스 함수로 들어간다.

```
#아래의 함수는 HTTP 요청을 통해 호출될 수 있다.
@app.route('/')
def index():
    """루트(Root) URL"""

    app.log.info(f"/ Route: for {APP_NAME}")
    return {'app_name': APP_NAME}
```

다음의 람다(함수)는 앞에서 정의한 fetch_player_urls 함수를 이용해 선수 프로필의 URL 을 반환한다.

```
@app.route('/player_urls')
def player_urls():
    """플레이어 URL 가져오기"""

    app.log.info(f"/player_urls Route: for {APP_NAME}")
    urls = fetch_player_urls()
    return {"nba_player_urls": urls}
```

다음에 주어진 람다(함수)들은 (다른 함수 또는 외부에 구애받지 않고) 단독으로 실행되는
함수들이며 스텝 펑션 내에서 호출된다.

```
#이것은 단독으로 실행되는 람다(Lambda) 함수이다.
@app.lambda_function()
def return_player_urls(event, context):
    """단독으로 실행되는 람다 함수는 플레이어의 URL을 반환한다"""
    app.log.info(f"standalone lambda 'return_players_urls' \
 {APP_NAME} with {event} and {context}")
    urls = fetch_player_urls()
    return {"urls": urls}

#이것은 단독으로 실행되는 람다(Lambda) 함수이다.
@app.lambda_function()
def birthplace_from_urls(event, context):
    """출생지를 찾는다"""

    app.log.info(f"standalone lambda 'birthplace_from_urls' \
{APP_NAME} with {event} and {context}")
    payload = event["urls"]
    birthplaces = find_birthplaces(payload)
    birthplaces = find_birthplaces(payload)
    return birthplaces

# 이것은 단독으로 실행되는 람다(Lambda) 함수이다.
@app.lambda_function()
```

```
def create_s3_file_from_json(event, context):
    """json 데이터로부터 S3 파일을 생성한다."""

    app.log.info(f"Creating s3 file with event data {event} \
and context {context}")
    print(type(event))
    res = create_s3_file(data=event)
    app.log.info(f"response of putting file: {res}")
    return True
```

이제 로컬에서 챌리스 앱을 실행하면 다음과 같이 출력되는 것을 볼 수 있을 것이다.

```
→  scrape-yahoo git:(master) ✗ chalice local
Serving on 127.0.0.1:8000
scrape-yahoo - INFO - / Route: for scrape-yahoo
127.0.0.1 - - [12/Dec/2017 03:25:42] "GET / HTTP/1.1" 200 -
127.0.0.1 - - [12/Dec/2017 03:25:42] "GET /favicon.ico"
scrape-yahoo - INFO - / Route: for scrape-yahoo
127.0.0.1 - - [12/Dec/2017 03:25:45] "GET / HTTP/1.1" 200 -
127.0.0.1 - - [12/Dec/2017 03:25:45] "GET /favicon.ico"
scrape-yahoo - INFO - /player_urls Route: for scrape-yahoo
scrape-yahoo - INFO - https://sports.yahoo.com/nba/stats/
https://sports.yahoo.com/nba/players/4563/
https://sports.yahoo.com/nba/players/5185/
https://sports.yahoo.com/nba/players/3704/
https://sports.yahoo.com/nba/players/5012/
https://sports.yahoo.com/nba/players/4612/
https://sports.yahoo.com/nba/players/5015/
https://sports.yahoo.com/nba/players/4497/
https://sports.yahoo.com/nba/players/4720/
https://sports.yahoo.com/nba/players/3818/
https://sports.yahoo.com/nba/players/5432/
https://sports.yahoo.com/nba/players/5471/
https://sports.yahoo.com/nba/players/4244/
https://sports.yahoo.com/nba/players/5464/
```

```
https://sports.yahoo.com/nba/players/5294/
https://sports.yahoo.com/nba/players/5336/
https://sports.yahoo.com/nba/players/4390/
https://sports.yahoo.com/nba/players/4563/
https://sports.yahoo.com/nba/players/3704/
https://sports.yahoo.com/nba/players/5600/
https://sports.yahoo.com/nba/players/4624/
127.0.0.1 - - [12/Dec/2017 03:25:53] "GET /player_urls"
127.0.0.1 - - [12/Dec/2017 03:25:53] "GET /favicon.ico"
```

chalice deploy 명령을 이용해 만들어진 API를 디플로이하자.

```
➜  scrape-yahoo git:(master) ✗ chalice deploy
Creating role: scrape-yahoo-dev
Creating deployment package.
Creating lambda function: scrape-yahoo-dev
Initiating first time deployment.
Deploying to API Gateway stage: api
https://bt98uzs1cc.execute-api.us-east-1.amazonaws.com/api/
```

이제 /api/player_urls에 있는 링크 정보를 받기 위해서, HTTP CLI(https://github.com/jakubroztocil/httpie)를 이용해 HTTP 경로를 AWS에서 호출한다.

```
➜  scrape-yahoo git:(master) ✗ http \
https://<a lambda route>.amazonaws.com/api/player_urls
HTTP/1.1 200 OK
Connection: keep-alive
Content-Length: 941
Content-Type: application/json
Date: Tue, 12 Dec 2017 11:48:41 GMT
Via: 1.1 ba90f9bd20de9ac04075a8309c165ab1.cloudfront.net (CloudFront)
X-Amz-Cf-Id: ViZswjo4UeHYwrc9e-5vMVTDhV_Ic0dhVIG0BrDdtYqd5KWcAuZKKQ==
X-Amzn-Trace-Id: sampled=0;root=1-5a2fc217-07cc12d50a4d38a59a688f5c
```

```
X-Cache: Miss from cloudfront
x-amzn-RequestId: 64f24fcd-df32-11e7-a81a-2b511652b4f6

{
    "nba_player_urls": [
        "https://sports.yahoo.com/nba/players/4563/",
        "https://sports.yahoo.com/nba/players/5185/",
        "https://sports.yahoo.com/nba/players/3704/",
        "https://sports.yahoo.com/nba/players/5012/",
        "https://sports.yahoo.com/nba/players/4612/",
        "https://sports.yahoo.com/nba/players/5015/",
        "https://sports.yahoo.com/nba/players/4497/",
        "https://sports.yahoo.com/nba/players/4720/",
        "https://sports.yahoo.com/nba/players/3818/",
        "https://sports.yahoo.com/nba/players/5432/",
        "https://sports.yahoo.com/nba/players/5471/",
        "https://sports.yahoo.com/nba/players/4244/",
        "https://sports.yahoo.com/nba/players/5464/",
        "https://sports.yahoo.com/nba/players/5294/",
        "https://sports.yahoo.com/nba/players/5336/",
        "https://sports.yahoo.com/nba/players/4390/",
        "https://sports.yahoo.com/nba/players/4563/",
        "https://sports.yahoo.com/nba/players/3704/",
        "https://sports.yahoo.com/nba/players/5600/",
        "https://sports.yahoo.com/nba/players/4624/"
    ]
}
```

람다 함수와 인터랙션하는 또 다른 편리한 방법은 click과 파이썬 Boto 라이브러리를 통해
직접 함수를 호출하는 것이다. 이를 위해 wscli.py(Web Scrab Command Line Interface의 약자)
로 이름 붙여진 커맨드라인 툴을 사용할 수 있다. 이 코드는 다음과 같이 로깅 설정 및 필요한
라이브러리들을 가져오는 작업으로 시작한다.

```
# !/usr/bin/env python

import logging
import json

import boto3
import click
from pythonjsonlogger import jsonlogger

# 로깅(logging) 초기화
log = logging.getLogger(__name__)
log.setLevel(logging.INFO)
LOGHANDLER = logging.StreamHandler()
FORMMATTER = jsonlogger.JsonFormatter()
LOGHANDLER.setFormatter(FORMMATTER)
log.addHandler(LOGHANDLER)
```

다음 세 함수는 `invoke_lambda`를 통해 람다 함수에 연결하는 데 사용된다.

```
### Lambda Boto API 호출
def lambda_connection(region_name = "us-east-1"):
    """Lambda 함수와의 연결 생성"""

    lambda_conn = boto3.client("lambda", region_name=region_name)
    extra_msg = {"region_name": region_name, "aws_service": "lambda"}
    log.info("instantiate lambda client", extra=extra_msg)
    return lambda_conn

def parse_lambda_result(response):
    """Boto jason 응답으로부터 결과 가져오기"""

    body = response['Payload']
    json_result = body.read()
    lambda_return_value = json.loads(json_result)
    return lambda_return_value
```

```
def invoke_lambda(func_name, lambda_conn, payload=None,
                  invocation_type = "RequestResponse"):
    """람다 함수 호출"""

    extra_msg = {"function_name": func_name, "aws_service": "lambda",
             "payload":payload}
    log.info("Calling lambda function", extra=extra_msg)
    if not payload:
        payload = json.dumps({"payload":"None"})
    response = lambda_conn.invoke(FunctionName = func_name,
                  InvocationType = invocation_type,
                  Payload=payload
    )
    log.info(response, extra = extra_msg)
    lambda_return_value = parse_lambda_result(response)
    return lambda_return_value
```

이제 invoke_lambda 함수를 커맨드라인 툴로 사용하기 위해, 클릭(click) 프레임워크를 이용해 다음과 같이 wrap-up 코드를 만들어 준다. 앞에서 디플로이한 람다 함수를 사용하기 위해 -func 옵션을 기본으로 적용하고 있다는 점에 유의하고 코드를 살펴보자.

```
@click.group()
@click.version_option("1.0")
def cli():
    """웹 스크래핑을 지원하는 커맨드라인 유틸리티"""

@cli.command("lambda")
@click.option("--func",
        default = "scrape-yahoo-dev-return_player_urls",
        help = "name of execution")
@click.option("--payload", default = '{"cli":"invoke"}',
        help = "name of payload")
def call_lambda(func, payload):
```

```
    """"람다 함수 호출

    ./wscli.py lambda
    """
    click.echo(click.style("Lambda Function invoked from cli:",
        bg = 'blue', fg='white'))
    conn = lambda_connection()
    lambda_return_value = invoke_lambda(func_name = func,
        lambda_conn=conn,
        payload = payload)
    formatted_json = json.dumps(lambda_return_value,
        sort_keys = True, indent = 4)
    click.echo(click.style(
        "Lambda Return Value Below:", bg = 'blue', fg = 'white'))
    click.echo(click.style(formatted_json, fg = "red"))
if __name__ == "__main__":
    cli()
```

이 커맨드라인 툴을 실행한 결과는 다음과 같으며, 이는 HTTP 인터페이스를 호출했을 때의
결과와 동일하다.

```
➜ Ӿ ./wscli.py lambda \
--func=scrape-yahoo-dev-birthplace_from_urls \
--payload '{"url":["https://sports.yahoo.com/nba/players/4624/", \
"https://sports.yahoo.com/nba/players/5185/"]}'
Lambda Function invoked from cli:
{"message": "instantiate lambda client",
"region_name": "us-east-1", "aws_service": "lambda"}
{"message": "Calling lambda function",
"function_name": "scrape-yahoo-dev-birthplace_from_urls",
"aws_service": "lambda", "payload":
"{\"url\":[\"https://sports.yahoo.com/nba/players/4624/\",
 \"https://sports.yahoo.com/nba/players/5185/\"]}"}
{"message": null, "ResponseMetadata":
```

```
{"RequestId": "a6049115-df59-11e7-935d-bb1de9c0649d",
"HTTPStatusCode": 200, "HTTPHeaders":
{"date": "Tue, 12 Dec 2017 16:29:43 GMT", "content-type":
 "application/json", "content-length": "118", "connection":
"keep-alive", "x-amzn-requestid":
"a6049115-df59-11e7-935d-bb1de9c0649d",
"x-amzn-remapped-content-length": "0", "x-amz-executed-version":
 "$LATEST", "x-amzn-trace-id":
"root=1-5a3003f2-2583679b2456022568ed0682;sampled=0"},
"RetryAttempts": 0}, "StatusCode": 200,
"ExecutedVersion": "$LATEST", "Payload":
"<botocore.response.StreamingBody object at 0x10ee37dd8>",
"function_name": "scrape-yahoo-dev-birthplace_from_urls",
 "aws_service": "lambda", "payload":
"{\"url\": [\"https://sports.yahoo.com/nba/players/4624/\",
\"https://sports.yahoo.com/nba/players/5185/\"]}"}
Lambda Return Value Below:
{
    "https://sports.yahoo.com/nba/players/4624/": "Indianapolis",
    "https://sports.yahoo.com/nba/players/5185/": "Athens"
}
```

▌ 스텝 펑션 만들기

스텝 펑션 완성의 마지막 단계는 웹의 AWS 지침서(https://docs.aws.amazon.com/step-functions/latest/dg/tutorial-creating-activity-state-machine.html)에도 설명되어 있듯, 웹 UI를 이용해 JSON(JavaScript Object Notation)에 스테이트 머신(state machine)(역자 주: 전자 공학 및 컴퓨터 공학에서 논리 회로를 다룰 때 보편적으로 사용되는 용어)을 구성하는 것이다. 다음의 코드는 야후(Yahoo)에서 스크랩을 수행하는 첫 람다 함수를 호출하는 것에서 시작해, 'S3에 데이터를 저장하고 결과를 슬랙(Slack)으로 전송하는' 방향으로 작업의 파이프라인이 어떻게 흘러가는지를 상세히 보여준다.

```
{
    "Comment": "Fetch Player Urls",
    "StartAt": "FetchUrls",
    "States": {
      "FetchUrls": {
        "Type": "Task",
        "Resource": \
"arn:aws:lambda:us-east-1:561744971673: \
function:scrape-yahoo-dev-return_player_urls",
         "Next": "FetchBirthplaces"
      },
      "FetchBirthplaces": {
        "Type": "Task",
        "Resource": \
"arn:aws:lambda:us-east-1:561744971673:\
function:scrape-yahoo-dev-birthplace_from_urls",
         "Next": "WriteToS3"
      },
      "WriteToS3": {
        "Type": "Task",
        "Resource": "arn:aws:lambda:us-east-1:\
561744971673:function:scrape-yahoo-dev-create_s3_file_from_json",
         "Next": "SendToSlack"
      },
      "SendToSlack": {
        "Type": "Task",
        "Resource": "arn:aws:lambda:us-east-1:561744971673:\
function:send_message",
         "Next": "Finish"
      },

      "Finish": {
        "Type": "Pass",
        "Result": "Finished",
```

```
        "End": true
      }
    }
}
```

[그림 7.2]는 파이프라인의 첫 번째 부분이 실행되고 있음을 보여주는데, 이로부터 알 수 있는 매우 유용한 특징은 작업 파이프라인이 실행 중이더라도 중간 단계에서의 출력을 확인할 수 있다는 것이다. 특정 단계의 작업 상태를 실시간으로 모니터링할 수 있기 때문에 작업 파이프라인의 동작을 디버깅하는 데 아주 좋다고 할 수 있다.

[그림 7.3]은 S3에 저장하고 슬랙(Slack)에 결과를 전송하는 단계를 추가한 작업 전체의 파이프라인을 보여준다. 이제 이 파이프라인을 어떻게 구동할지 결정하는 것만 남았다. 예를 들어 각 단계를 적당한 간격을 두고 실행할지, 아니면 특정 외부 이벤트에 대한 응답으로 실행할지를 정해주면 되는 것이다.

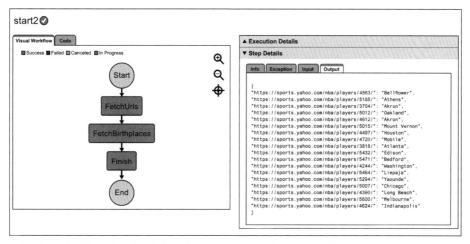

▲ [그림 7.2] 슬랙봇 커맨드라인 툴에 의해 수행되는 작업의 초기 파이프라인

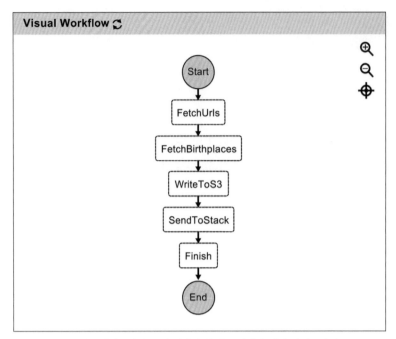

▲ [그림 7.3] 슬랙봇 커맨드라인 툴에 의해 수행되는 작업의 전체 파이프라인

▌요약

이 장에서는 인공지능 애플리케이션 개발에 필요한 다양한 개념들을 제시하였다. AWS에서 제공하는 서버리스 서비스와 연동된 슬랙봇과 웹 스크래퍼를 만들어 보았다. 이 장에서 만들어 본 초기 스켈레톤 코드를 보다 발전시키기 위해, 웹 페이지를 읽고 요약해 주는 자연어 처리용 람다 함수나 임의의 속성을 이용해 새로운 NBA 선수들을 클러스터링하는 데 필요한 비지도 클러스터링 기법 같은 것들이 추가될 수 있을 것이다.

## Chapter 8

깃허브 구조에서
프로젝트 관리에 대한 통찰력 얻기

주짓수는 완벽한 무술이다. 실수를 범하는 것은 인간이다.

– 릭슨 그레이시에(*Rickson Gracie*)

이 장에서는 두 가지 흥미로운 문제에 대해 다루어 보려고 하는데, 그 하나는 소프트웨어 엔지니어링 측면에서의 프로젝트 관리에 대해 알아보기 위해 데이터 과학을 이용하는 방법이며, 다른 하나는 데이터 과학 툴을 파이썬 패키지 인덱스(Python Pac-kage Index)에 퍼블리싱하는 방법이다. 최근 데이터 과학은 하나의 규칙(discipline)처럼 인식되고 있어 그에 사용되는 각종 알고리즘에 대한 많은 뉴스가 존재하지만, 정작 데이터를 수집하는 방법이나 프로젝트의 구조를 만드는 방법, 최종적으로 만든 소프트웨어를 파이썬 패키지 인덱스에 퍼블리싱하는 방법에 대해 다루는 뉴스는 찾아보기는 쉽지 않다. 여기에서는 두 가지 주제에 대한 쉽고 명백한 지침들을 이용해 이 문제를 해결해 보고자 하며, 사용된 모든 소스 코드는 프로젝트 깃허브 저장소(https://github.com/noahgift/devml)에서 찾아볼 수 있다.

▌ 소프트웨어 프로젝트 관리 문제의 개요

소프트웨어 산업이 지난 수십 년 동안 계속되어 왔지만, '납품 지연'과 '품질 저하'의 문제는 여전히 존재한다. 팀과 개인 개발자의 성과 평가에는 더 많은 문제가 존재한다. 소프트웨어 업계는 종종 업무 관계의 측면에서 새로운 기술적 변화를 이끄는 주체가 되어 왔으며, 현재 소프트웨어 산업의 추세는 개발의 일부분을 보완하거나 대체하기 위해 프리랜서 또는 계약된 팀을 활용하는 것이다. 이는 명백한 문제를 야기시킨다. 회사가 어떻게 그들의 능력을 평가할 수 있겠는가?

더욱이 동기를 부여받은 전문 소프트웨어 개발자는 더 나은 개발 방법에 목말라 있다. 세계 최고의 소프트웨어 개발자가 어떤 패턴을 흉내낼 수 있을까? 다행히도 개발자는 이러한 질문에 답하는 데 도움이 되는 신호를 생성할 수 있는 '행동 로그'를 만드는데, 그 신호는 저장소(repository)에 코드를 커밋(commit)할 때마다 생성된다.

영리한 개발자들은 고작 몇 분 정도 생각하고 토의하면, 소스 코드 메타데이터를 본 후 "이거 아무것도 아니네. 뭔지 훤히 알겠네."라고 말할 수 있다. 이는 분명히 생각해 보아야 할 점이고 별로 어려운 얘기도 아니다. 1년에 약 3,000번의 커밋 작업을 수행한 개발자의 깃허브 프로필을 시각적으로만 보면 영웅적으로 보일 수 있다. 이는 하루에 약 10번씩 커밋한 것이기 때문이다. 하지만 다른 측면에서 생각해 보면, 이러한 커밋 작업은 누군가가 자신의 프로필을 바쁘게 보이도록 하기 위해 자동화된 스크립트를 통해 수행된 것일 수도 있고, README 파일에 단지 한 줄 추가하는 '위장'된 커밋일 수도 있다.

이 논점을 수학 시험에 적용해 봐도 비슷하게 "쉽게 속일 수 있다"라고 말할 수 있을 지 모른다. 학생과 근로자의 성과를 측정하는 것은 조작(역자 주: 데이터 과학을 통해 분석할 수 있다는 뜻)할 수 있는 부분이지만 이것이 모든 사람이 미적분학 과목에서 자동으로 A학점을 받는다거나 해당 과목 및 퀴즈가 없어져야 함을 의미하지는 않는다. 대신 진정한 데이터 과학자처럼 생각한다면, 이 논점은 풀어야 할 문제를 보다 재미있게 만들어 줄 것이다. 물론, 팀과 개발자의 성과를 정확하게 측정하기 위해 가짜 데이터와 노이즈를 제거하는 적절한 방법은 꼭 필요하다.

생각해 볼 만한 문제들

다음 리스트는 생각해 볼 만할 문제들 중 일부를 정리한 것이다.

1. 훌륭한 소프트웨어 개발자의 특성은 무엇인가?
2. 경험이 모자라거나 일을 잘 못하는 개발자의 특성은 무엇인가?
3. 훌륭한 소프트웨어 팀의 특성은 무엇인가?
4. 결함있는 소프트웨어를 예측할 수 있는 신호가 있는가?
5. 소프트웨어 프로젝트의 관리자에게 프로젝트에 문제가 있는 경우 즉각 조취를 취하게 할 수 있는 신호를 제공할 수 있는가?
6. 오픈 소스 프로젝트와 클로즈드(비공개) 소스 프로젝트의 차이점은 무엇입니까?
7. 시스템을 '조작하는' 개발자를 알려주는 신호가 있는가?

8. 소프트웨어 언어의 종류를 막론하고 좋은 개발자를 예측할 수 있는 신호는 무엇일까?

9. 특정 언어로 수행되는 프로젝트에서만 찾아볼 수 있는 특이 신호는 무엇인가?

10. 여기저기 퍼져 있는 다양하고 서로 다른 코드 저장소에 커밋 작업을 수행하며 일하는 개발자들 중 최상의 개발자를 구분할 수 있는 올바른 비교 방법은 무엇인가? "감춰지기" 쉽다.

11. 회사와 깃허브(GitHub)에서 당신이 아는 최고의 개발자와 같은 개발자를 어떻게 찾을 수 있을까?

12. "신뢰할 수 없는" 사람이 주변에 있는가? 개발자가 주중에 코드를 커밋하는 패턴은 이를 판단하기 위한 하나의 지표가 될 수 있다. 지난 몇 년 동안 필자가 발견한 점은 일을 잘 못하는 개발자가 너무 자주 또는 너무 뜸하게 코드를 커밋하는 경우가 많다는 점이다. 최고의 개발자−10~20년의 경험을 가진 개발자라고 하자−의 경우 주중 약 80~90%의 시간을 코드를 작성하는 데 쓰는 경향이 있다(심지어 다른 사람을 도와주거나 교육하는 과정에서도).

13. 새로운 프로젝트 관리자, 관리자 또는 CEO와의 끊임없는 회의를 통해 개발자의 생산성이 저하되는 문제가 있는가?

14. 신뢰할 수 없는 코드를 작성하는 분위기를 전파하거나 그렇게 하도록 나쁜 영향을 주는, 질 나쁜 '유니콘' 개발자가 있는가?

데이터 과학 프로젝트를 위한 초기 스켈레톤 코드 만들기

새로운 데이터 과학 분야 솔루션을 개발할 때, 프로젝트의 초기 구조를 잘 만드는 것을 간과하는 경우가 종종 있다. 작업을 시작하기 전에, 작업의 퀄리티를 높이고 논리적인 조직을 구성하는 데 도움이 될 수 있도록 프로젝트의 레이아웃을 만드는 것이 좋다. 프로젝트의 구조를 만드는 데에는 몇 개의 좋은 방법들이 있기 때문에, 이는 하나의 권장 사항 정도로 이해해 주면 된다. [리스팅 8.1]은 ls 명령의 수행시 출력되는 프로젝트의 초기 구조를 보여주며, 아래에는 각 항목의 목적에 대한 자세한 설명이 주어져 있다.

- .circleci 디렉토리: CircleCI SaaS 서비스를 사용하여 프로젝트를 빌드하는 데 필요한 구성 정보를 포함하고 있다. 오픈 소스 소프트웨어와 연동해 유사한 기능을 제공하는 서비스들도 많이 있으며, 아예 젠킨스(Jenkins)와 같은 오픈 소스 툴을 사용해 프로젝트를 빌드할 수도 있다.

- .gitignore: 프로젝트에 포함되지 않은 파일은 무시하는 것이 중요하다. 이것은 일반적인 실수로 생기는 파일이다.

- **CODE_OF_CONDUCT.md**: 코드 개발에 기여하는 사람들이 어떻게 행동할 것인지 예상하는 정보를 프로젝트에 넣어 두는 것이 좋다.
- **CONTRIBUTING.MD**: (코드 개발에 대한) 기여를 어떻게 받아들일지에 대해 명확히 밝혀 놓으면 (프로젝트에 대한) 귀중한 기여자를 관리하는 데 매우 도움이 된다.
- **LISENSE**: MIT나 BSD 같은 라이센스가 있으면 도움이 된다. 라이센스가 없는 회사는 경우에 따라 프로젝트에 참여 자체를 못할 수도 있다.
- **Makefile**: Makefile은 프로젝트를 빌드하는 데 지난 수십 년간 이용된 공통 표준 툴이다. 테스트를 실행하고 환경을 배치, 설정하는 데에도 유용하다.
- **README.md**: 좋은 README.md 파일은 사용자가 프로젝트를 빌드하는 방법과 프로젝트가 무엇을 위한 것인지와 같은 기본적인 정보를 제공하고 있어야 한다. 프로젝트의 품질을 나타내는 '배지'를 포함하고 있으면 도움이 된다. 예를 들어, 다음과 같은 패싱 빌드(passing build)와 관련된 정보이다.: [! [CircleCI] (https://circleci.com/gh/noahgift/devml. svg ? style = svg)]. 이와 관련된 더 자세한 정보는 https://circleci.com/gh/noahgift/devml을 참조하자.
- **커맨드라인 툴**: dml 커맨드라인 툴이 예제로 들어 있다. cli 인터페이스를 사용하면 라이브러리를 탐색하고 테스트에 필요한 인터페이스를 만드는 데 매우 유용하다.
- **__init__.py와 라이브러리 디렉토리**: import 명령을 통해 불러올 수 있게 만들기 위해, __init__.py를 이용해서 프로젝트의 루트 경로에 라이브러리 디렉토리를 만들어야 한다. 이 예제에서 라이브러리 디렉토리의 이름은 devml이다.
- **ext 디렉토리**: config.json이나 config.yml 파일을 놓기에 좋은 장소이다. 비코드(non-code) 파일들은 가능하면 중앙에서 참조할 수 있는 위치에 두는 것이 좋다. (하나의 큰 파일보다) 여러 개로 쪼개진 샘플을 만들어 로컬에 저장한 후 사용하기 위해서는 서브 디렉토리를 만들어야 할 필요가 있을 수도 있다.
- **notebooks 디렉토리**: 주피터 노트북 파일들을 보관할 수 있는 특정 폴더를 만들어 놓으면 노트북과 관련된 코드의 개발을 중앙집중화하는 데 도움이 된다. 또한 노트북의 자동화된 테스트 작업을 보다 수월하게 설정할 수도 있다.
- **requirements.txt**:이 파일은 프로젝트에 필요한 패키지의 목록을 가지고 있다.
- **setup.py**:이 파일을 이용해 파이썬 패키지가 배포되는 방식을 설정한다. 코드를 파이썬 패키지 인덱스(Python Package Index)에 배포하는 데도 사용된다.

• tests 디렉토리: 테스트 관련 파일들을 보관할 수 있는 디렉토리이다.

리스팅 8.1 프로젝트 구조

```
(.devml) ➜  devml git:(master) ✗ ls -la
drwxr-xr-x  3 noahgift staff     96 Oct 14 15:22 .circleci
-rw-r--r--  1 noahgift staff   1241 Oct 21 13:38 .gitignore
-rw-r--r--  1 noahgift staff   3216 Oct 15 11:44 CODE_OF_CONDUCT.md
-rw-r--r--  1 noahgift staff    357 Oct 15 11:44 CONTRIBUTING.md
-rw-r--r--  1 noahgift staff   1066 Oct 14 14:10 LICENSE
-rw-r--r--  1 noahgift staff    464 Oct 21 14:17 Makefile
-rw-r--r--  1 noahgift staff  13015 Oct 21 19:59 README.md
drwxr-xr-x  4 noahgift staff   9326 Oct 20 15:20 ext
drwxr-xr-x  7 noahgift staff    128 Oct 22 11:25 notebook
-rw-r--r--  1 noahgift staff    224 Oct 18 19:16 requirements.txt
-rw-r--r--  1 noahgift staff   1197 Oct 21 14:07 setup.py
drwxr-xr-x 12 noahgift staff    384 Oct 18 10:46 tests
```

▌데이터를 수집하고 변환하기

항상 그렇듯 가장 어려운 문제는 데이터를 수집해 유용하게 변환하는 방법을 찾는 것이다. 이 문제와 관련해 해결해야 할 여러 부분이 있으며, 그 중 첫 번째 부분은 어떻게 하나의 저장소를 수집해 그로부터 판다스 데이터프레임을 생성할 것인지다. 이를 위해 mkdata.py라고 하는 새로운 모듈을 devml 디렉토리 내에 만들고, 이를 이용해 깃허브 저장소의 메타데이터를 판다스 데이터프레임으로 변환하는 문제를 해결한다.

https://github.com/noahgift/devml/blob/master/devml/mkdata.py에 선택된 모듈의 일부분이 공유되어 있으며, 여기서 특히 log_to_dict 함수는 디스크상에서 단일 Git 체크아웃 경로를 취한 후 Git 명령의 출력을 변환해 준다.

```
def log_to_dict(path):
    """Git 로그를 파이썬 Dictionary 자료형으로 변환"""

    os.chdir(path) #change directory to process git log
    repo_name = generate_repo_name()
    p = Popen(GIT_LOG_CMD, shell=True, stdout=PIPE)
    (git_log, _) = p.communicate()
    try:
        git_log = git_log.decode('utf8').\
            strip('\n\x1e').split("\x1e")

    except UnicodeDecodeError:
        log.exception("utf8 encoding is incorrect,
         trying ISO-8859-1")
        git_log = git_log.decode('ISO-8859-1').\
            strip('\n\x1e').split("\x1e")

    git_log = [row.strip().split("\x1f") for row in git_log]
    git_log = [dict(list(zip(GIT_COMMIT_FIELDS, row)))\
        for row in git_log]
    for dictionary in git_log:
        dictionary["repo"] = repo_name
    repo_msg = "Found %s Messages For Repo: %s" %\
        (len(git_log), repo_name)
    log.info(repo_msg)
    return git_log
```

마지막으로, 다음의 두 함수는 디스크상에서의 경로를 이용해 위의 함수를 호출하며, 로그 정보는 판다스 데이터프레임을 만드는 데 사용된다.

```
def create_org_df(path):
    """Org의 Pandas Dataframe을 반환"""

    original_cwd = os.getcwd()
```

```
        logs = create_org_logs(path)
        org_df = pd.DataFrame.from_dict(logs)
        # 날짜를 datetime 형식으로 변환
        datetime_converted_df = convert_datetime(org_df)
        # Date 인덱스 추가
        converted_df = date_index(datetime_converted_df)
        new_cwd = os.getcwd()
        cd_msg = "Changing back to original cwd: %s from %s" %\
            (original_cwd, new_cwd)
        log.info(cd_msg)
        os.chdir(original_cwd)
        return converted_df

def create_org_logs(path):
    """현재 작업 디렉토리의 모든 경로를 탐색해 존재하는 로그를 dictionary 자료형으로 변환"""

    combined_log = []
    for sdir in subdirs(path):
        repo_msg = "Processing Repo: %s" % sdir
        log.info(repo_msg)
        combined_log += log_to_dict(sdir)
    log_entry_msg = "Found a total log entries: %s" %\
        len(combined_log)
    log.info(log_entry_msg)
    return combined_log
```

실제 이 코드를 데이터프레임으로 만드는 과정 없이 실행해 보면 다음과 같이 수행된다.

```
In [5]: res = create_org_logs("/Users/noahgift/src/flask")
2017-10-22 17:36:02,380 - devml.mkdata - INFO - Found repo:\
 /Users/noahgift/src/flask/flask
In [11]: res[0]
Out[11]:
{'author_email': 'rgerganov@gmail.com',
```

```
'author_name': 'Radoslav Gerganov',
'date': 'Fri Oct 13 04:53:50 2017',
'id': '9291ead32e2fc8b13cef825186c968944e9ff344',
'message': 'Fix typo in logging.rst (#2492)',
'repo': b'flask'}
```

데이터프레임을 만드는 두 번째 섹션은 다음과 같이 실행된다.

```
res = create_org_df("/Users/noahgift/src/flask")
In [14]: res.describe()
Out[14]:
        commits
count   9552.0
mean       1.0
std        0.0
min        1.0
25%        1.0
50%        1.0
75%        1.0
max        1.0
```

보다 높은 레벨의 관점에서 보면 이는 깃 로그(Git log) 같은 제3자 소스로부터 임시 데이터
를 얻는 패턴이라고 할 수 있다. 이에 대해 좀 더 자세하게 알고 싶다면 소스 코드 전체를 살펴
볼 것을 추천한다.

▌깃허브 구조(GitHUB Organization) 전체와 대화하기

디스크상에 있는 Git 저장소를 데이터프레임(DataFrame)으로 변환하는 코드를 작성하고 나
면, 다음 단계는 자연스럽게 여러 저장소, 즉 조직 내의 모든 저장소를 수집하는 것이다. 단지
하나의 저장소만 분석할 경우, 회사 전체의 맥락에서 분석되어야 하는 데이터를 완전히 커버
할 수 없다는 점에서 문제가 된다. 이 문제를 해결하는 한 가지 방법은 깃허브 API를 이용한 프

로그래밍을 통해 저장소들을 가져오는 것이다. 이에 대한 전체 소스 코드는 https://github. com/noahgift/devml/blob/master/devml/fetch_repo.py에서 찾을 수 있다. 이 소스 코드에서 주목할 부분은 다음과 같다.

```python
def clone_org_repos(oath_token, org, dest, branch = "master"):
    """모든 조직 저장소(Organizations Repository)를 복사하고 그 객체를 반환
    """

    if not validate_checkout_root(dest):
        return False

    repo_instances = []
    repos = org_repo_names(oath_token, org)
    count = 0
    for name, url in list(repos.items()):
        count += 1
        log_msg = "Cloning Repo # %s REPO NAME: %s , URL: %s " %\
                (count, name, url)
        log.info(log_msg)
        try:
            repo = clone_remote_repo(name, url, dest, branch=branch)
            repo_instances.append(repo)
        except GitCommandError:
            log.exception("NO MASTER BRANCH...SKIPPING")
    return repo_instances
```

파이깃허브(PyGithub)와 깃파이썬(gitpython) 패키지는 모두 (개발자의) 무거운 짐을 덜어 주기 위해 사용된다. 이 코드가 실행되면 API를 통해 저장소들을 하나하나 반복적으로 찾고 복제하며, 바로 이전에 보인 코드를 이용해 '결합된 데이터프레임(DataFrame)'을 만들 수 있다.

▌특정 도메인에 관련된 통계 생성하기

지금까지의 모든 작업은 오직 한 가지 이유, 수집된 데이터를 탐색하고 필요한 도메인 별로

통계를 작성하는 것 때문에 수행되었다. 이를 위해 stats.py 파일이 생성되었으며, 프로젝트 깃허브 페이지(https://github.com/noahgift/devml/blob/master/devml/stats.py)에서 전체 소스 코드를 참조할 수 있다.

소스 코드에서 특정 도메인과 관련된 통계치 생성과 가장 관련이 높은 부분은 author_unique_active_days라는 이름의 함수다. 이 함수는 개발자가 특정 데이터프레임(DataFrame)의 기록에 활동적이었던 '일 수'를 결정해 준다(역자 주: 깃허브(GitHub) 저장소가 데이터프레임(DataFrame)으로 변환되므로, 결국 깃허브 저장소의 특정 기록에 활동적이었던 날, 다음 예제에서는 소스 코드를 활동적으로 커밋하면서 일한 날의 수를 결정해 주는 것임). 이는 소스 코드 저장소에 대한 통계를 논할 때 거의 언급되지 않는 특정 도메인에만 관련된 고유한 통계량이다.

메인 함수의 소스 코드는 다음과 같다.

```python
def author_unique_active_days(df, sort_by = "active_days"):
    """저자의 활동일 수를 내림차순으로 정렬한 DataFrame

    author_name unique_days
    46 Armin Ronacher 271
    260 Markus Unterwaditzer 145
    """

    author_list = []
    count_list = []
    duration_active_list = []
    ad = author_active_days(df)
    for author in ad.index:
        author_list.append(author)
        vals = ad.loc[author]
        vals.dropna(inplace = True)
        vals.drop_duplicates(inplace = True)
        vals.sort_values(axis = 0,inplace = True)
        vals.reset_index(drop = True, inplace = True)
        count_list.append(vals.count())
        duration_active_list.append(vals[len(vals)-1]-vals[0])
```

```
df_author_ud = DataFrame()
df_author_ud["author_name"] = author_list
df_author_ud["active_days"] = count_list
df_author_ud["active_duration"] = duration_active_list
df_author_ud["active_ratio"] = \
    round(df_author_ud["active_days"]/\
    df_author_ud["active_duration"].dt.days, 2)
df_author_ud = df_author_ud.iloc[1:] #first row is =
df_author_ud = df_author_ud.sort_values(\
    by = sort_by, ascending = False)
return df_author_ud
```

IPhython 셸에서 이 함수를 실행시키면 다음과 같은 내용이 출력된다.

```
In [18]: from devml.stats import author_unique_active_days

In [19]: active_days = author_unique_active_days(df)

In [20]: active_days.head()
Out[20]:
              author_name  active_days active_duration  active_ratio
46          Armin Ronacher          241       2491 days          0.10
260  Markus Unterwaditzer           71       1672 days          0.04
119             David Lord           58        710 days          0.08
352            Ron Duplain           47        785 days          0.06
107        Daniel Neuhäuser           19        435 days          0.04
```

통계치들에 의해 `active_ratio`라는 이름의 비율값이 만들어지는데, 이 값은 개발자가 코드를 적극적으로 커밋하면서 프로젝트에서 일한 총 시간(일 수)의 비율이다. 이와 같은 지표가 재미있는 이유 중 하나는 그것이 개발자의 '참여'를 보여주며, 최고의 오픈소스 개발자들을 대상으로 볼 때 설명 가능한 매혹적인 유사점을 찾을 수 있게 해준다는 점이다. 다음 섹션에서는 이러한 핵심 요소들을 하나의 커맨드라인 툴로 묶어 볼 것이며, 여기서 생성된 코드(stats.py)를 이용해 두 개의 다른 오픈소스 프로젝트를 비교해 볼 것이다.

▌데이터 과학 프로젝트를 CLI와 엮어 보기

이 장의 첫 번째 부분에서는 데이터 분석 작업을 실행하는 데 필요한 요소들을 생성하였다. 여기에서는 이 요소들을 클릭(click) 프레임워크 기반의 유연한 커맨드라인 툴(역자 주: dml)로 묶어볼 것이다. dml에 대한 전체 소스 코드는 다음의 깃허브 페이지(https:// github.com/ noahgift/devml/blob/master/dml)에서 찾아볼 수 있으며, 그중 중요한 부분들은 다음과 같다.

먼저 click 프레임워크를 포함해 필요한 라이브러리를 가져오자.

```python
#!/usr/bin/env python
import os
import click

from devml import state
from devml import fetch_repo
from devml import __version__
from devml import mkdata
from devml import stats
from devml import org_stats
from devml import post_processing
```

이제, 앞 섹션에서 살펴본 코드(author_unique_active_days 함수)를 엮는다. 다음과 같이 단 몇 줄의 코드(커맨드라인 툴)로 엮을 수 있다.

```python
@gstats.command("activity")
@click.option("--path", default = CHECKOUT_DIR, help = "path to org")
@click.option("--sort", default = "active_days",
    help = "can sort by: active_days, active_ratio, active_duration")
def activity(path, sort):
    """활동 내역 통계 생성

    예제는 체크아웃 후 실행됨:
    python dml.py gstats activity -path\
```

```
        /Users/noah/src/wulio/checkout
    """

    org_df = mkdata.create_org_df(path)
    activity_counts = stats.author_unique_active_days(\
        org_df, sort_by = sort)
    click.echo(activity_counts)
```

커맨드라인에서 이 툴을 실행하면 다음과 같이 출력된다.

```
# 리눅스 개발 액티브 레이셔(Linux Development Active Ratio)
dml gstats activity --path /Users/noahgift/src/linux\
  --sort active_days
```

author_name	active_days	active_duration	active_ratio
Takashi Iwai	1677	4590 days	0.370000
Eric Dumazet	1460	4504 days	0.320000
David S. Miller	1428	4513 days	0.320000
Johannes Berg	1329	4328 days	0.310000
Linus Torvalds	1281	4565 days	0.280000
Al Viro	1249	4562 days	0.270000
Mauro Carvalho Chehab	1227	4464 days	0.270000
Mark Brown	1198	4187 days	0.290000
Dan Carpenter	1158	3972 days	0.290000
Russell King	1141	4602 days	0.250000
Axel Lin	1040	2720 days	0.380000
Alex Deucher	1036	3497 days	0.300000

```
# CPython 개발 액티브 레이셔(CPython Development Active Ratio)
```

	author_name	active_days	active_duration	active_ratio
146	Guido van Rossum	2256	9673 days	0.230000
301	Raymond Hettinger	1361	5635 days	0.240000
128	Fred Drake	1239	5335 days	0.230000
47	Benjamin Peterson	1234	3494 days	0.350000

132	Georg Brandl	1080	4091 days	0.260000
375	Victor Stinner	980	2818 days	0.350000
235	Martin v. Löwis	958	5266 days	0.180000
36	Antoine Pitrou	883	3376 days	0.260000
362	Tim Peters	869	5060 days	0.170000
164	Jack Jansen	800	4998 days	0.160000
24	Andrew M. Kuchling	743	4632 days	0.160000
330	Serhiy Storchaka	720	1759 days	0.410000
44	Barry Warsaw	696	8485 days	0.080000
52	Brett Cannon	681	5278 days	0.130000
262	Neal Norwitz	559	2573 days	0.220000

결과를 분석해 보면, 파이썬 개발자인 귀도(Gudio)는 하루에 일할 확률이 약 23%로 나타난다. 리눅스 개발자인 리누스(Linus)는 약 28%의 확률을 보인다. 이 특정 형태의 분석이 매혹적인 이유는 오랜 시간 동안의 행동 패턴을 볼 수 있기 때문이다. CPython 개발자의 경우, (분석에 고려된 사람들 중) 상당수가 풀타임 직업을 가지고 있었기 때문에, 그 분석 결과는 더욱 놀라웠다. 회사 내 개발자들의 (사용 가능한 모든 코드 저장소를 고려한) 패턴을 살펴보는 것 또한 매력적인 분석 작업이다. 필자는 풀타임으로 고용된 고참 개발자들의 경우 최대 약 85%의 활성화 비율을 보이는 것을 확인한 바 있다.

▌ 주피터 노트북으로 깃허브 구조 탐색

팰럿 깃허브(Pallets GitHUB) 프로젝트

개발 조직은 보통 여러 개의 코드 저장소를 보유하고 있는 경우가 많기 때문에 단일 저장소만 분석하게 되면 전체 데이터의 일부만 고려하게 된다는 점에서 문제가 생길 수도 있다. 이전 장에서 논했던 코드가 저장소들의 조직 전체를 복사해 분석하는 기능 수행을 위해 만들어졌다는 점을 상기하자. 인기 있는 깃허브 구조(GitHub Organization) 중 하나로 팰럿(Pallets) 프로젝트 그룹(https://github.com/pallets)이 있는데, 클릭과 플라스크 같은 인기 있는 프로젝트들이 속해 있다. 여기서 분석에 사용된 주피터 노트북은 다음 저장소에서 찾아볼 수 있다.: https://github.com/noahgift/devml/blob/master/notebooks/github_data_exploration.ipynb

주피터(Jupyter)를 시작하기 위해 "Jupyter Notebook"이라고 커맨드를 입력 창에서 실행한 다음 사용할 라이브러리들을 가져오자.

```
In [3]: import sys;sys.path.append("..")
   ...: import pandas as pd
   ...: from pandas import DataFrame
   ...: import seaborn as sns
   ...: import matplotlib.pyplot as plt
   ...: from sklearn.cluster import KMeans
   ...: %matplotlib inline
   ...: from IPython.core.display import display, HTML
   ...: display(HTML("<style>.container {\
 width:100% !important; }</style>"))
```

그 다음으로 저장소 조직을 다운로드하기 위한 코드를 실행하자.

```
In [4]: from devml import (mkdata, stats, state, fetch_repo, ts)

In [5]: dest, token, org = state.get_project_metadata(\
        "../project/config.json")

In [6]: fetch_repo.clone_org_repos(token, org,
   ...: dest, branch = "master")

Out[6]:
[<git.Repo "/tmp/checkout/flask/.git">,
 <git.Repo "/tmp/checkout/pallets-sphinx-themes/.git">,
 <git.Repo "/tmp/checkout/markupsafe/.git">,
 <git.Repo "/tmp/checkout/jinja/.git">,
 <git.Repo "/tmp/checkout/werkzeug/.git">,
 <git.Repo "/tmp/checkout/itsdangerous/.git">,
 <git.Repo "/tmp/checkout/flask-website/.git">,
 <git.Repo "/tmp/checkout/click/.git">,
 <git.Repo "/tmp/checkout/flask-snippets/.git">,
 <git.Repo "/tmp/checkout/flask-docs/.git">,
```

```
<git.Repo "/tmp/checkout/flask-ext-migrate/.git">,
<git.Repo "/tmp/checkout/pocoo-sphinx-themes/.git">,
<git.Repo "/tmp/checkout/website/.git">,
<git.Repo "/tmp/checkout/meta/.git">]
```

이제 디스크상에 존재하는 코드를 이용해(/tmp/checkout), 다운로드된 저장소 조직을 판다스 데이터프레임워크(Pandas DataFrame)으로 변환한다.

```
In [7]: df = mkdata.create_org_df(path="/tmp/checkout")
In [9]: df.describe()
Out[9]:
       commits
count  8315.0
mean      1.0
std       0.0
min       1.0
25%       1.0
50%       1.0
75%       1.0
max       1.0
```

다음으로 활성화된 일 수(역자 주: 개발자가 코드를 커밋하며 프로젝트에서 활동적으로 일한 날의 수. 앞에서 이미 설명)를 계산한다.

```
In [10]: df_author_ud = stats.author_unique_active_days(df)
   ...:
In [11]: df_author_ud.head(10)
Out[11]:

            author_name active_days active_duration active_ratio
86        Armin Ronacher         941      3817 days         0.25
499 Markus Unterwaditzer         238      1767 days         0.13
216           David Lord          94       710 days         0.13
```

663	Ron DuPlain	56	854 days	0.07
297	Georg Brandl	41	1337 days	0.03
196	Daniel Neuhäuser	36	435 days	0.08
169	Christopher Grebs	27	1515 days	0.02
665	Ronny Pfannschmidt	23	2913 days	0.01
448	Keyan Pishdadian	21	882 days	0.02
712	Simon Sapin	21	793 days	0.03

마지막으로, [그림 8.1]에 보인 것과 같이, sns.bargot을 사용해 프로젝트에 참여한 날짜, 즉 실제로 코드를 체크인한 일 수를 기준으로 조직 내 상위 10명의 기여자를 Seaborn 플롯으로 나타낼 수 있다. 많은 프로젝트의 주요 개발자가 다른 어떤 기여자보다 거의 세 배나 더 활발하다는 것은 놀랄 일이 아니다.

회사 내의 비공개 소스 프로젝트에 대한 기여율을 알아보기 위해, 아마도 여기서 분석한 통계치를 외삽(extrapolate)할 수 있을 것이다. 활동 일수는 실제 참여를 보여주는 유용한 지표가 될 수 있으며, 팀과 프로젝트의 효율성을 가늠하기 위해 사용되는 많은 지표의 일부가 될 수 있다.

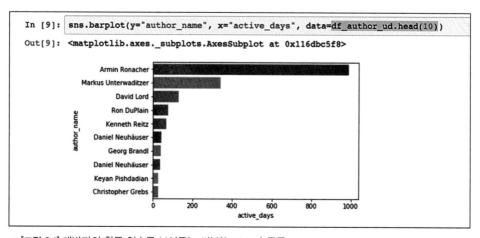

```
In [9]: sns.barplot(y="author_name", x="active_days", data=df_author_ud.head(10))
Out[9]: <matplotlib.axes._subplots.AxesSubplot at 0x116dbc5f8>
```

▲ [그림 8.1] 개발자의 활동 일수를 보여주는 씨본(Seaborn) 플롯

▌CPython 프로젝트에서 파일 메타데이터 살펴보기

다음으로 알아볼 주피터 노트북은 CPython 프로젝트와 관련된 메타데이터를 분석하는 데 사용되는 것으로, https://github.com/noahgift/devml/blob/master/notebooks/repo_file_turn.ipynb에 공개되어 있다. CPython 프로젝트에 대해서는 https://github.com/python/cpython에서 더 자세한 정보를 찾아볼 수 있으며, 이는 파이썬 언어를 개발하는 데 사용되는 저장소이기도 하다.

여기서 생성할 지표 중 하나는 상대적 변동(relative churn)이라고 하며, 이에 대한 더 자세한 내용은 마이크로소프트 리서치(Microsoft Research)에서 발표한 논문(https://www.microsoft.com/en-us/research/wp-content/uploads/2016/02/icse05churn.pdf)을 참고하자. 이 논문에서는 "상대적인 코드 변동량의 증가는 시스템 결함 밀도의 증가를 동반한다"고 기술하고 있다. 이것은 파일의 너무 많은 변화가 어떤 결점을 예측한다는 의미로 해석될 수 있다.

여기서 알아볼 새로운 노트북도 분석에 필요한 모듈들을 불러오는 것으로 시작한다.

```
In [1]: import sys;sys.path.append("..")
   ...: import pandas as pd
   ...: from pandas import DataFrame
   ...: import seaborn as sns
   ...: import matplotlib.pyplot as plt
   ...: from sklearn.cluster import KMeans
   ...: %matplotlib inline
   ...: from IPython.core.display import display, HTML
   ...: display(HTML("<style>.container \
{ width:100% !important; }</style>"))
```

다음으로 변동 지표를 생성할 것이다.

```
In [2]: from devml.post_processing import (
        git_churn_df, file_len, git_populate_file_metadata)

In [3]: df = git_churn_df(path = "/Users/noahgift/src/cpython")
2017-10-23 06:51:00,256 - devml.post_processing - INFO -
```

```
      Running churn cmd: [git log --name-only
      --pretty = format:] at path [/Users/noahgift/src/cpython]

In [4]: df.head()
Out[4]:

                                           files    churn_count
0                        b'Lib/test/test_struct.py'       178
1                     b'Lib/test/test_zipimport.py'        78
2                        b'Misc/NEWS.d/next/Core'         351
3                                      b'and'          351
4   b'Builtins/2017-10-13-20-01-47.bpo-31781.cXE9S...           1
```

이제 판다스의 몇 가지 필터를 사용해 Python 확장자를 가진 파일의 상대적 변동량(역자 주 : 소스 코드 한 줄당 변동수)을 계산해 순서대로 출력할 수 있다. [그림 8.2]가 그 결과를 보여준다.

```
In [14] : metadata_df = git_populate_file_metadata(df)

In [15] : python_files_df =\
  metadata_df[metadata_df.extension == ".py"]
    ...: line_python =\
  python_files_df[python_files_df.line_count> 40]
    ...: line_python.sort_values(
by = "relative_churn", ascending=False).head(15)
    ...:
```

```
In [22]:  python_files_df = metadata_df[metadata_df.extension == ".py"]
          line_python = python_files_df[python_files_df.line_count> 40]
          line_python.sort_values(by="relative_churn", ascending=False).head(15)
```

Out[22]:

	files	churn_count	line_count	extension	relative_churn
15	b'Lib/test/regrtest.py'	627	50.0	.py	12.54
196	b'Lib/test/test_datetime.py'	165	57.0	.py	2.89
197	b'Lib/io.py'	165	99.0	.py	1.67
430	b'Lib/test/test_sundry.py'	91	56.0	.py	1.62
269	b'Lib/test/test___all__.py'	128	109.0	.py	1.17
1120	b'Lib/test/test_userstring.py'	40	44.0	.py	0.91
827	b'Lib/email/__init__.py'	52	62.0	.py	0.84
85	b'Lib/test/test_support.py'	262	461.0	.py	0.57
1006	b'Lib/test/test_select.py'	44	82.0	.py	0.54
1474	b'Lib/lib2to3/fixes/fix_itertools_imports.py'	30	57.0	.py	0.53
346	b'Doc/conf.py'	106	206.0	.py	0.51
222	b'Lib/string.py'	151	305.0	.py	0.50
804	b'Lib/test/test_normalization.py'	53	108.0	.py	0.49
592	b'Lib/test/test_fcntl.py'	68	152.0	.py	0.45
602	b'Lib/test/test_winsound.py'	67	148.0	.py	0.45

▲ [그림 8.2] 상대적 변동량이 많은 파이썬 확장자(.py)를 가진 파일들

[그림 8.2]에 정리된 쿼리에서 관찰되는 하나의 사실은 테스트 목적의 코드(test 폴더 안에 있는 코드들)가 많은 변동량을 가지고 있다는 점이며, 이는 어쩌면 더 탐구해 볼 만한 가치가 있을 수도 있다. 이는 테스트 목적의 코드들 자체에도 버그가 존재한다는 점을 의미할까? 좀 더 자세히 알아보면 재미있을 것 같다. 이뿐만 아니라, string.py 모듈처럼 매우 높은 상대적 변동 량을 가진 파이썬 모듈(https://github.com/python/cpy thon/blob/master/Lib/string.py)도 있 다. 이 파일의 소스 코드를 살펴보면, 일단 내용이 방대하고 매우 복잡해 보이며 메타 클래스들 을 포함하고 있다는 점을 알 수 있고, 이 복잡성으로 인해 버그가 생길 가능성이 충분하다. 이 역시 데이터 과학 기반의 분석을 더 적용해 볼 가치가 있는 모듈처럼 보인다.

다음으로, 기술 통계학을 이용해 프로젝트 전체의 중앙값(median value)을 찾을 수 있다. 통 계치에 따르면 이 프로젝트에서는 지난 수십 년간 10만 번 이상의 커밋 작업이 수행되었으며, 파일당 코드 줄 수의 중앙값은 약 146, 절대 변동수의 중간값은 5, 상대적 변동량의 중간값은 10퍼센트(0.1)로 나타난다. 이로부터 이상적인 파일의 형태는 그 크기가 작고 몇 년 동안 수 차례의 수정을 거치는 것으로 결론지을 수 있다.

```
In [16]: metadata_df.median()
Out[16]:
churn_count        5.0
line_count       146.0
relative_churn     0.1
dtype: float64
```

상대적 변동량에 대해 씨본(Seaborn) 플롯을 생성하면 더 분명한 패턴을 볼 수 있다.

```
In [18]: import matplotlib.pyplot as plt
    ...: plt.figure(figsize=(10,10))
    ...: python_files_df =\
 metadata_df[metadata_df.extension == ".py"]
    ...: line_python =\
 python_files_df[python_files_df.line_count > 40]
    ...: line_python_sorted =\
 line_python.sort_values(by = "relative_churn",
         ascending = False).head(15)
    ...: sns.barplot(
 y = "files", x = "relative_churn",data = line_python_sorted
    ...: plt.title('Top 15 CPython Absolute and Relative Churn')
    ...: plt.show()
```

[그림 8.3]에서 regtest.py 모듈은 가장 많이 수정된 파일로 상당히 두드러지게 보이며, 다시 말하지만, 이 파일이 그렇게 많이 변경되는 이유는 이해가 된다. 회귀분석 테스트의 경우 (https://github.com/python/cpython/blo b/master/Lib/test/regrtest.py), 보통 파일 크기가 작아도 복잡할 가능성이 매우 높기 때문에 그 변동 회수를 살펴봐야 할 중요한 포인트일 수 있다.

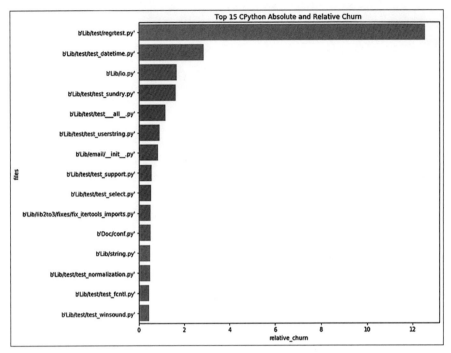

▲ [그림 8.3] 상대적 변동량이 많은 파이썬(Python) 확장자(.py)를 가진 파일들

■ CPython 프로젝트에서 지운 파일들 살펴보기

이번에 살펴볼 부분은 프로젝트의 전체 수행 기간 동안 삭제된 파일들이다. 이들을 탐색하는 것으로부터 파생될 수 있는 많은 연구 방향들이 있는데, 예를 들면 상대적 변동량이 너무 많은 파일의 경우 결국 나중에 완전히 삭제되지 않는지에 대한 관계를 살펴보는 것이다. 삭제된 파일들이 무엇인지 확인하기 위해 post-processing 함수를 따로 만들어 줘야 하며, 이 함수의 소스 코드는 https://github.com/noahgift/devml/blob/master /devml/post_processing. py에서 참조할 수 있다.

```
FILES_DELETED_CMD =\
    'git log --diff-filter = D --summary | grep delete'

def files_deleted_match(output):
```

```
"""하위 프로세스의 출력으로부터 파일들 가져오기

i.e:
wcase/templates/hello.html\n delete mode 100644
해당 경로 내 파일 외 다른 것들은 다 버림
"""

files = []
integers_match_pattern = '^[-+]?[0-9]+$'
for line in output.split():
    if line == b"delete":
        continue
    elif line == b"mode":
        continue
    elif re.match(integers_match_pattern, line.decode("utf-8")):
        continue
    else:
        files.append(line)
return files
```

이 함수는 Git 로그로부터 delete 메시지를 찾은 후, 패턴 매칭을 통해 delete 메시지와 결부된 파일(지워진 파일)을 찾고, 파일의 목록을 판다스 데이터프레임 생성에 용이한 형태로 뽑는다. 이 결과는 주피터 노트북에서 사용될 수 있다.

```
In [19]: from devml.post_processing import git_deleted_files
    ...: deletion_counts = git_deleted_files(
"/Users/noahgift/src/cpython")
```

지워진 파일들을 확인하기 위해, 다음과 같이 마지막 몇 개의 기록을 출력해 보았다.

```
In [21]: deletion_counts.tail()
Out[21]:
                          files        ext
8812   b'Mac/mwerks/mwerksglue.c'        .c
```

```
8813        b'Modules/version.c'        .c
8814        b'Modules/Setup.irix5'      .irix5
8815        b'Modules/Setup.guido'      .guido
8816        b'Modules/Setup.minix'      .minix
```

이제, 지워진 파일들과 그렇지 않은 파일들에 어떤 패턴이 존재하는지 알아보기 위해 다음과 같이 지워진 파일 목록의 데이터프레임(DataFrame)을 존재하는 파일 목록들과 합쳐준다.

```
In [22]: all_files = metadata_df['files']
    ...: deleted_files = deletion_counts['files']
    ...: membership = all_files.isin(deleted_files)
    ...:

In [23]: metadata_df["deleted_files"] = membership

In [24]: metadata_df.loc[metadata_df["deleted_files"] ==\
 True].median()
Out[24]:
churn_count     4.000
line_count     91.500
relative_churn  0.145
deleted_files   1.000
dtype: float64
In [25]: metadata_df.loc[metadata_df["deleted_files"] ==\
 False].median()
Out[25]:
churn_count     9.0
line_count    149.0
relative_churn  0.1
deleted_files   0.0
dtype: float64
```

삭제된 파일들과 저장소에 존재하는 파일들의 중앙값을 비교해 보면 몇 가지 차이점이 있는데, 이 중 주된 차이점은 삭제된 파일의 상대적 변동량이 더 크다는 것이다. 문제가 있었던

(역자 주: 그래서 수정을 반복하던) 파일들이 결국은 삭제된 것 아닌가는 생각이 들지만, 조사를 더 해보지 않고서는 알 수 없는 일이다. 다음으로, 씨본(Seaborn)을 이용해 이 데이터프레임 (DataFrame)의 상관 관계 히트맵을 생성해 보자.

```
In [26]: sns.heatmap(metadata_df.corr(), annot = True)
```

[그림 8.4]에 주어진 상관관계 히트맵은 상대적 변동량과 삭제된 사이에 매우 작지만 양수의 상관관계가 존재하고 있음을 보여주고 있기 때문에, 파일이 삭제될 가능성을 예측하기 위해 이 신호를 머신러닝 모델에 포함시킬 수 있을지도 모른다.

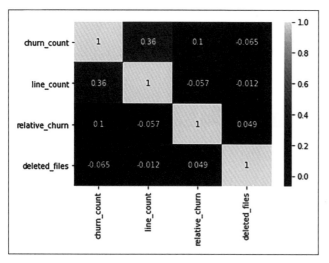

▲ [그림 8.4] 지워진 파일들의 상관관계 히트맵

다음으로, 삭제된 파일과 저장소에 있는 파일 간의 차이를 파악하기 위해 다음과 같이 스캐터 플롯(scatter plot)을 생성해 보자.

```
In [27]: sns.lmplot(x = "churn_count", y = "line_count",
 hue = "deleted_files", data = metadata_df)
```

[그림 8.5]는 변수 3개(코드의 라인 수, 변동 회수 및 지워진 파일인지의 여부) 사이의 관계를 보여준다.

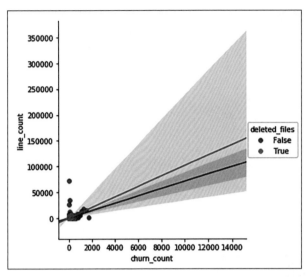

▲ [그림 8.5] 코드의 라인 수 및 변동 회수의 관계를 보여주는 스캐터 플롯

■ 파이썬 패키지 인덱스에 프로젝트 배포하기

라이브러리 및 커맨드라인 툴을 만들 때 수행되는 작업의 어려움을 고려할 때, 완성된 프로젝트 산출물들을 파이썬 패키지 인덱스(Python Package Index)에 배포해 다른 사람들과 공유하는 것은 생태계 조성에 도움이 되는 바람직한 행위라고 할 수 있다. 이를 위해서는 다음의 몇 가지 단계만 거치면 된다.

❶ https://pypi.python.org/pypi에서 계정 생성

❷ Twine 설치: pip install twine 명령 이용

❸ setup.py 파일 생성

❹ Makefile에 deploy 단계 추가

쉬운 ❶/❷ 단계를 재빨리 끝내고, ❸단계에서 시작해 setup.py 파일의 출력을 확인해 보자. 여기서 가장 중요한 두 개의 부분은 라이브러리가 설치되었는지 확인하는 패키지 섹션과 스크립트 섹션이다. 스크립트 섹션에는 이 장 전체에서 사용된 dml 스크립트가 포함되어 있으며, 전체 스크립트는 다음 링크에서 참조할 수 있다.: https://github.com/noahgift/devml/blob/master/setup.py.

```python
import sys
if sys.version_info < (3,6):
    sys.exit('Sorry, Python < 3.6 is not supported')
import os
from setuptools import setup

from devml import __version__

if os.path.exists('README.rst'):
    LONG = open('README.rst').read()

  setup(
    name = 'devml',
    version = __version__,
    url = 'https://github.com/noahgift/devml',
    license = 'MIT',
    author = 'Noah Gift',
    author_email = 'consulting@noahgift.com',
    description = """Machine Learning, Statistics
        and Utilities around Developer Productivity,
        Company Productivity and Project Productivity""",
    long_description = LONG,
    packages = ['devml'],
    include_package_data = True,
    zip_safe = False, platforms = 'any',
    install_requires = [
        'pandas',
        'click',
        'PyGithub',
        'gitpython',
        'sensible',
        'scipy',
        'numpy',
    ],
    classifiers = [
        'Development Status :: 4 - Beta',
        'Intended Audience :: Developers',
```

```
        'License :: OSI Approved :: MIT License',
        'Programming Language :: Python',
        'Programming Language :: Python :: 3.6',
        'Topic :: Software Development \
        :: Libraries :: Python Modules'
    ],
    scripts = ["dml"],
)
```

앞 스크립트의 마지막 부분에 있는 scripts 지시어에 의해, `pip install` 명령을 이용해 모듈을 설치하는 모든 사용자의 경로에 dml 툴이 설치될 것이다.

이제 남은 것은 Makefile의 구성이다. Makefile에 다음과 같이 deploy 섹션을 추가하자.

```
deploy-pypi:
    pandoc --from = markdown --to=rst README.md -o README.rst
    python setup.py check --restructuredtext --strict --metadata
    rm -rf dist
    python setup.py sdist
    twine upload dist/*
    rm -f README.rst
```

Makefile의 전체 내용은 깃허브의 다음 저장소에서 확인할 수 있다: https://github.com / noahgift/devml/blob/master/Makefile.

마지막으로 배포를 위한 실행 프로세스는 다음과 같다.

```
(.devml) ➜  devml git:(master) ✗ make deploy-pypi
pandoc --from=markdown --to=rst README.md -o README.rst
python setup.py check --restructuredtext --strict --metadata
running check
rm -rf dist
python setup.py sdist
running sdist
```

```
running egg_info
writing devml.egg-info/PKG-INFO
writing dependency_links to devml.egg-info/dependency_links.txt
....
running check
creating devml-0.5.1
creating devml-0.5.1/devml
creating devml-0.5.1/devml.egg-info
copying files to devml-0.5.1...
....
Writing devml-0.5.1/setup.cfg
creating dist
Creating tar archive
removing 'devml-0.5.1' (and everything under it)
twine upload dist/*
Uploading distributions to https://upload.pypi.org/legacy/
Enter your username:
```

▌요약

이 장의 전반부에서는 기본적인 데이터 과학의 골격을 생성해 보고 생성된 각 부분에 대해 설명하였다. 후반부에서는 CPython 깃허브 프로젝트에 대한 심층적인 연구가 주피터 노트북에서 수행되었다. 마지막으로, 데이터 과학에서 사용되는 커맨드라인 툴 개발 프로젝트 (Data science command line tool project) 산출물인 DEVML을 파이썬 패키지 인덱스(Python Package Index)에 배포하는 데 필요한 작업을 알아보았다. 이 장에서 논한 내용들은 파이썬 라이브러리와 커맨드라인 툴을 이용해 제공될 수 있는 솔루션을 구축하려는 많은 데이터 과학 분야 개발자들에게 필요한 구성 요소로 작용할 것이며, 그렇기에 공부해 볼 가치가 있다.

이 책의 다른 장들과 마찬가지로 이 장에서 알아본 내용들은 그저 회사 내에서 AI 애플리케이션이 어떻게 개발되는지를 보여주는 시작점에 불과하다. 이 책의 다른 장에서 다루는 방법들을 사용해 플라스크나 챌리스 및 데이터 파이프라인에서 사용되는 API를 만들고 프로덕션 레벨에 적용할 수 있다.

## Chapter 9

EC2* 인스턴스를 AWS에서 동적으로 최적화하기

주짓수는 경기다. 더 나은 사람을 상대로 실수를 범한다면 당신은 절대 그를 따라잡을 수 없을 것이다.
— *루이스 "리아모" 히레디아(Luis "Limao" Heredia)(미국–브라질 통합 주짓수 챔피언 5회 달성)*

머신러닝 모델을 생산에 적용하기 위해서는 다수의 작업을 관리하는 것이 필요하다. 작업 관리는 웹 사이트의 콘텐츠를 스크랩하여 대규모 CSV 파일에 대한 설명적 통계치를 생성해 프로그래밍을 통해 지도(기계)학습 모델을 업데이트하는 일련의 작업 만큼이나 다채롭다. 작업 관리는 컴퓨터 과학에서 가장 복잡한 문제 중 하나이며, 작업 관리를 수행하는 다양한 방법들이 존재한다. 추가적으로, 작업 실행은 컴퓨터 자원을 급속히 그리고 많이 소모한다. 이 장에서는 몇 개의 다른 AWS 기술들에 대해 다룰 것이며, 각 기술에 대한 예제가 제공될 것이다.

█ AWS에서 잡 실행하기

스폿 인스턴스(Spot Instances)

생산에 적용할 수 있는 머신러닝 모델을 이해하거나 이를 통해 실험을 수행하기 위해서는 스폿 객체에 대해 잘 이해하는 것이 좋다. AWS에서 제공하는 공식 튜토리얼용 비디오(https://aws.amazon.com/ec2/spot/spot-tutorials/)에서 관련 내용을 일부 다루고 있어 교육 자료로 유용하다. 다음은 스폿 인스턴스에 대한 배경 설명이다.

- 예약된 인스턴스(reserved instances)보다 스폿 인스턴스를 사용하는 편이 보통 계산 자원 활용 측면에서 50~60% 더 효율적이다.

---

* EC2: 아마존 일랙스틱 컴퓨터 클라우드(Amazon Elastic Compute Cloud)

- 다음과 같은 산업 분야 및 사용자 케이스에 유용하다.
  - 과학 연구
  - 재무 서비스
  - 비디오/이미지 처리 솔루션 개발 회사
  - 웹 크롤러(web crawler) 및 데이터 처리 기술
  - 기능 및 로드 테스트
  - 딥러닝 및 머신러닝
- 일반적으로 아래와 같이 많이 쓰이는 네 가지의 아키텍처가 존재한다.
  - 하둡/일래스틱 맵리듀스(Elastic Map Reduce, EMR) 기반 아키텍처
  - 체크 포인팅 아키텍처(처리되는 즉시 디스크에 쓰는 방법)
  - 그리드 아키텍처(예로 StarCluster가 있음. 다음의 링크를 통해 더 자세한 정보 참조 가능, http://star.mit.edu/cluster/docs/latest/index.html)
  - 큐(Queue) 기반의 아키텍처

● 스폿 인스턴스 이론 및 요금 기록(Pricing History)

AWS의 스폿 인스턴스 요금 책정을 올바로 이해하기 위해서는 약간의 공부가 필요하다. 보통 처음 단계에서 어렵게 느껴지는 부분은 실제 내가 수행하려는 작업에 어떤 유형의 객체가 필요한지를 정확히 파악하는 것이다. 스폿 아키텍처의 유형을 어떻게 선택하느냐에 따라 네트워크나 디스크 I/O, CPU 등에서 발생하는 병목 현상을 감수해야 하기 때문에, 수행하고자 하는 작업의 목적 및 (예측되는) 작업 로드에 적합한 객체를 선택하는 것은 신중히 접근해야 하는 문제이며, 작업 프레임워크에서 코드를 작성하는 방법 자체도 쉬운 일이 아니다.

실제 상황에서 병렬 처리의 한계를 보여주는 [그림 9.1]은 *암달의 법칙(Amdahl's law)*을 가장 잘 묘사해 주고 있다. 여기서 주된 메시지는 속도의 향상이 프로그램의 특정 부분에 의해 제한된다는 내용이다. 예를 들어, 작업을 분산시키는 부분이 순차 실행되어 전체 병렬 성능을 저하시킬 수 있다. 다른 좋은 예로, 전체 100초가 걸리지만 개발자가 잊고 있는 `time.sleep()`의 5초간 실행되고 있는 작업을 생각해 보자. 이와 같은 작업이 분산 병렬 처리되었을 때 최대 달성할 수 있는 속도 향상은 20배가 된다. 숨겨져 있는 또는 병렬 처리 자체가 어려운 작업의 경우에는 더 빠른 CPU나 디스크 I/O로도 그 성능을 향상시키기 힘들 수 있다는 점을 잊지 말자.

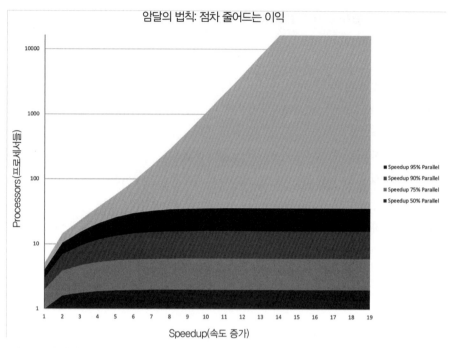

▲ [그림 9.1] 암달의 법칙

[방정식(Equation) 9.1]의 변수들이 가지는 의미는 다음과 같다.

- $S_{latency}(s)$는 전체 속도 향상이 얼마인지를 의미한다.
- s는 병렬화된 부분의 속도 향상이 얼마인지를 의미한다.
- p는 컴퓨팅 자원의 개선을 통해 더 빠르게 만들 수 있는 부분의 실행 시간(전체 시간 대비) 비율이다.

[방정식 9.1] 암달의 법칙

$$S_{latency}(s) = \frac{1}{(1-p) + \dfrac{p}{s}}$$

작업의 순차 실행 부분이 압축을 푸는 것이라면, 더 빠른 CPU 및 디스크 I/O를 사용해 그 성능을 개선할 수 있다. 이론을 제쳐두고 궁극적으로 말하자면, 분산 병렬 처리는 쉽지 않다. 어떤 유형의 스폿 객체 및 아키텍처를 사용해야 할지 파악하는 가장 좋은 방법은 직접 실험하고 계측해 보는 것이다. 작업을 실행해 보고, 개별 노드의 지표(예: 얼마나 분산이 잘 되어 있는가? 특정 노드에서 시간이 더 걸리는가? 등)를 살펴본 후 실행에 소요된 시간을 고려한다. 그런 다음 다양한 아키텍처와 구성들(예: 네트워크 파일 시스템(NFS)을 통해 공유되는 EFS와 striped EBS(Elastic Block Storage)의 비교)을 시험해 보자.

필자는 영화 업계에서 수년을 보냈는데, 영화가 바로 최초의 빅데이터 산업이 아니냐는 논쟁은 지금도 존재한다. 하둡, 빅데이터, 머신러닝 및 인공지능이 작업의 프레임워크로 논의되기 이전부터 많은 시간 동안 영화는 이미 분산 작업 프레임워크를 사용해 왔다. 빅데이터프레임워크를 사용해 영화를 작업하면서 필자가 발견한 점은 분산 시스템에서는 언제나 문제가 발생한다는 점이었다. 엄청난 기능의 수행을 가능하게 하는 동시에 일자리를 가능한 한 간단하게 유지하는 것, 그것이 바로 문제의 핵심이다.

스폿 인스턴스의 가격 정책에 대한 주제로 다시 돌아가서, 분산 작업의 성능을 최적화할 수 있는 다양한 방법들이 존재한다. 처음에는 그저 값이 싼 고성능 객체를 찾는 것이 방법일 수도 있지만, 궁극적으로 다양한 구성들에 대해 생각해 보고 그것들을 테스트하는 방법을 제대로 아는 것이 장기적으로 프로덕션 수준의 개발 작업의 성공에 매우 중요하다.

스폿 인스턴스의 가격과 온디맨드(On-Demand) 객체의 가격을 비교하고 기계들의 기능을 살펴볼 수 있는 자료가 http://www.ec2instances.info에 있으며, 소스 코드는 깃허브(https://github.com/powdahound/ec2instances.info)에서도 볼 수 있다. 필자는 AWS 사이트에서 필요한 정보를 긁어 스폿 가격과 최저 경쟁 가격을 하나의 편리한 웹 페이지에서 비교한다. 이 데이터는 주피터 노트북으로 쉽게 가져올 수 있는 형식으로 구성되어 있으며 CSV 파일로 저장할 수 있다.

● 머신러닝 기반의 가격 책정 툴 및 노트북 만들기

머신러닝 솔루션을 프로덕션에 적용할 수 있도록 만드는 것이 이 책의 주요 초점이다. 유닉스(Unix)의 철학은 특정한 하나의 기능을 잘 수행하는 작은 툴의 개념을 포함하고 있으며, 프로덕션 시스템에서는 종종 시스템뿐 아니라 시스템을 동작시키는 데 필요한 작은 툴들도 같이 개발되어야 한다. 이러한 철학의 정신으로 여기에서는 특정 지역에서 책정된 스폿 가격을 찾은 다음, 머신러닝을 사용해 동일한 클러스터에서 선택 옵션을 추천해 주는 툴을 만들어 볼 것이다.

시작하기 위해 먼저 주피터 노트북은 다음과 같이 일반적인 상용구문들로 초기화해 주자.

```
In [1]: import pandas as pd
   ...: import seaborn as sns
   ...: import matplotlib.pyplot as plt
   ...: from sklearn.cluster import KMeans
   ...: %matplotlib inline
   ...: from IPython.core.display import display, HTML
   ...: display(HTML("<style>.container \
{ width:100% !important; }</style>"))
   ...: import boto3
```

다음으로, http://www.ec2instanes.info/에 있는 일부 정보를 담고 있으며 엑셀(Excel)
포맷으로 수정한 초기 CSV 파일을 로드한다.

```
In [2]: pricing_df = pd.read_csv("../data/ec2-prices.csv")
   ...: pricing_df['price_per_ecu_on_demand'] =\
       pricing_df['linux_on_demand_cost_hourly']/\
       pricing_df['compute_units_ecu']
   ...: pricing_df.head()
   ...:
Out[2]:
```

	Name	InstanceType	memory_gb	compute_units_ecu \
R3 High-Memory Large		r3.large	15.25	6.5
M4 Large m4.large			8.00	6.5
R4 High-Memory Large		r4.large	15.25	7.0
C4 High-CPU Large		c4.large	3.75	8.0
GPU Extra Large		p2.xlarge	61.00	12.0

vcpu	gpus	fpga	enhanced_networking	linux_on_demand_cost_hourly \
2	0	0	Yes	0.17
2	0	0	Yes	0.10
2	0	0	Yes	0.13
2	0	0	Yes	0.10
4	1	0	Yes	0.90

```
  price_per_ecu_on_demand
0                0.026154
1                0.015385
2                0.018571
3                0.012500
4                0.075000
```

이 데이터로부터 얻은 객체 이름은 Boto API로 넘겨져 스폿 인스턴스의 가격 기록을 찾는데 사용된다.

```
In [3]: names = pricing_df["InstanceType"].to_dict()
In [6]: client = boto3.client('ec2')
   ...: response =client.describe_spot_price_history(\
InstanceTypes = list(names.values()),
   ...:          ProductDescriptions = ["Linux/UNIX"])
In [7]: spot_price_history = response['SpotPriceHistory']
   ...: spot_history_df = pd.DataFrame(spot_price_history)
   ...: spot_history_df.SpotPrice = \
spot_history_df.SpotPrice.astype(float)
   ...:
```

API를 통해 찾은 가장 유용한 정보는 SpotPrice 값으로 비슷한 객체를 추천하고 ECU(Elastic Compute Unit) 및 메모리당 최적의 가격을 찾는 데 사용할 수 있다. 또한 JSON(response)을 통해 반환된 결과(spot_price_history)는 판다스 데이터프레임으로 가져온다. 다음으로, SpotPrice 열은 나중에 수치 조작이 가능하도록 float 형태로 변환된다.

```
In [8]: spot_history_df.head()
Out[8]:
  AvailabilityZone InstanceType ProductDescription SpotPrice \
0     us-west-2c    r4.8xlarge       Linux/UNIX      0.9000
1     us-west-2c    p2.xlarge        Linux/UNIX      0.2763
```

```
2      us-west-2c    m3.2xlarge        Linux/UNIX    0.0948
3      us-west-2c    c4.xlarge         Linux/UNIX    0.0573
4      us-west-2a    m3.xlarge         Linux/UNIX    0.0447

                    Timestamp
0   2017-09-11 15:22:59+00:00
1   2017-09-11 15:22:39+00:00
2   2017-09-11 15:22:39+00:00
3   2017-09-11 15:22:38+00:00
4   2017-09-11 15:22:38+00:00
```

두 개의 데이터프레임을 합친 후 메모리당 SpotPrice 및 ECU(compute unites) 정보를 담고 있는 두 개의 열이 새로 생성되었다. 판다스 패키지의 describe 함수를 이용해 생성된 데이터 프레임의 특성을 살펴본다.

```
In [16]: df = spot_history_df.merge(\
pricing_df, how = "inner", on = "InstanceType")
    ...: df['price_memory_spot'] =\
 df['SpotPrice']/df['memory_gb']
    ...: df['price_ecu_spot'] =\
 df['SpotPrice']/df['compute_units_ecu']
    ...: df[["price_ecu_spot", "SpotPrice",\
 "price_memory_spot"]].describe()
    ...:
Out[16]:
        price_ecu_spot    SpotPrice   price_memory_spot
count    1000.000000   1000.000000        1000.000000
mean        0.007443      0.693629           0.005041
std         0.029698      6.369657           0.006676
min         0.002259      0.009300           0.000683
25%         0.003471      0.097900           0.002690
50%         0.004250      0.243800           0.003230
75%         0.006440      0.556300           0.006264
max         0.765957    133.380000           0.147541
```

데이터를 시각화하면 패턴을 더 명확히 파악할 수 있다. AWS InstanceType을 이용해 groupby 오퍼레이션을 수행하면 각각의 InstanceType에 대한 중간값을 산출할 수 있다.

```
In [17]: df_median = df.groupby("InstanceType").median()
    ...: df_median["InstanceType"] = df_median.index
    ...: df_median["price_ecu_spot"] =\
 df_median.price_ecu_spot.round(3)
    ...: df_median["divide_SpotPrice"] = df_median.SpotPrice/100
    ...: df_median.sort_values("price_ecu_spot", inplace = True)
```

[그림 9.2]에서 볼 수 있듯, 두 개의 그래프를 겹쳐 보여주는 *씨본(Seaborn)* 막대 플롯(bar plot)이 생성되었는데, 이는 두 개의 연관된 데이터 열을 표시하는 데 유용한 기술이다. [그림 9.2]에 ECU당 스폿 가격을 나타내는 price_ecu_spot 값이 SpotPrice 값 대비 어떻게 나타나는지 비교되어 있으며, 정렬된 데이터프레임을 이용해 명확한 패턴을 찾을 수 있다. 절약형 분산 컴퓨팅(thrifty distributed computing) 사용자에게 적합한 객체들이 존재하며, us—west—2 지역에서는 ECU만 고려했을 때와 스폿 가격 및 ECU 비율을 같이 고려했을 때 모두 r4.large 스타일의 객체가 가장 좋은 선택이라는 점을 알 수 있다. SpotPrice 값을 100으로 나눠 사용하면 데이터의 가시성 향상에 도움이 된다.

```
    ...: plt.subplots(figsize = (20,15))
    ...: ax = plt.axes()
    ...: sns.set_color_codes("muted")
    ...: sns.barplot(x = "price_ecu_spot",\
 y = "InstanceType", data = df_median,
    ...:              label = "Spot Price Per ECU", color = "b")
    ...: sns.set_color_codes("pastel")
    ...: sns.barplot(x = "divide_SpotPrice",\
 y = "InstanceType", data = df_median,
    ...:              label = "Spot Price/100", color = "b")
    ...:
    ...: # 그래프의 축 레이블 및 범례 추가
    ...: ax.legend(ncol = 2, loc = "lower right", frameon = True)
    ...: ax.set(xlim = (0, .1), ylabel = "",
```

```
...:          xlabel = "AWS Spot Pricing by Compute Units (ECU)")
...: sns.despine(left = True, bottom = True)
...:
<matplotlib.figure.Figure at 0x11383ef98>
```

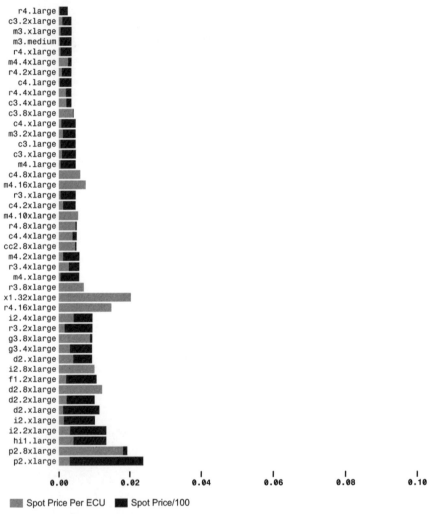

▲ [그림 9.2] ECU(compute unit)당 AWS 스폿 가격

　　이상의 많은 정보로부터, 내게 필요한 스폿 객체 유형을 결정하는 데 유용한 커맨드라인 툴이
필요하다. 새로운 커맨드라인 툴을 생성하기 위해서는 paws 디렉토리에 새 모듈을 만들고 이

전의 코드들을 다음과 같이 함수로 묶어야 한다.

```python
def cluster(combined_spot_history_df, sort_by = "price_ecu_spot"):
    """스폿 인스턴스 클러스터링"""

    df_median = combined_spot_history_df.\
groupby("InstanceType").median()
    df_median["InstanceType"] = df_median.index
    df_median["price_ecu_spot"] = df_median.price_ecu_spot.round(3)
    df_median.sort_values(sort_by, inplace = True)
    numerical_df = df_median.loc[:,\
["price_ecu_spot", "price_memory_spot", "SpotPrice"]]
    scaler = MinMaxScaler()
    scaler.fit(numerical_df)
    scaler.transform(numerical_df)
    k_means = KMeans(n_clusters=3)
    kmeans = k_means.fit(scaler.transform(numerical_df))
    df_median["cluster"] = kmeans.labels_
    return df_median

def recommend_cluster(df_cluster, instance_type):
    """instance type (인스턴스의 형태)를 매개변수로 가져와
그와 유사한 다른 인스턴스들을 찾아 추천하기"""

    vals = df_cluster.loc[df_cluster['InstanceType'] ==\
instance_type]
    cluster_res = vals['cluster'].to_dict()
    cluster_num = cluster_res[instance_type]
    cluster_members = df_cluster.loc[df_cluster["cluster"] ==\
cluster_num]
    return cluster_members
```

9

위의 예제에서 cluster 함수는 데이터를 스케일링하고 price_ecu_spot, price_memory _spot 및 Spot Price를 취해 세 개의 클러스터를 구성해 준다. recommend_cluster 함수는 동일한 클러스터 내 객체들이 대체될 수 있다는 점을 가정하고 작동한다. 주피터(Jupyter)에서 확인할 수 있는 데이터의 짧은 피크치로부터 세 개의 서로 다른 별개의 클러스터가 실제로 존재한다는

점을 알 수 있다. (아래의 출력 결과로부터) 클러스터 1은 우스울 정도로 큰 메모리와 이에 상응하는 높은 SpotPrice 값을 가지고 있으며, 이 클러스터에는 단 하나의 객체만 존재한다. 반면, 클러스터 2는 메모리가 가장 적고 11개의 객체가 있다. 클러스터 0은 가장 많은 33개의 객체 가지고 있으며, 클러스터 2에 비해 다소 비싸지만 평균 두 배의 메모리를 가지고 있다. 이러한 가정들로부터 사용자가 낮은, 중간 또는 큰 메모리 스폿 객체 중 무엇을 원하는지 선택하는 데 유용하게 사용될 수 있는 커맨드라인 툴을 만들 수 있으며, 선택에 따라 지불해야 할 금액이 얼마인지도 볼 수 있다.

```
In [25]: df_median[["price_ecu_spot", "SpotPrice",\
 "price_memory_spot", "memory_gb","cluster"]].\
groupby("cluster").median()
Out[25]:
         price_ecu_spot  SpotPrice  price_memory_spot   memory_gb
cluster
0          0.005          0.2430      0.002817           61.0
1          0.766         72.0000      0.147541          488.0
2          0.004          0.1741      0.007147           30.0


In [27]: df_median[["price_ecu_spot", "SpotPrice",\
 "price_memory_spot", "memory_gb","cluster"]].\
groupby("cluster").count()
Out[27]:
         price_ecu_spot  SpotPrice  price_memory_spot   memory_gb
cluster
0              33           33            33                33
1               1            1             1                 1
2              11           11            11                11
```

커맨드라인 툴 생성의 마지막 단계는 앞에서 설명한 것과 비슷한 패턴을 사용하는 것이다: 옵션을 관리하기 위해 click 프레임워크를 사용하고, clock.echo를 이용해 결과를 반환해 준다. 여기서 -instance 플래그를 옵션으로 사용해, 특정 클러스터에 속한 모든 객체에 대한 결과를 반환해 줄 수 있도록 만드는 것을 추천한다.

```
@cli.command("recommend")
@click.option('--instance', help = 'Instance Type')
def recommend(instance):
    """KNN 클러스터링을 통해 유사한 스폿 객체를 추천

    사용 예:

    ./spot-price-ml.py recommend --instance c3.8xlarge

    """
    pd.set_option('display.float_format', lambda x: '%.3f' % x)
    pricing_df = setup_spot_data("data/ec2-prices.csv")
    names = pricing_df["InstanceType"].to_dict()
    spot_history_df = get_spot_pricing_history(names,
        product_description = "Linux/UNIX")
    df = combined_spot_df(spot_history_df, pricing_df)
    df_cluster = cluster(df, sort_by = "price_ecu_spot")
    df_cluster_members = recommend_cluster(df_cluster, instance)
    click.echo(df_cluster_members[["SpotPrice",\
"price_ecu_spot", "cluster", "price_memory_spot"]])
```

이를 실행시키면 다음과 같이 나타난다.

```
➜  ✗ ./spot-price-ml.py recommend --instance c3.8xlarge
              SpotPrice  price_ecu_spot  cluster  price_memory_spot
InstanceType
c3.2xlarge        0.098           0.003        0              0.007
c3.4xlarge        0.176           0.003        0              0.006
c3.8xlarge        0.370           0.003        0              0.006
c4.4xlarge        0.265           0.004        0              0.009
cc2.8xlarge       0.356           0.004        0              0.006
c3.large          0.027           0.004        0              0.007
c3.xlarge         0.053           0.004        0              0.007
c4.2xlarge        0.125           0.004        0              0.008
c4.8xlarge        0.557           0.004        0              0.009
```

| c4.xlarge | 0.060 | 0.004 | 0 | 0.008 |
| hi1.4xlarge | 0.370 | 0.011 | 0 | 0.006 |

● 스폿 인스턴스 론처(Launcher) 만들기

스폿 인스턴스 작업에는 여러 단계가 존재한다. 여기서는 간단한 예제부터 시작해 몇 가지의 작업 계층에 대해 다루어 보려고 한다. AWS에서 스폿 인스턴스는 머신러닝의 생명줄과 같다고 봐도 무방하다. 따라서 이를 올바르게 사용하는 방법을 이해하면 회사, 프로젝트 또는 취미를 만들 수도 있고 (올바르게 사용하지 못하고 있는 경우) 아예 깨버릴 수도 있다. 권장하는 가장 좋은 실습은 한 시간 안에 자동으로 종료되는 자체 만료형(self-expiring) 스폿 인스턴스를 만들어 보는 것이며 이는 스폿 인스턴스 론칭(Launching)에 대해 배울 수 있는 가장 기본적인 실습이라고 할 수 있다.

우선 첫 번째 섹션에서는 Boto 및 Base64 라이브러리와 함께 click 라이브러리를 가져온다. AWS로 보내지는 사용자 데이터는 Base64로 인코딩해야 하는데, 이 부분은 추가적인 예제를 통해 알아볼 것이다. 다음 예제에서 boto3.set_stream_logger가 있는 행의 주석 처리를 해제하면 매우 자세한 로깅 메시지가 표시된다(옵션을 사용하고자 할 때 매우 유용할 수 있음).

```
#!/usr/bin/env python
"""테스트 스폿 인스턴스를 시작"""

import click
import boto3
import base64

from sensible.loginit
import logger log = logger(__name__)

#디버그 로깅(Debug Logging)이 가능하도록 Boto3에 알려주기
#boto3.set_stream_logger(name = 'botocore')
```

다음 섹션에서는 사용자에 의해 입력되는 데이터를 매개변수로 받는 자동 종료 함수를 만들고, 이를 커맨드라인 툴로 설정한다. 사실 이 예제는 에릭 해먼드(Eric Hammond)(https://www.linkedin.com/in/ehammond/)가 발명한 위대한 트릭이며, at 명령을 이용해(역자 주: at 명령은 리눅스에서 1회성 작업을 예약하기 위해 사용됨) 머신의 시작과 함께 이 작업을 설정하면 일정 시간 이후 객체를 자동으로 종료시키는 데 사용된다(역자 주: 시작과 동시에 몇 분 안에 객체를 종료시키는 명령을 같이 주는 트릭이며, 좀 더 쉽게 설명하면 굳이 사용자가 일부러 종료시켜 주지 않아도 (의도되지 않은 과금을 피하기 위해) 일정 시간 후 자동으로 종료시켜 주는 편리한 팁으로 생각할 수 있음). 이 트릭이 커맨드라인 툴로 확장된 것으로, 기본값으로 설정된 55분을 바꾸고 싶을 경우 사용자가 원하는 시간으로 설정할 수 있다.

```python
@click.group()
def cli():
    """스폿 론처"""

def user_data_cmds(duration):
    """실행시킬 초기 커맨드. halt 명령을 얼마동안 수행할 것인지를 인자(duration)로 받는다."""

    cmds = """
        #cloud-config
        runcmd:
        - echo "halt" | at now + {duration} min
    """.format(duration = duration)
    return cmds
```

다음의 옵션들은 모든 것이 기본값으로 설정되어 있으며 사용자가 실행 시작을 위한 명령만 지정하면 된다. 이후, 옵션값들은 Boto3 클라이언트에 대해 스폿 객체를 요청하는 API를 호출할 때 매개변수로 전달된다.

```python
@cli.command("launch")
@click.option('--instance', default = "r4.large", help = 'Instance Type')
@click.option('--duration', default = "55", help = 'Duration')
@click.option('--keyname', default = "pragai", help = 'Key Name')
```

```python
@click.option('--profile',\
        default = "arn:aws:iam::561744971673:instance-profile/admin",
                    help = 'IamInstanceProfile')
@click.option('--securitygroup',\
        default = "sg-61706e07", help = 'Key Name')
@click.option('--ami', default = "ami-6df1e514", help = 'Key Name')
def request_spot_instance(duration, instance, keyname,
                            profile, securitygroup, ami):
    """스폿 인스턴스 요청"""

    user_data = user_data_cmds(duration)
    LaunchSpecifications = {
        "ImageId": ami,
        "InstanceType": instance,
        "KeyName": keyname,
        "IamInstanceProfile": {
            "Arn": profile
        },
        "UserData": base64.b64encode(user_data.encode("ascii")).\
            decode('ascii'),
        "BlockDeviceMappings": [
            {
                "DeviceName": "/dev/xvda",
                "Ebs": {
                    "DeleteOnTermination": True,
                    "VolumeType": "gp2",
                    "VolumeSize": 8,
                }
            }
        ],
        "SecurityGroupIds": [securitygroup]
    }
    run_args = {
        'SpotPrice'             : "0.8",
        'Type'                  : "one-time",
```

```
        'InstanceCount'        : 1,
        'LaunchSpecification' : LaunchSpecifications
    }
    msg_user_data = "SPOT REQUEST DATA: %s" % run_args
    log.info(msg_user_data)

    client = boto3.client('ec2', "us-west-2")
    reservation = client.request_spot_instances(**run_args)
    return reservation
if __name__ == '__main__':
    cli()
```

help 옵션을 사용해 커맨드라인 툴을 실행하면 사용자가 바꿀 수 있는 옵션들의 목록 및 의미를 출력으로 볼 수 있다. 일단 여기서 가격은 사용자가 변경할 수 있는 옵션의 목록에 포함되지 않는데, 그 이유는 스폿 가격은 시장에 의해 결정되고 항상 최저 가격이 요구되기 때문이며, 이 옵션은 필요한 경우 지금까지 논한 동일한 방법으로 손쉽게 추가될 수 있기 때문이기도 하다.

```
→   ./spot_launcher.py launch --help
사용법: spot_launcher.py launch [OPTIONS]

  Request spot instance

옵션:
  --instance TEXT        인스턴스 타입
  --duration TEXT        지속 시간
  --keyname TEXT         키 이름
  --profile TEXT         IamInstance 프로파일
  --securitygroup TEXT   키 이름
  --ami TEXT             키 이름
  --help                 이 헬프 메세지를 보이고 종료
```

기본값이 아닌 다른 새로운 시간 동안 예를 들어, 1시간 55분 동안 스폿 인스턴스를 실행하고 싶을 경우에는 --duration 옵션을 이용해 실행 시간을 변경할 수 있다.

```
→  ✗ ./spot_launcher.py launch --duration 115
2017-09-20 06:46:53,046 - __main__ - INFO -
SPOT REQUEST DATA: {'SpotPrice': '0.8', 'Type':
'one-time', 'InstanceCount': 1, 'LaunchSpecification':
 {'ImageId': 'ami-6df1e514', 'InstanceType':
'r4.large', 'KeyName': 'pragai', 'IamInstanceProfile':
 {'Arn': 'arn:aws:iam::561744971673:instance-profile/admin'},
.....
```

인스턴스가 시작된 지역의 EC2 대시보드로 이동하면 실행이 시작된 해당 인스턴스를 찾을 수 있다. 이 실행 요청의 경우 AWS 콘솔에서 https://us-west-2.console.aws.amazon.com/ec2/v2/home?region=us-west-2#Instances:sort=ipv6Ips로 확인되며, [그림 9. 3]과 같이 머신으로 접속할 수 있는 ssh 연결 정보를 얻을 수 있다.

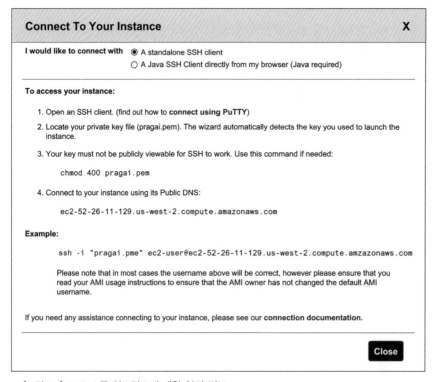

▲ [그림 9.3] AWS 스팟 인스턴스에 대한 연결 정보

이 정보를 이용해 스폿 인스턴스에 접근하기 위한 ssh 연결을 다음과 같이 생성할 수 있다.

```
→  ✗ ssh -i "~/.ssh/pragai.pem" ec2-user@52.26.11.129
The authenticity of host '52.26.11.129 (52.26.11.129)'
ECDSA key fingerprint is SHA256:lTaVeVv0L7GE...
Are you sure you want to continue connecting (yes/no)? yes
Warning: Permanently added '52.26.11.129'

     __|  __|_  )
     _|  (     /    Amazon Linux AMI
    ___|\___|___|

https://aws.amazon.com/amazon-linux-ami/2017.03-release-notes/
9 package(s) needed for security, out of 13 available
Run "sudo yum update" to apply all updates.
[ec2-user@ip-172-31-8-237 ~]$
```

아마존 리눅스 셸에서 update 커맨드를 사용하면 객체가 실행된지 얼마나 되었는지를 알 수 있다. 다음 예에서 이 객체는 현재까지 1시간 31분 동안 구동되고 있으며, 자동 종료까지 20분 정도 남았음을 확인할 수 있다.

```
[ec2-user@ip-172-31-8-237 ~]$ uptime
 15:18:52 up 1:31, 1 user, load average: 0.00, 0.00, 0.00
```

루트 권한 사용자로 접속하면 다음처럼 시스템 종료 작업이 예약되어 있음을 확인할 수 있다.

```
[ec2-user@ip-172-31-8-237 ~]$ sudo su -
[root@ip-172-31-8-237 ~]# at -ll
    2017-09-20 15:42 a root
```

이제 시간이 되었을 때, 자동 종료를 위해 수행되는 실제 명령들을 살펴보자.

```
#!/bin/sh
# atrun uid = 0 gid = 0
# mail root 0
umask 22
PATH=/sbin:/usr/sbin:/bin:/usr/bin; export PATH
RUNLEVEL = 3; export RUNLEVEL
runlevel = 3; export runlevel
PWD = /; export PWD
LANGSH_SOURCED = 1; export LANGSH_SOURCED
LANG = en_US.UTF-8; export LANG
PREVLEVEL = N; export PREVLEVEL
previous = N; export previous
CONSOLETYPE = serial; export CONSOLETYPE
SHLVL = 4; export SHLVL
UPSTART_INSTANCE = ; export UPSTART_INSTANCE
UPSTART_EVENTS = runlevel; export UPSTART_EVENTS
UPSTART_JOB = rc; export UPSTART_JOB
cd / || {
    echo 'Execution directory inaccessible' >&2
    exit 1
}
${SHELL:-/bin/sh} << 'marcinDELIMITER6382915b'
halt
```

아마존에는 최근 이러한 스타일의 연구 개발에 도움이 되는 몇 가지 흥미로운 변화가 있었다. 2017년 10월 3일부터 아마존은 최소 1분 이상 사용을 조건으로 서비스 과금을 1초 단위로 설정하기 시작했다. 이는 스폿 객체를 사용하는 방법에 대한 대변혁을 야기시켰으며, 그중 가장 현저한 변화는 애드호크(adhoc) 함수(역자 주: 특정 목적을 위해 즉석에서 만든)의 실행을 위해 "단순히 스폿 객체를 사용하고 실행이 끝나면 객체를 종료하는 것(예를 들어 30초)"이 실용적인 방법으로 자리매김했다는 점이다.

지금까지 논한 간단한 스폿 론처(launcher)를 확장해 많은 프로덕션 레벨의 프로젝트에 활용하기 위해서는 프로덕션에 사용되는 소프트웨어를 런칭된 스폿 객체에 올려 실행시켜야 하는데 이를 위한 몇 가지 방법이 다음과 같이 존재한다.

- 바로 앞에서 보인 것과 비슷한 방법으로 소프트웨어 실행용 셸 스크립트를 만들어 시작과 함께 스폿 인스턴스에 전달한다. 좀 더 복잡한 예제들이 AWS 공식 문서에 있다(http://docs.aws.amazon.com/AWSEC2/latest/UserGuide/user-data.html).

- AMI(Amazon Machine Image) 자체를 수정한 후 객체 시작시 해당 스냅샷을 사용한다. 이는 몇 가지 방법을 통해 수행될 수 있는데, 하나의 방법은 인스턴스를 시작한 후 구성해 저장하는 것이다. 다른 방법은 빌더 패커(AMI Builder Packer)(https://www.packer.io/docs/builders/amazon-ebs.html)를 사용하는 것이다. 이를 이용하면 스폿 인스턴스 시작시 필요한 소프트웨어가 설치되게 만들 수 있다. 이 방법은 다른 접근법과 혼용해서 사용할 수도 있는데, 예를 들면 미리 만들어진 AMI와 사용자 정의 셸 스크립트를 섞어 쓰는 것이다.

- 부팅 시 EFS를 사용하여 데이터와 소프트웨어를 모두 저장하고 바이너리 파일들과 스크립트를 환경에 연결한다. 이는 과거 솔라리스 및 다른 유닉스 시스템에서 NFS를 사용할 때 매우 일반적이었던 접근 방식이며, 스폿 인스턴스 환경을 커스터마이징하는 훌륭한 방법이다. EFS 볼륨은 rsync 기반의 동기화 작업이나 복사본을 이용, 빌드 서버를 통해 업데이트할 수 있다.

- AWS 배치(Batch)를 도커 컨테이너와 함께 사용하는 것도 생각해 볼 만한 옵션이다.

● 더 복잡한 스폿 인스턴스 론처 만들기

더 복잡한 형태의 스폿 론처는 시스템에 소프트웨어를 설치하고 저장소로부터 소스 코드를 가져와 실행한 후 그 결과를 처리한다(예: 결과를 S3에 넣는다). 이렇게 하기 위해서는 몇 가지 수정 작업이 필요하다. 먼저 buildspec.yml 파일을 수정해 소스 코드를 S3에 복사해야 한다 --delete 옵션을 사용하는 sync 명령은 변경된 파일을 지능적으로 동기화하고, 더 이상 존재하지 않는 파일을 삭제해 준다는 측면에서 유용하다.

```
post_build:
    commands:
      - echo "COPY Code TO S3"
      - rm -rf ~/.aws
      - aws s3 sync $CODEBUILD_SRC_DIR \
s3://pragai-aws/master --delete
```

필자는 보통 위와 같은 빌드 명령을 로컬에서 실행시켜 보고 어떤 작업을 수행하는지 확인한다. 빌드 명령의 구성 및 확인이 끝나면, 론칭된 머신에 파이썬과 가상 환경을 설치해야 한다. 이는 부팅시 객체로 전달되는 runcmd를 수정하면 되는데, 다음과 같이 첫 번째로 수정된 섹션에서는 파이썬 및 관련 패키지들을 받아 설치한다. Make 파일을 실행하기 전에 pip 명령이 제대로 동작하는지 셸 커맨드라인에서 확인해야 한다.

```
cmds = """
        #cloud-config
        runcmd:
        - echo "halt" | at now + {duration} min
        - wget https://www.python.org/ftp/\
python/3.6.2/Python-3.6.2.tgz
        - tar zxvf Python-3.6.2.tgz
        - yum install -y gcc readline-devel\
 sqlite-devel zlib-devel openssl-devel
        - cd Python-3.6.2
        - ./configure --with-ensurepip=install && make install
```

이제 다음과 같은 명령을 이용해 S3에 동기화 되어 있는 소스 코드를 로컬로 받아온다. 이는 코드를 스폿 객체에 손쉽게 배포할 수 있는 방법이며, 빠를 뿐 아니라 Git ssh 키를 사용한다. 스폿 객체는 S3와 통신할 수 있는 권한을 가지고 있어서 별도의 암호가 필요하지 않다는 점도 작업을 간편하게 만드는 요인이다. S3 데이터를 로컬에 복사하는 작업이 끝나면, virtualenv를 이용해 환경 변수가 소싱(source 명령으로 환경 변수 설정)되고 앞에서 알아본 머신러닝 기반으로 스폿 가격을 조사해 주는 툴이 실행되며, 그 출력이 다시 S3로 전송된다.

```
        - cd ..
        - aws s3 cp s3://pragai-aws/master master\
--recursive && cd master
        - make setup
        - source ~/.pragia-aws/bin/activate && make install
        - ~/.pragia-aws/bin/python spot-price-ml.py\
describe > prices.txt
```

```
        - aws s3 cp prices.txt s3://spot-jobs-output
""".format(duration = duration)
return cmds
```

이제, 자연스러운 다음 단계는 이 프로토타입을 더욱 모듈화시켜서 임의의 머신러닝 작업을 하드코딩된 코드가 아닌 스크립트 레벨에서 실행할 수 있도록 만드는 것이 될 것이다. [그림 9.4]에 관련 프로세스가 어떻게 동작하는지를 보여주는 파이프라인의 개요가 주어져 있다.

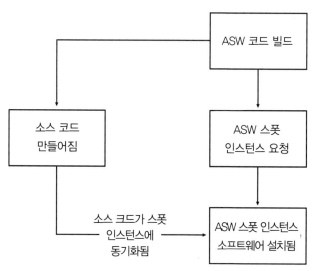

▲ [그림 9.4] AWS 스폿 인스턴스를 이용한 단기 작업의 라이프 사이클

█ 요약

이 장에서는 머신러닝을 다룰 때 간과되기 쉬운 세부 사항 중 하나인 AWS에서 실제 작업을 실행시키는 과정들에 대해 살펴보았다. 사용자 목적에 적합한 객체의 크기를 찾고, 경제적으로 인스턴스를 이용할 수 있는 방법을 찾고, 필요한 소프트웨어를 설치하고 코드를 배포하는 것과 같이, 스폿 객체의 사용과 관련된 몇 가지의 중요한 문제들을 어떻게 해결할 수 있는지에 대해 알아보았다.

초당 과금 정책 및 AWS 배치(Batch)와 같은 최근 변화들에 의해 AWS는 오늘날 클라우드 시장에서 유력한 경쟁자로 자리잡게 되었다. 스폿 인스턴스의 사용료를 초별로 과금하는 정책은 이전에는 찾아볼 수 없었던 새로운 시도다. AWS가 구축한 인프라를 이용해 프로덕션 레벨의 머신러닝 시스템을 개발하는 것은 매우 안전한 선택이며, 연구 개발에 소요되는 비용을 효과적으로 관리할 수 있다는 장점도 있다.

가격 정보를 찾은 다음 선형 최적화와 클러스터링 분석을 같이 이용해 사용자에게 최적의 머신 조합 및 그에 따른 필요 수행 시간을 동적으로 파악해 주는 작업을 AWS 배치(Batch)로 수행하면, 이 장에서 다룬 인공지능 솔루션을 보다 실용적으로 만드는 데 도움이 될 것이다. 더 나아가 해시코프(HashiCorp)(https://www.nomadproject.io/)의 노마드(Nomad) 같은 기술을 결합해 도커 이미지 형식으로 모든 클라우드 환경에서 작업을 동적으로 실행시킬 수 있도록 만든다면 금상첨화가 될 것이다.

일단 경기장에 들어가면, 좋아하고 좋아하지 않고는 중요하지 않다.
중요한 것은 수준 높게 플레이하는 것이며 팀이 이기는 데 도움이 되는 것은 무엇이든 하는 것이다.

— 르브론 제임스(LeBron James)

여러분들은 살펴볼 가치가 있는 좋은 데이터 세트에 대해 알고 있는가? 이것은 필자가 강의를 할 때, 또는 워크숍에서 교육을 할 때 가장 많이 받는 질문이기도 하다. 보통 이런 질문에 필자는 먼저 "질로(Zillow) 부동산 데이터 세트를 보라"고 대답한다(https://www.zillow.com/research/data/). 한 나라의 부동산 시장은 나라 안에 살고 있는 모든 사람들이 어떤 식으로든 맞닥뜨려야 하며, 그래서 머신러닝을 논하는 데 매우 좋은 주제이다.

▌미국의 부동산 가격에 대해 살펴보기

샌프란시스코 베이 지역에 거주하는 사람들은 주택 가격에 대해 관심이 많은데, 이는 이 지역의 평균 주택 가격이 충격적인 속도로 오르고 있기 때문이다. 2010년부터 2017년까지 샌프란시스코에서 한 가족이 거주하는 주택의 평균 가격은 약 77만 5,000달러에서 150만 달러로 올랐다. 이 장에서는 이런 데이터들을 주피터 노트북을 이용해 살펴볼 것이며, 프로젝트 및 데이터는 모두 https://github.com/noahgift/real_estate_ml에서 확인할 수 있다.

우선, 다음과 같이 일부 라이브러리들을 불러오고 실수를 과학적 지수 형식으로 표시할 수 있도록 판다스를 설정한다.

```
In [1]: import pandas as pd
   ...: pd.set_option('display.float_format', lambda x: '%.3f' % x)
   ...: import numpy as np
```

```
    ...: import statsmodels.api as sm
    ...: import statsmodels.formula.api as smf
    ...: import matplotlib.pyplot as plt
    ...: import seaborn as sns
Double import seaborn?

    ...: import seaborn as sns; sns.set(color_codes = True)
    ...: from sklearn.cluster import KMeans
    ...: color = sns.color_palette()
    ...: from IPython.core.display import display, HTML
    ...: display(HTML("<style>.container \
{ width:100% !important; }</style>"))
    ...: %matplotlib inline
```

다음으로, 질로(Zillow) 사이트의 1가구 주택 데이터(https://www.zillow.com/research/data/)를 불러온 다음 출력해 보자.

```
In [6]: df.head()
In [7]: df.describe()
Out[7]:
            RegionID    RegionName    SizeRank      1996-04       1996-05
count    15282.000     15282.000    15282.000    10843.000     10974.000
mean     80125.483      6295.286     7641.500   123036.189    122971.396
std      30816.445     28934.030     4411.678    78308.265     77822.431
min       8196.000      1001.000        1.000    24400.000     23900.000
25%      66785.250     21087.750     3821.250    75700.000      5900.000
50%      77175.000     44306.500     7641.500   104300.000    104450.000
75%      88700.500       399.500    11461.750   147100.000    147200.000
max     738092.000     99901.000    15282.000  1769000.000   1768100.000
```

이후 데이터 열의 이름 및 형태를 다음과 같이 재정의한다.

```
In [8]: df.rename(columns = {"RegionName":"ZipCode"}, inplace = True)
    ...: df["ZipCode"] = df["ZipCode"].map(lambda x: "{:.0f}".format(x))
```

```
   ...: df["RegionID"] = df["RegionID"].map(
          lambda x: "{:.0f}".format(x))
   ...: df.head()
   ...:
Out[8]:
RegionID ZipCode City       State      Metro   CountyName   SizeRank
84654    60657   Chicago    IL         Chicago       Cook      1.000
84616    60614   Chicago    IL         Chicago       Cook      2.000
93144    79936   El Paso    TX         El Paso    El Paso      3.000
84640    60640   Chicago    IL         Chicago       Cook      4.000
61807    10467   New York   NY         New York     Bronx      5.000
```

미국 전역의 중앙값을 구하면 이 노트북을 이용해 다양한 형태로 데이터를 분석하는 데 도움이 된다. 다음 예제에서는 지역 또는 도시와 일치하는 여러 개의 값을 합쳐 그 중앙값을 계산한다. 또한 Plotly 라이브러리에서 사용할 df_comparison이라는 새로운 데이터프레임(DataFrame)을 생성한다.

```
In [9]: median_prices = df.median()

In [10]: median_prices.tail()
Out[10]:
2017-05 180600.000
2017-06 181300.000
2017-07 182000.000
2017-08 182500.000
2017-09 183100.000
dtype: float64

In [11]: marin_df = df[df["CountyName"] == "Marin"].median()
   ...: sf_df = df[df["City"] == "San Francisco"].median()
   ...: palo_alto = df[df["City"] == "Palo Alto"].median()
   ...: df_comparison = pd.concat([marin_df, sf_df,
             palo_alto, median_prices], axis = 1)
   ...: df_comparison.columns = ["Marin County",
             "San Francisco", "Palo Alto", "Median USA"]
   ...:
```

파이썬에서 대화형 가시화 수행하기

파이썬은 일반적으로 사용되는 몇 개의 대화형 데이터 시각화 라이브러리를 지원하는데 대표적으로 플롯틀리(Plotly)(https://github.com/plotly/plotly.py)와 보케(Bokeh)(https://bokeh.py data.org/en/latest/)가 있다. 이 장에서는 주로 플롯틀리가 시각화에 사용되지만 보케(Bokeh)를 이용해도 비슷한 플롯을 생성할 수 있다. 플롯틀리는 오프라인 모드로 사용할 수도 있고 회사 웹 사이트를 통해 온라인으로 사용할 수도 있는 상업용 라이브러리인 동시에 회사의 이름이기도 하다. 플롯틀리는 분석용 웹 응용 프로그램을 빌드하는 데 사용할 수 있는 대시(Dash)(https://plot.ly/products/dash/)라는 오픈 소스 파이썬 프레임워크도 제공한다. 이 장에서 보여주고 있는 많은 플롯들은 https://plot.ly/~ngift에서도 찾을 수 있다.

이 예제에서는 판다스 데이터프레임으로부터 플롯틀리로 직접 플롯하는 작업을 수월하게 하기 위해 커프링크스(Cufflinks)(https://plot.ly/ipython-notebooks/cufflinks/)라는 라이브러리가 사용되었다. 커프링크스(Cufflinks)는 판다스의 생산성을 높이는 데 도움이 되는 툴로 설명할 수 있으며, 주된 강점 중 하나는 가시화 작업을 거의 판다스(Pandas)의 기본 기능처럼 수행할 수 있게 해준다는 점이다.

```
In [12]: import cufflinks as cf
    ...: cf.go_offline()
    ...: df_comparison.iplot(title = "Bay Area Median\
Single Family Home Prices 1996-2017",
    ...:                     xTitle = "Year",
    ...:                     yTitle = "Sales Price",
    ...:                     # bestfit = True, bestfit_colors = ["pink"],
    ...:                     # subplots = True,
    ...:                     shape = (4,1),
    ...:                      # subplot_titles = True,
    ...:                      fill = True,)
    ...:
```

[그림 10.1]은 대화형 기능이 켜지지 않은 플롯의 모양을 보여준다. 팔로 알토(Palo Alto)는 구매자로서 주택 시장에 진입하기에는 정말 무서운 장소처럼 보인다(역자 주: 집 값이 그만큼 가파르게 오른다는 사실).

[그림 10.2]에서, 마우스 포인터는 2009년 12월을 가리키고 있으며, 이 당시 팔로 알토 지역의 주택 가격 중앙값은 약 120만 달러, 샌프란시스코의 중앙값은 약 75만 달러, 미국 전체의 중앙값은 17만 달러임을 알 수 있다.

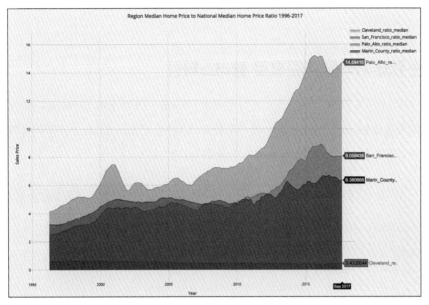

▲ [그림 10.1] 팔로 알토의 가파른 집값 상승은 영원히 계속될 것인가?

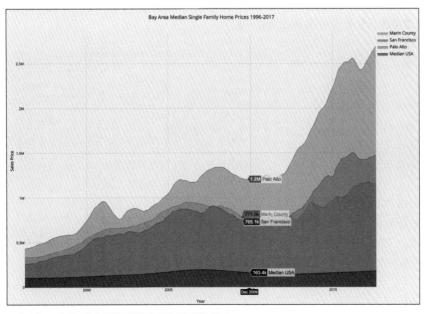

▲ [그림 10.2] 2009년 12월 집값에 대한 자세한 정보

[그림 10.2]의 그래프를 이리저리 스크롤해 보면, 2017년 12월 기준 팔로 알토는 270만 달러의 중앙값을 보이고 있어 8년 전 대비 집값이 두 배 이상 상승했음을 알 수 있다. 반면, 미국의 다른 부분의 경우 약 5퍼센트 정도 상승했다. 데이터를 좀 더 자세히 살펴볼 필요가 있을 것 같다.

▍크기 순위와 가격을 기준으로 클러스터링

진행 중인 작업에 대해 좀 더 자세히 알아보기 위해 k-평균을 이용한 클러스터링 결과에 대한 3차원 시각화를 sklearn과 Plotl를 이용해 수행할 수 있다. 우선 MinMaxScaler를 이용해 데이터를 스케일링해 줌으로써 클러스터링 결과가 왜곡되지 않도록 한다.

```
In [13]: from sklearn.preprocessing import MinMaxScaler

In [14]: columns_to_drop = ['RegionID', 'ZipCode',
        'City', 'State', 'Metro', 'CountyName']
   ...: df_numerical = df.dropna()
   ...: df_numerical = df_numerical.drop(columns_to_drop, axis = 1)
   ...:
```

describe 함수를 사용해 결과를 보면 다음과 같다.

```
In [15]: df_numerical.describe()
Out[15]:
         SizeRank      1996-04       1996-05       1996-06       1996-07
count  10015.000    10015.000     10015.000     10015.000     10015.000
mean    6901.275   124233.839    124346.890    124445.791    124517.993
std     4300.338    78083.175     77917.627     77830.951     77776.606
min        1.000    24500.000     24500.000     24800.000     24500.000
25%     3166.500    77200.000     77300.000     77300.000     77300.000
50%     6578.000   105700.000    106100.000    106400.000    106400.000
75%    10462.000   148000.000    148200.000    148500.000    148700.000
max    15281.000  1769000.000   1768100.000   1766900.000   1764200.000
```

데이터가 불완전하거나 빠져 있는 행을 제거하면 다음과 같이 대략 1만 행 정도가 되는데, 이에 대해 클러스터링 작업을 수행한다.

```
In [16]: scaler = MinMaxScaler()
    ...: scaled_df = scaler.fit_transform(df_numerical)
    ...: kmeans = KMeans(n_clusters = 3, random_state = 0).fit(scaled_df)
    ...: print(len(kmeans.labels_))
    ...:
10015
```

다음으로 appreciation_ratio(역자 주: appreciation이란 부동산 등의 가치 증가를 의미하는 용어) 열을 추가한 후 데이터를 정리해 가시화할 준비를 한다.

```
cluster_df = df.copy(deep = True)
cluster_df.dropna(inplace = True)
cluster_df.describe()
cluster_df['cluster'] = kmeans.labels_
cluster_df['appreciation_ratio'] =\
        round(cluster_df["2017-09"]/cluster_df["1996-04"],2)
cluster_df['CityZipCodeAppRatio'] =\
 cluster_df['City'].map(str) + "-" + cluster_df['ZipCode'] + "-" +
cluster_df["appreciation_ratio"].map(str)
cluster_df.head()
```

이제 플롯틀리를 오프라인 모드에서 사용하여(즉, 플롯틀리 서버로 전송되지 않음), 세 개의 축을 중심으로 데이터의 가시화를 수행한다. 그래프의 x축은 appreciation_ratio, y축은 1996년, z축은 2017년의 결과를 의미하며, 클러스터는 음영 처리된다. [그림 10.3]을 보면 일부의 패턴이 명료하게 드러나는데, 특히 저지(Jersey) 시의 경우 지난 30년 간 14만 2,000달러에서 134만 달러로 약 9배 정도의 주택 가치가 상승한 것을 확인할 수 있다.

또 다른 주목할 만한 부분은 팔로 알토에 있는 두 개의 우편번호이다. 이들 지역 또한 주택의 가치가 약 6배 상승했는데, 시작 포인트에서 주택 가격이 얼마나 비쌌는지를 생각하면 그 결과는 더욱 놀랍다. 지난 10년 간 페이스북을 포함한 다수의 창업자들이 팔로 알토 지역에서 부상하여, 베이 지역 전체를 고려해도 심각한 가격 인상이 특히 팔로 알토에서 발생했다고 볼 수 있다.

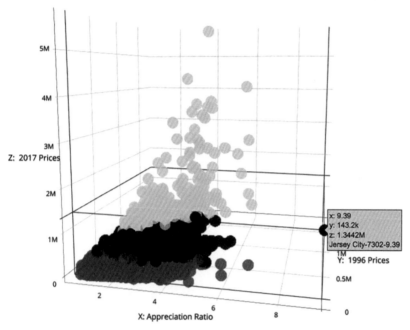

미국 부동산 가격 30년사(클러스터들 음영 처리)

▲ [그림 10.3] 저지(Jersey) 시에서 도대체 무슨 일이 일어나고 있는것일까?

팔로 알토에서 발견되는 이와 같은 경향을 좀 더 자세히 살펴보기 위해 샌프란시스코 베이 지역 몇 군데의 주택 가격 상승률을 같이 가시화해 보자. 이를 수행하기 위한 코드는 [그림 10.3]을 만들기 위해 위에 보인 코드와 비슷하다.

```
In [17]: from sklearn.neighbors import KNeighborsRegressor
    ...: neigh = KNeighborsRegressor(n_neighbors = 2)
    ...:

In [19]: #df_comparison.columns = ["Marin County",
         "San Francisco", "Palo Alto", "Median USA"]
    ...: cleveland = df[df["City"] == "Cleveland"].median()
    ...: df_median_compare = pd.DataFrame()
```

```
       ...: df_median_compare["Cleveland_ratio_median"] =\
               cleveland/df_comparison["Median USA"]
       ...: df_median_compare["San_Francisco_ratio_median"] =\
               df_comparison["San Francisco"]/df_comparison["Median USA"]
       ...: df_median_compare["Palo_Alto_ratio_median"] =\
               df_comparison["Palo Alto"]/df_comparison["Median USA"]
       ...: df_median_compare["Marin_County_ratio_median"] =\
               df_comparison["Marin County"]/df_comparison["Median USA"]
       ...:

In [20]: import cufflinks as
       ...: cf.go_offline()
       ...: df_median_compare.iplot(title = "Region Median Home Price to National
Median Home Price Ratio 1996-2017",
       ...:                         xTitle = "Year",
       ...:                         yTitle = "Ratio to National Median",
       ...:                         #bestfit = True, bestfit_colors = ["pink"],
       ...:                         #subplots = True,
       ...:                         shape = (4,1),
       ...:                          #subplot_titles = True,
       ...:                          fill = True,)
       ...:
```

[그림 10.4]를 보면, 팔로 알토 지역의 중앙값은 2008년 금융 위기 이후 가파르게 상승하고 있는 것으로 보이나, 그 외의 베이 지역에서는 이런 패턴이 명확하게 보이지 않는다. 이를 통해 이 기간 중 팔로 알토 지역에 주택 가격의 버블이 있었다고 가정해 볼 수 있으며, 실제로 2015년 이후 추이를 보면 이 가파른 상승이 끝났음을 볼 수 있다.

이제 한 가지 더 살펴볼 부분은 주택의 임대값이다. 여기서 재미있는 패턴이 있는지 확인해 보도록 하자.

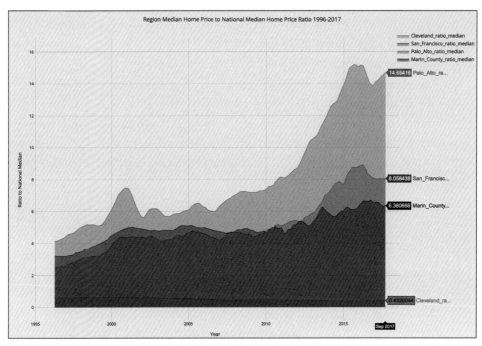

▲ [그림 10.4] 팔로 알토는 지난 10년 간 미국 전역의 중간값에 비해 5~15배의 주택 가격 상승률을 보였다.

초기 데이터 로드 작업을 끝내고 Metro 열의 이름을 City로 변경하자.

```
In [21]: df_rent = pd.read_csv(
     ...: "../data/City_MedianRentalPrice_Sfr.csv")
     ...: df_rent.head()
     ...: median_prices_rent = df_rent.median
     ...: df_rent[df_rent["CountyName"] == "Marin"].median()
     ...: df_rent.colum
     ...:
Out[21]:
Index(['RegionName', 'State', 'Metro',
       'CountyName', 'SizeRank', '2010-01',

In [22]: df_rent.rename(columns = {"Metro":"City"}, inplace = True)
     ...: df_rent.head()
     ...:
Out[22]:
       RegionName     State                            City    CountyName
```

```
0      New York          NY                            New York      Queens
1      Los Angeles       CA  Los Angeles-Long Beach-Anaheim  Los Angeles
2      Chicago           IL                            Chicago         Cook
3      Houston           TX                            Houston       Harris
4      Philadelphia      PA                       Philadelphia  Philadelphia
```

다음으로 (렌트값의) 중앙값을 새로운 데이터프레임(DataFrame)에 생성하자.

```
In [23]: median_prices_rent = df_rent.median()
    ...: marin_df = df_rent[df_rent["CountyName"] ==\
               "Marin"].median()
    ...: sf_df = df_rent[df_rent["City"] == "San Francisco"].median()
    ...: cleveland = df_rent[df_rent["City"] == "Cleveland"].median()
    ...: palo_alto = df_rent[df_rent["City"] == "Palo Alto"].median()
    ...: df_comparison_rent = pd.concat([marin_df,
        sf_df, palo_alto, cleveland, median_prices_rent], axis = 1)
    ...: df_comparison_rent.columns = ["Marin County",
 "San Francisco", "Palo Alto", "Cleveland", "Median USA"]
    ...:
```

마지막으로, 커프링크스(Cufflinks)를 이용해 렌트의 중앙값을 가시화한다.

```
In [24]: import cufflinks as cf
    ...: cf.go_offline()
    ...: df_comparison_rent.iplot(
    title = "Median Monthly Rents Single Family Homes",
    ...:              xTitle = "Year",
    ...:              yTitle = "Monthly",
    ...:              #bestfit = True, bestfit_colors = ["pink"],
    ...:              #subplots = True,
    ...:              shape = (4,1),
    ...:              #subplot_titles = True,
    ...:              fill = True,)
    ...:
```

[그림 10.5]가 보여주는 결과에는 그다지 특이한 점이 없어 보인다. 데이터가 비교적 짧은 기간 동안 존재한다는 사실이 특이점을 찾기 어려운 일부의 이유가 될 수 있지만, 이것이 미국 전체를 대표하는 그림이 아니라는 점도 감안하자. 팔로 알토는 이 데이터 세트에 포함되어 있지 않지만, 샌프란시스코 베이 지역의 다른 도시들은 국가 전체 임대료 중앙값에 훨씬 가깝게 보이는 반면, 오하이오 주의 클리블랜드는 이 중앙값의 약 절반에 해당하는 것으로 나타난다.

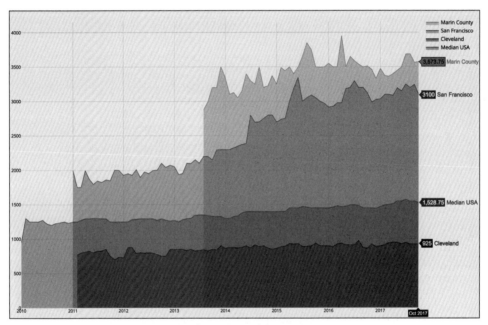

▲ **[그림 10.5]** 2011년 이후 샌프란시스코 베이 지역의 렌트값은 거의 두 배 이상 뛴 반면 미국 내 다른 지역은 거의 상승하지 않았다.

마지막으로, 미국 내에서 엇비슷한 렌트값을 보이는 지역들을 살펴보자. 아래의 코드에서는 렌트값의 비율을 의미하는 df_rent_ratio 변수를 생성해 새로운 데이터프레임에 엮은 다음, 플롯틀리를 이용해 가시화를 수행한다.

```
In [25]: df_median_rents_ratio = pd.DataFrame()
    ...: df_median_rents_ratio["Cleveland_ratio_median"] =\
        df_comparison_rent["Cleveland"]/df_comparison_rent["Median USA"]
    ...: df_median_rents_ratio["San_Francisco_ratio_median"] =\
        df_comparison_rent["San Francisco"]/df_comparison_rent["Median USA"]
    ...: df_median_rents_ratio["Palo_Alto_ratio_median"] =\
        df_comparison_rent["Palo Alto"]/df_comparison_rent["Median USA"]
    ...: df_median_rents_ratio["Marin_County_ratio_median"] =\
        df_comparison_rent["Marin County"]/df_comparison_rent["Median USA"]
    ...:

In [26]: import cufflinks as cf cf.go_offline()
    ...: df_median_rents_ratio.iplot(title = "Median Monthly Rents Ratios
Single Family Homes vs National Median",
    ...:                     xTitle = "Year",
    ...:                     yTitle = "Rent vs. Medium Rent USA",
    ...:                     #bestfit = True, bestfit_colors = ["pink"],
    ...:                     #subplots = True,
    ...:                     shape = (4,1),
    ...:                      #subplot_titles = True,
    ...:                      fill = True,)
    ...:
```

[그림 10.6]은 주택 가치의 비율과는 또 다른 스토리를 보여준다. 샌프란시스코의 임대료 중앙값은 여전히 미국 내 다른 지역의 두 배지만, 주택 가치의 증가율(8배)에 비하면 턱없이 작은 값이다. 임대 데이터를 살펴보면, 특히 팔로 알토 지역에서 2018년에 주택을 사는 일은 깊이 생각해 볼 필요가 있었다. 지불해야 하는 비용의 측면에서 집을 사는 대신 임대하는 편이 더 나은 선택일 수 있기 때문이다.

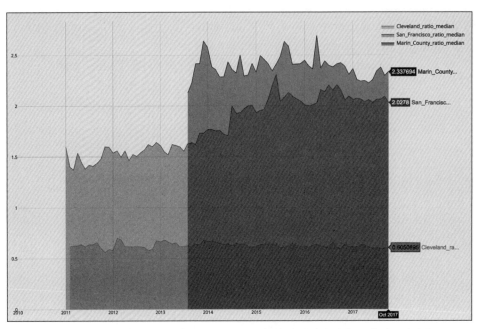

▲ [그림 10.6] 샌프란시스코 베이 지역의 월 임대료는 미국 전역의 중앙값에 비해 두 배 정도 비싸다.

█ 요약

이 장에서는 공개된 질로(Zillow) 데이터 세트를 이용해 주택 가치에 대해 탐색해 보았으며, 플롯틀리(Plotly) 라이브러리를 이용해 파이썬에서 대화형 시각화를 생성해 보았다. k-평균 기반의 데이터 클러스터링과 3D 시각화를 이용해 상대적으로 단순한 데이터 세트로부터 더 많은 상세한 정보를 추출해 보았다. 데이터 분석 결과 2017년 샌프란시스코 베이 지역, 특히 팔로 알토 주택 가격의 버블이 있었을 수 있다는 아이디어를 얻었다. 이 데이터를 이용해 좀 더 분석하면, 미국 내 각 지역에서 주택 매입 및 매매 시기에 대한 분류 모델을 작성할 수도 있다.

이 장에서 다뤄본 샘플 프로젝트를 확장하기 위해 하우스 카나리아(House Canary)(https://api-docs.house canary.com/#getting-started)에서 제공하는 것과 같은 고급 API를 살펴볼 필요가 있다. 여기서 제공하는 예측 모델을 토대로 다른 인공지능/머신러닝 기술들을 적용하면, 독자의 조직에서 원하는 인공지능 솔루션을 개발하는 데 도움이 될 수 있을지도 모른다. 조직에서 사업상 중요한 결정을 내리는 데 도움이 되는 딥러닝 예측 모델을 만드는 데 AWS 세이지메이커를 사용하는 것도 고려해 볼 수 있는 옵션이다.

사용자 제작 컨텐츠를 위한 생산적 인공지능

노력이 고통스럽더라도 더 나아갈 수 있는 사람이 결국 이긴다.

– 로저 배니스터(*Roger Bannister*)

러시아 트롤, 페이스북, 미국 선거는 머신러닝과 어떤 관련이 있을까? 소셜 네트워크와 사용자 제작 콘텐츠(User-Generated Contents, UGC) 간 피드백 루프의 핵심에 관련 분석을 가속시킬 수 있는 추천 엔진(Recommended engine)이 존재한다. 사용자는 네트워크에 가입하는 순간 다른 사용자들의 참여를 유도할 수 있는 사용자가 되어 매력적인 콘텐츠를 생산할 수 있다. 소셜 네트워크의 추천 엔진은 생각의 거품을 증폭시킬 수 있다는 점에서 막강한 영향력을 가질 수 있는데, 특히 2016년 미국 대통령 선거는 추천 엔진의 작동 방식과 제한 사항 및 강점을 이해하는 것이 얼마나 중요한지를 보여주는 대표적인 예라 할 것이다.

인공지능 기반의 시스템은 언제나 좋은 것만 생성하는 만병 통치약이 아니다. 오히려 그들은 왜곡된 정보를 제공할 수 있는 일련의 능력을 제공한다. 쇼핑 사이트로부터 적절한 제품 권장 사항을 얻는 것은 매우 유용할 수 있지만 혹시 나중에 거짓된 권장 콘텐츠를 얻었다는 사실을 알고 나면 좌절감을 느낄 수 있다(적대 국가에 의해 이러한 거짓 정보가 생성될 수 있다).

이 장에서는 추천 엔진 및 자연어 처리(NLP)에 대해 다루고, 파이썬 기반의 추천 엔진 프레임워크인 서프라이즈(Surprise)의 사용 예제와 이를 직접 빌드하는 지침도 제공한다. 또한 넷플릭스 상(Netflix prize), SVD(singular-value decomposition), 협업 필터링, 추천 엔진의 실제 문제들, NLP, 클라우드 API를 이용한 생산 감정 분석(production senti-ment analysis) 등에 대해 다뤄 본다.

■ 넷플릭스 상을 받은 알고리즘은 프로덕션 레벨로 구현된 적이 없다

'데이터 과학'이 일반적인 용어가 되고 캐글(Kaggle)이 주변에 자리잡기 전까지, 넷플릭스 상(Netflix prize)은 세계를 매혹시켰다. 넷플릭스 상은 새로운 영화의 추천을 활성화시키기 위해 마련된 경연 대회(콘테스트)였다. 경연 대회의 독창적 아이디어 중 상당수는 나중에 다른 회사나 자사 제품에 대한 영감을 불러일으키는 데 이용되었다. 2006년에 총 상금 100만 달러의 데이터 과학 경연 대회를 만들면서 인공지능의 현재 시대를 예고하는 불씨를 지폈는데, 아이로니컬하게도 2006년은 아마존(Amazon) EC2가 출시되어 클라우드 컴퓨팅 시대가 도래한 해이기도 하다.

클라우드와 지금은 보편적인 용어가 된 인공지능의 시작은 서로 얽혀 있다. 넷플릭스는 AWS 퍼블릭 클라우드 서비스의 가장 큰 사용자 중 하나이다. 이 모든 재미있는 역사적인 내용에도 불구하고 Netflix 상을 받은 알고리즘은 프로덕션 레벨로 구현된 적이 없다. 2009년 수상자인 '벨코츠 프라그매틱 카오스(BellKor's Pragmatic Chaos)' 팀은 Test RMS 0.867를 보이며 기존 대비 10% 이상 성능을 개선했다(https://netflixprize.com/index.html). 이 팀의 논문(https://www.netflixprize.com/assets/ProgressPrize2008_BellKor.pdf)에서는 100개가 넘는 결과가 선형적으로 혼합되어 있다고 설명하며, 특히 "많은 모델을 가지고 있는 경우, 경쟁에서 이기는 데 필요한 결과의 점진적인 도출에 유용할 수 있지만, 실제로는 몇 개의 훌륭한 모델만으로도 우수한 시스템을 구축할 수 있다는 점에서 교훈을 얻을 수 있다."고 말하고 있다.

넷플릭스 경연 대회에서 수상한 알고리즘의 접근법은 넷플릭스의 프로덕션에 적용된 적이 없다. 그 이유는 프로덕션에 적용하기 위해 감당해야 하는 복잡성에 비해 적용되었을 때 얻을 수 있는 이득이 그다지 크지 못했기 때문이다. 대규모의 행렬 연산을 위한 고속 SVD(http://sysrun.haifa.il.ibm.com/hrl/bigml/files/Holmes.pdf)에서 언급한 바와 같이, 추천 엔진에 사용되는 핵심 알고리즘인 SVD는 소규모 데이터 세트 또는 오프라인 프로세싱에 적용하면 다소 유용할 수 있지만, 많은 현대 응용 프로그램은 실시간 학습 및 거대 차원/크기의 데이터를 다룬다. 실제로, 결과를 생성하는 데 걸리는 시간 및 필요한 계산 자원은 머신러닝 응용 분야에서 겪는 가장 큰 어려움 중 하나이다.

▌추천 시스템의 핵심 개념

[그림 11.1]은 소셜 네트워크 추천 피드백 루프를 보여준다. 더 많은 사용자를 가진 시스템일수록 더 많은 콘텐츠가 생성되며, 생성된 콘텐츠가 많을수록 새로운 콘텐츠에 대해 더 많은 추천 사항이 만들어진다. 이 피드백 루프는 순차적으로 더 많은 사용자와 더 많은 콘텐츠를 만든다. 이 장의 시작 부분에서 언급했듯, 이러한 기능은 플랫폼의 긍정적인 측면과 부정적인 측면 모두에 사용될 수 있다.

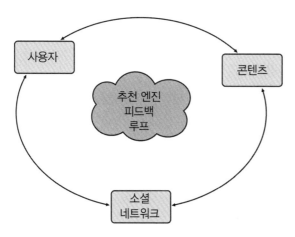

▲ [그림 11.1] 소셜 네트워크 추천 피드백 루프

▌파이썬에서 서프라이즈(Surprise) 프레임워크 사용하기

추천 엔진의 개념을 탐색하는 한 가지 방법은 서프라이즈(Surprise) 프레임워크(http://surprelib. com/)를 사용하는 것이다. 이 프레임워크는 무비렌즈(MovieLens)(https://grouplens.org/datasets/ movielens/)와 제스터(Jester)라는 별도의 데이터 세트(https://grouplens.org/datasets/movielens/)를 내장하고 있으며, SVD 및 유사성 측정을 포함한 기타 일반적인 알고리즘이 포함되어 있다. 또한 RMSE(root mean squared error) 및 MAE(mean absolute error)의 형태로 추천 사항의 성능을 평가할 수 있는 툴을 제공하며 모델 학습에 걸리는 시간도 평가해 준다.

다음은 제공된 예제들 중 하나를 수정해 가상의 생산 환경에서 어떻게 사용할 수 있는지를 보여주는 코드이다.

먼저 필요한 라이브러리들을 불러온다.

```
In [2]: import io
   ...: from surprise import KNNBaseline
   ...: from surprise import Dataset
   ...: from surprise import get_dataset_dir
   ...: import pandas as pd
```

ID를 이름으로 변환하기 위한 헬퍼 함수를 만든다.

```
In [3]: def read_item_names():
   ...:    """MovieLens 100-k 데이터 세트에서
            u.item 파일을 읽고 두 개의 맵핑을
   ...:    반환하여 원시 ID를 영화 이름으로,
            동영상 이름을 원시 ID로 반환한다.
   ...:    """
   ...:
   ...:    file_name = get_dataset_dir() + '/ml-100k/ml-100k/u.item'
   ...:    rid_to_name = {}
   ...:    name_to_rid = {}
   ...:    with io.open(file_name, 'r', encoding = 'ISO-8859-1') as f:
   ...:       for line in f:
   ...:          line = line.split('|')
   ...:          rid_to_name[line[0]] = line[1]
   ...:          name_to_rid[line[1]] = line[0]
   ...:
   ...:    return rid_to_name, name_to_rid
```

아이템 간 유사성을 비교한다.

```
In [4]: # 먼저, 아이템간 유사성을 산출하는
        # 알고리즘을 훈련시킨다.
   ...: data = Dataset.load_builtin('ml-100k')
   ...: trainset = data.build_full_trainset()
   ...: sim_options = {'name': 'pearson_baseline',
```

```
        'user_based': False}
   ...: algo = KNNBaseline(sim_options=sim_options)
   ...: algo.fit(trainset)
   ...:
   ...:
Estimating biases using als...
Computing the pearson_baseline similarity matrix...
Done computing similarity matrix.
Out[4]: <surprise.prediction_algorithms.knns.KNNBaseline>
```

마지막으로, 이 장의 다른 예제에서와 비슷하게 10개의 추천 항목이 제공된다.

```
In [5]: # 원시 ID 및 영화 제목 간의 매핑 관계를 읽는다.
   ...: rid_to_name, name_to_rid = read_item_names()
   ...:
   ...: # 영화 토이스토리의 내부 ID를 검색한다.
   ...: toy_story_raw_id = name_to_rid['Toy Story (1995)']
   ...: toy_story_inner_id = algo.trainset.to_inner_iid(
       toy_story_raw_id)
   ...:
   ...: # 토이스토리의 가장 가까운 네이버의 내부 ID를 검색한다.
   ...: toy_story_neighbors = algo.get_neighbors(
       toy_story_inner_id, k=10)
   ...:
   ...: # 네이버의 내부 ID를 영화 이름으로 변환한다.
   ...: toy_story_neighbors = (algo.trainset.to_raw_iid(inner_id)
   ...:                        for inner_id in toy_story_neighbors)
   ...: toy_story_neighbors = (rid_to_name[rid]
   ...:                        for rid in toy_story_neighbors)
   ...:
   ...: print('The 10 nearest neighbors of Toy Story are:')
   ...: for movie in toy_story_neighbors:
   ...:     print(movie)
   ...:
```

```
The 10 nearest neighbors of Toy Story are:
Beauty and the Beast (1991)
Raiders of the Lost Ark (1981)
That Thing You Do! (1996)
Lion King, The (1994)
Craft, The (1996)
Liar Liar (1997)
Aladdin (1992)
Cool Hand Luke (1967)
Winnie the Pooh and the Blustery Day (1968)
Indiana Jones and the Last Crusade (1989)
```

이제, 이 예제를 프로덕션 레벨에 적용하기 위해 맞닥뜨려야 하는 실제 이슈들에 대해 생각해 보자. 다음은 당신의 회사에서 누군가가 개발해야 할 수도 있는 의사 API 함수 예다.

```
def recommendations(movies, rec_count):
    """추천사항을 반환"""
movies = ["Beauty and the Beast (1991)", "Cool Hand Luke (1967)",.. ]
print(recommendations(movies = movies, rec_count = 10))
```

이러한 API를 구현할 때 생길 수 있는 몇 가지 질문은 다음과 같다: 선택 항목의 그룹에서 최상위 항목을 선택하는 것과 영화를 선택하는 것과의 절충점은 무엇일까? 이 알고리즘은 매우 큰 데이터 세트에서 얼마나 잘 수행되는가? 이러한 질문들에 대한 명확한 정답이 없기 때문에, 프로덕션 환경에 추천 엔진을 배포할 때 상황에 맞춰 잘 판단해야 할 필요가 있다.

▌ 추천 시스템에 대한 클라우드 솔루션

구글 클라우드 플랫폼(Google Cloud Platform)에는 계산 엔진(Compute Engine)에서 머신 러닝을 이용해 제품 권장 사항(https://cloud.google.com/solutions/recommendations –using–

machine-learning-on-compute-engine)을 만드는 예제가 있다. 이 예에서 파이스파크 (PySpark)와 ALS 알고리즘은 유료 클라우드 서비스로 제공되는 SQL과 함께 사용된다. 아마존도 스파크(Spark) 및 일래스틱 맵리듀스(Elastic Map Reduce)(EMR) 플랫폼을 사용해 추천 엔진을 구축하는 예를 제공한다(https://aws.amazon.com/blogs/big-data/building-a-recommend ation-engine-with-spark-ml-on-amazon-emr-using-zeppelin/).

위의 두 경우 모두 스파크는 컴퓨터 클러스터 전체에서 계산을 분산시켜 알고리즘의 성능을 향상시키는 데 사용된다. 마지막으로 강조하고 싶은 부분은 AWS가 세이지메이커(SageMaker) (https://docs.aws.amazon.com/sagemaker/latest/dg/whatis.html)를 강력하게 밀고 있다는 점인데, 이는 분산된 스파크(Spark) 작업 자체의 수행뿐 아니라, EMR 클러스터에 맞춰 작업을 분산시켜 주는 기능도 가지고 있다.

▋ 실제 상황에서 발생하는 추천 관련 이슈들

추천에 관한 대부분의 서적과 기사는 추천 시스템의 기술적 측면에만 초점을 맞추고 있다. 하지만 단순히 기술적 측면이 아닌 실용적 측면에서 추천 시스템에 관해 얘기할 몇 가지 이슈들이 존재한다. 이 섹션에서는 성능, ETL, 사용자 경험(User Experience, UX) 및 shills/bots와 같은 몇 가지 주제에 대해 다뤄보도록 하겠다.

데이터를 피팅하는 데 가장 인기있는 알고리즘 중 하나는 2차 함수, 또는 데이터 샘플 수와 뽑고자 하는 특징의 수에 계산 로드가 결정되는 $O(샘플수^2 * 특징수)$ 성질을 가지고 있다. 그렇기 때문에 모델을 실시간으로 훈련시켜 최적의 솔루션을 얻는 것은 매우 어려우며, 추천 시스템의 훈련은 경험적 방법을 사용한다거나 특별히 인기 있는 제품 및 활동적인 사용자에 대한 작은 집합을 미리 만들어 놓거나 하는 별도의 트릭을 사용하지 않는 경우, 대부분 배치 작업 기반으로 수행해야 한다.

소셜 네트워크에 대한 사용자 추천 시스템을 개발하면서 필자는 이러한 이슈들 중 상당수가 실제로 서비스에 중요한 문제로 작용하는 것을 직접 경험한 바 있다. 모델의 훈련에는 보통 몇 시간이 걸렸기 때문에, 유일한 현실적인 솔루션은 훈련을 야간에 수행하는 것이었다. 또 나중에 훈련 데이터의 사본을 미리 복사해 놓았기 때문에, 훈련용 알고리즘의 성능은 디스크의 I/O가

11

아닌, 주로 CPU 성능에 의해 결정되었다.

성능은 단기간이든 장기간이든 프로덕션 레벨의 추천 시스템을 개발하는 데 있어 중요한 이슈이다. 때문에 사용자 및 제품의 수가 커지게 되면 초기에 사용했던 개발 방식이 그대로 확장되기 어려울 수도 있다. 플랫폼의 사용자가 1만명 내외일 때는 아마도 처음에 사용한 주피터 노트북(Jupyter Notebook), 판다스(Pandas) 및 사이킷런(scikit-learn)을 그대로 사용할 수 있겠지만, 보다 많은 사용자에게 서비스하는 데 확장 가능한 솔루션은 아닐 수도 있다.

대신에 PySpark 기반으로 지원되는 벡터 머신 트레이닝 알고리즘(http://spark.apache.org/docs/2.1.0/api/python/pyspark.mllib.html)을 사용하면 훈련 시간과 유지 보수 시간을 크게 단축시킬 수 있다. 그런 다음에는 계산 자원을 TPU나 엔비디아 볼타(NVIDIA Volta)와 같은 전용 머신러닝 칩 기반으로 전환해야 할 수도 있다. 초기의 작업 솔루션을 개발하는 동안 동시에 미래의 용량을 예측하는 능력을 갖추는 것은 실제로 프로덕션 레벨에 적용할 수 있는 실용적인 인공지능 솔루션을 구현하는 데 매우 중요하다.

실제 이슈들: 프로덕션 API와 연동하기

필자는 추천 시스템을 개발하는 신생 업체들이 많은 실제 상황 문제에 봉착하게 되는 것을 본 적이 있다. 이런 문제들은 머신러닝을 논하는 책들에서 많이 다루지 않는데, 대표적인 것으로 'cold-start 문제'가 있다. 서프라이즈(Surprise) 프레임워크를 사용하는 예제에서는 이미 '정답'을 포함한 방대한 데이터베이스가 있다. 하지만 실제 세계에서는 사용자 또는 제품의 수가 너무 적어 모델을 훈련시키는 것 자체가 말이 안 되는 상황이 존재한다. 이 경우 당신은 무엇을 할 수 있는가?

위와 같은 상황에 알맞은 솔루션은 추천 엔진의 경로를 세 단계로 설정하는 것이다. 1단계에서는 가장 인기 있는 사용자, 콘텐츠 또는 제품을 선택하여 추천 사항으로 제공한다. 사용자가 많아지면서 플랫폼에서 UGC가 더 많이 생성되면, 2단계에서는 유사성 점수를 사용한다(모델 훈련 없이). 이 작업을 수행하기 위해 필자가 프로덕션 레벨에서 사용했던 몇 개의 '하드코딩 된' 코드가 있으니 살펴보도록 하자. 이 코드에서는 타니모토(Tanimoto) 점수 또는 자카드(Jaccard) 거리를 유사성 점수를 부여하는 수단으로 사용하는데, 실제 코드에서는 다른 이름으로 나타나 있다.

```python
"""데이터과학 알고리즘"""
def tanimoto(list1, list2):
    """타니모토 계수

    In [2]: list2 = ['39229', '31995', '32015']
    In [3]: list1 = ['31936', '35989', '27489',
        '39229', '15468', '31993', '26478']
    In [4]: tanimoto(list1,list2)
    Out[4]: 0.1111111111111111

    두 세트의 교점을 이용해 점수 (스코어) 산정

    """

    intersection = set(list1).intersection(set(list2))
    return float(len(intersection))/(len(list1)) +\
        len(list2) - len(intersection)
```

이제부터 어려운 부분이다. 팔로워 관계에 대한 데이터를 다운받고 판다스 데이터프레임워크 (Pandas DataFrame)으로 변환한다.

```python
import os
import pandas as pd

from .algorithms import tanimoto

def follows_dataframe(path=None):
    """Follows DataFrame 생성"""

    if not path:
        path = os.path.join(os.getenv('PYTHONPATH'),
            'ext', 'follows.csv')
    df = pd.read_csv(path)
    return df
```

```python
def follower_statistics(df):
    """팔로워 동작 수 반환

    In [15]: follow_counts.head()
        Out[15]:
        followerId
        581bea20-962c-11e5-8c10-0242528e2f1b    1558
        74d96701-e82b-11e4-b88d-068394965ab2      94
        d3ea2a10-e81a-11e4-9090-0242528e2f1b      93
        0ed9aef0-f029-11e4-82f0-0aa89fecadc2      88
        55d31000-1b74-11e5-b730-0680a328ea36      64
        Name: followingId, dtype: int64

    """

    follow_counts = df.groupby(['followerId'])['followingId']. \
        count().sort_values(ascending = False)
    return follow_counts

def follow_metadata_statistics(df):
    """팔로워 동작에 대한 메타데이터 생성

    In [13]: df_metadata.describe()
        Out[13]:
        count    2145.000000
        mean        3.276923
        std        33.961413
        min         1.000000
        25%         1.000000
        50%         1.000000
        75%         3.000000
        max      1558.000000
        Name:    followingId, dtype: float64

    """
```

```
    dfs = follower_statistics(df)
    df_metadata = dfs.describe()
    return df_metadata

def follow_relations_df(df):
    """모든 관계들이 포함된 팔로워 DataFrame 반환"""

    df = df.groupby('followerId').followingId.apply(list)
    dfr = df.to_frame("follow_relations")
    dfr.reset_index(level = 0, inplace = True)
    return dfr

def simple_score(column, followers):
    """모든 릴레이션을 갖춘 팔로워의 DataFrame 반환"""

    return tanimoto(column,followers)

def get_followers_by_id(dfr, followerId):
    """followerID에 의한 팔로워 목록 반환"""

    followers = dfr.loc[dfr['followerId'] == followerId]
    fr = followers['follow_relations']
    return fr.tolist()[0]

def generate_similarity_scores(dfr, followerId,
        limit = 10, threshold = .1):
    """followerID용 추천 목록 생성"""
    followers = get_followers_by_id(dfr, followerId)
    recs = dfr['follow_relations'].\
        apply(simple_score,args = (followers,)). \
            where(dfr > threshold).dropna().sort_values()[-limit:]
    filters_recs = recs.where(recs > threshold)
    return filters_recs

def return_similarity_scores_with_ids(dfr, scores):
    """Score와 followerID 반환"""
```

```
    dfs = pd.DataFrame(dfr, index=scores.index.tolist())
    dfs['scores'] = scores[dfs.index]
    dfs['following_count'] = dfs['follow_relations'].apply(len)
    return dfs
```

이제 다음과 같이 이 API들을 사용할 수 있다.

```
In [1]: follows import *

In [2]: df = follows_dataframe()

In [3]: dfr = follow_relations_df(df)

In [4]: dfr.head()

In [5]: scores = generate_similarity_scores(dfr,
        "00480160-0e6a-11e6-b5a1-06f8ea4c790f")

In [5]: scores
Out[5]:
2144      0.000000
713       0.000000
714       0.000000
715       0.000000
716       0.000000
717       0.000000
712       0.000000
980       0.333333
205       0.333333
3         1.000000
Name:   follow_relations,   dtype:   float64

In [6]: dfs = return_similarity_scores_with_ids(dfr, scores)
```

```
In [6]: dfs
Out[6]:
                                        followerId \
980      76cce300-0e6a-11e6-83e2-0242528e2f1b
2057     f5ccbf50-0e69-11e6-b5a1-06f8ea4c790f
3        00480160-0e6a-11e6-b5a1-06f8ea4c790f

                                        follow_relations scores \
980      [f5ccbf50-0e69-11e6-b5a1-06f8ea4c790f, 0048016...  0.333333
2057     [76cce300-0e6a-11e6-83e2-0242528e2f1b, 0048016...  0.333333
3        [f5ccbf50-0e69-11e6-b5a1-06f8ea4c790f, 76cce30...         1

         following_count

980             2
2057            2
3               2
```

현재 구현된 이 '2단계'의 유사성 점수 기반 추천 엔진은 배치(Batch) API(역자 주: 일련의 실행 명령들을 묶어 한번에 수행할 수 있는 배치 파일을 만들어 실행해야 한다는 의미)로 실행해야 한다. 또한 판다스(Pandas)는 문제의 크기가 증가하면 궁극적으로 성능 저하를 피할 수 없다. 따라서 어느 시점이 되면 이 실행 방법을 버리고 PySpark나 Ray에서 판다스(Pandas)를 사용하는 것을 고려해 보는 것은 대규모 사용자를 대상으로 한 서비스를 위한 좋은 움직임이 될 것이다 (https://rise.cs.berkeley.edu/blog/pandas-on-ray/?twitter=@bigdata).

'3단계'에서는 SVD 기반 모델을 학습하고 그 모델의 정확도를 계산하며, 이를 위해 서프라이즈(Surprise) 및 PySpark와 같은 모듈을 사용한다. 왜 회사에서는 처음에 당장 필요성이 크게 보이지 않는다는 이유로 (3단계 같이) 정식 머신러닝 훈련을 수행하는 것을 귀찮아 하는 것일까?

프로덕션 레벨의 개발에 중요한 다른 API 관련 이슈로는 거부된 추천 사항을 어떻게 처리할 것인가이다. 원하지 않거나 이미 가지고 있는 추천 사항을 계속 유지시켜 보여 주는 것만큼 사용자를 짜증나게 하는 것은 없기 때문에, 이런 추천 사항들을 제거해 줘야 할 필요가 있다. 이상적으로는 필요 없는 추천 목록에 대해 '다시 표시하지 않음' 버튼을 클릭할 수 있는 선택권이 사용자에게 주어져야 하며, 그렇지 못할 경우에 추천 엔진은 빨리 쓰레기가 될 수 있다. 또한 이를 통해 사용자가 의견을 표시할 수 있게 되므로 사용자 데이터 수집의 측면에서도 가치 있는 일이라고 할 수 있다. 이 의견들을 모아 추천 엔진 모델로 돌려 보내 다시 학습시키지 않을 이유가 무엇인가?

■ 실제 이슈들: 클라우드 자연어 처리(NLP) 및 생산 감정 분석하기

클라우드 서비스의 대표적 공급자인 AWS, GCP 및 어주어(Azure)는 모두 API를 통해 호출할 수 있는 견고한 자연어 처리(Natural Language Processing, NLP) 엔진을 보유하고 있다. 이 섹션에서는 위의 세 가지 클라우드 서비스에 대한 NLP 예제를 살펴보고자 한다. NLP 엔진으로 처리될 실제 프로덕션 레벨의 인공지능 파이프라인은 서버리스 기술 기반으로 AWS에서 생성된다.

어주어(Azure)에서의 NLP

마이크로소프트 코그니티브 서비스(Microsoft Cognitive Service)는 언어 검색, 중요한 문구의 추출 및 감정 분석 기능을 수행할 수 있는 텍스트 어낼리시스 API(Text Analysis API)(역자주: API의 고유 명칭, 굳이 번역한다면 텍스트 분석 API)를 지원한다. [그림 11.2]에 API 호출이 가능하도록 엔드포인트가 만들어진 것을 볼 수 있다. 다음 예제에서는 코넬대학교에서 제공하는 코넬 컴퓨터 사이언스 데이터 세트 온 무비 리뷰(Cornell Computer Science Data Set on Movie Reviews)(http://www.cs.cornell.edu/people/pabo/movie-review-data/)에서 영화 리뷰 데이터의 부정적 컬렉션을 가져와 이를 이용한 API 활용에 대해 알아볼 것이다.

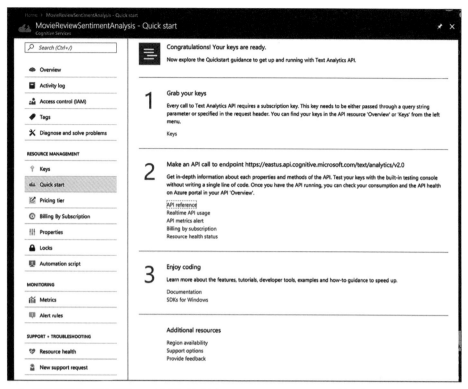

▲ [그림 11.2] 마이크로소프트 코그니티스 서비스(Microsoft Cognitive Service)(마이크로소프트 사의 인지과학 서비스)에서 제공하는 API의 활용

먼저 주피터 노트북(Jupyter Notebook)에서 필요한 기본 패키지들을 불러오자.

```
In [1]: import requests
   ...: import os
   ...: import pandas as pd
   ...: import seaborn as sns
   ...: import matplotlib as plt
   ...:
```

다음으로 환경 변수에서 API 키를 가져온다. 이 API 키 값은 [그림 11.2]에 보여진 콘솔의 Keys 섹션에서 환경 변수로 추출되며 코드 내에 직접 기재되지 않는다. 또한 이후 사용할 텍스트 API의 URL을 변수에 할당해 준다.

```
In [4]: subscription_key = os.environ.get("AZURE_API_KEY")
In [5]: text_analytics_base_url =\
   ...: https://eastus.api.cognitive.microsoft.com/\
        text/analytics/v2.0/
```

이제 부정적 리뷰 데이터 중 하나를 가져와 API에 물릴 수 있게 포맷을 변환해 준다.

```
In [9]: documents = {"documents":[]}
   ...: path = "../data/review_polarity/\
        txt_sentoken/neg/cv000_29416.txt"
   ...: doc1 = open(path, "r") ...: output = doc1.readlines()
   ...: count = 0
   ...: for line in output:
   ...:     count +=1
   ...:     record = {"id": count, "language": "en", "text": line}
   ...:     documents["documents"].append(record)
   ...:
   ...: #출력한다
   ...: documents
```

데이터의 자료 구조는 다음과 같은 모양으로 생성된다.

```
Out[9]:
{'documents': [{'id': 1,
   'language': 'en',
   'text': 'plot : two teen couples go to a\
        church party , drink and then drive . \n'},
   {'id': 2, 'language': 'en',
   'text': 'they get into an accident . \n'},
   {'id': 3,
   'language': 'en',
   'text': 'one of the guys dies ,\
but his girlfriend continues to see him in her life,\
```

```
and has nightmares . \n'},
 {'id': 4, 'language': 'en', 'text': "what's the deal ? \n"},
 {'id': 5,
  'language': 'en',
```

마지막으로 각 데이터의 점수를 매기기 위해 감정 분석용 API를 사용한다.

```
{'documents': [{'id': '1', 'score': 0.5},
  {'id': '2', 'score': 0.13049307465553284},
  {'id': '3', 'score': 0.09667149186134338},
  {'id': '4', 'score': 0.8442018032073975},
  {'id': '5', 'score': 0.808459997177124
```

이 시점에서 반환되는 점수는 EDA의 수행을 위해 판다스 프레임워크으로 변환될 수 있다. 0과 1 사이의 값을 기준으로 1에 가까울수록 더 긍정적인 리뷰라고 할 때, 수집한 부정적인 리뷰 데이터에 대한 중앙값은 0.23으로 나타난다.

```
In [11]: df = pd.DataFrame(sentiments['documents'])

In [12]: df.describe()
Out[12]:
          score
count  35.000000
mean    0.439081
std     0.316936
min     0.037574
25%     0.159229
50%     0.233703
75%     0.803651
max     0.948562
```

밀도 플롯(density plot)을 이용해 이 결과에 대해 더 자세히 설명할 수 있다. [그림 11.3]은 전체 데이터들에 대한 감정 평가 결과의 분포를 보여주는데 0.25 근처에 가장 많이 몰려 있음을 알 수 있어 대체로 부정적인 평가를 받은 것을 확인할 수 있다.

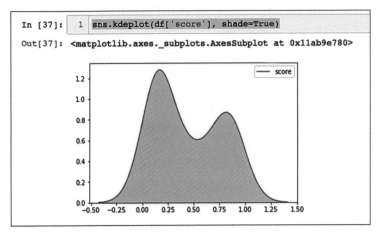

▲ [그림 11.3] 감정 평가를 위한 밀도 플롯

GCP에서의 NLP

구글 클라우드 내추럴 랭귀지(Google Cloud Natural Language) API(구글 클라우드 자연어 API, https://cloud.google.com/natural-language/docs/how-to)에는 개발자가 호감을 가질 만한 요소가 많이 존재한다. 이 API가 제공하는 편리한 기능 중 하나는 문자열뿐 아니라 구글 클라우드 스토리지에 대해서도 감정 분석을 수행할 수 있다는 점이다. 또한 구글 클라우드에서는 개발자가 필요한 API를 손쉽게 탐색할 수 있도록 강력한 커맨드라인 툴을 제공한다. 마지막으로 여기에는 인공지능 솔루션에 도움이 되는 몇 가지 매혹적인 API가 있는데, 특히 감정 분석, 엔티티(entity) 분석, 구문 분석, 엔티티 감정 분석 및 콘텐츠 분류 기능과 같은 몇 가지 내용에 초점을 맞춰 살펴볼 것이다.

엔티티(Entity) API 탐색하기

커맨드라인을 통해 실행할 수 있는 gcloud API를 이용해 특정 API가 무엇을 하는지 탐색해 볼 수 있다. 다음의 예제에서는 르브론 제임스(LeBron James) 및 클리블랜드 카발리어(Cleveland Cavalier)와 관련된 구문 하나를 커맨드라인을 통해 입력해 보았다.

```
→  gcloud ml language analyze-entities --content =\
"LeBron James plays for the Cleveland Cavaliers."
{
  "entities": [
    {
      "mentions": [
        {
          "text": {
            "beginOffset": 0,
            "content": "LeBron James"
          },
          "type": "PROPER"
        }
      ],
      "metadata": {
        "mid": "/m/01jz6d",
        "wikipedia_url": "https://en.wikipedia.org/wiki/LeBron_James"
      },
      "name": "LeBron James",
      "salience": 0.8991045,
      "type": "PERSON"
    },
    {
      "mentions": [
        {
          "text": {
            "beginOffset": 27,
            "content": "Cleveland Cavaliers"
          },
          "type": "PROPER"
        }
      ],
      "metadata": {
        "mid": "/m/0jm7n",
        "wikipedia_url": "https://en.wikipedia.org/\
```

```
wiki/Cleveland_Cavaliers"
    },
    "name": "Cleveland Cavaliers",
    "salience": 0.100895494,
    "type": "ORGANIZATION"
  }
],
"language": "en"
}
```

API를 탐색하는 두 번째 방법은 파이썬을 사용하는 것이다. API 키를 받고 인증하기 위해 먼저 지침(https://cloud.google.com/docs/authentication/getting-started)을 따라야 하며, GOOGLE_APPLICATION_CREDENTIALS 변수에 할당된 경로를 통해 주피터 노트북(Jupyter Notebook)을 시작한다.

```
➜  ✗ export GOOGLE_APPLICATION_CREDENTIALS=\
        /Users/noahgift/cloudai-65b4e3299be1.json
➜  ✗ jupyter notebook
```

인증 절차만 완료되고 나면, 나머지 과정은 매우 간단하다. 첫째, 파이썬 언어 API를 불러와야 한다(API가 설치되지 않았다면, pip 명령을 이용해 다음과 같이 설치할 수 있다: `pip install --upgrade google-cloud-language`).

```
In [1]: # Google Cloud 클라이언트 불러오기
   ...: from google.cloud import language
   ...: from google.cloud.language import enums
   ...: from google.cloud.language import types
```

다음으로 구문 하나를 API로 보내고 그 결과로, API에서 분석된 엔티티 메타데이터를 받는다.

```
In [2]: text = "LeBron James plays for the Cleveland Cavaliers."
   ...: client = language.LanguageServiceClient()
   ...: document = types.Document(
   ...:             content = text,
   ...:             type = enums.Document.Type.PLAIN_TEXT)
   ...: entities = client.analyze_entities(document).entities
   ...:
```

앞에서 보았던 커맨드라인 툴(gcloud) 수행 결과와 비슷한 형태의 출력을 확인할 수 있으며, 단지 파이썬 리스트로 반환된다는 점이 다를 뿐이다.

```
[name: "LeBron James"
type: PERSON
metadata {
  key: "mid"
  value: "/m/01jz6d"
}
metadata {
  key: "wikipedia_url"
  value: "https://en.wikipedia.org/wiki/LeBron_James"
}
salience: 0.8991044759750366
mentions {
  text {
    content: "LeBron James"
    begin_offset: -1
  }
  type: PROPER
}
, name: "Cleveland Cavaliers"
type: ORGANIZATION
metadata {
  key: "mid"
  value: "/m/0jm7n"
```

```
}
metadata {
  key: "wikipedia_url"
  value: "https://en.wikipedia.org/wiki/Cleveland_Cavaliers"
}
salience: 0.10089549422264099
mentions {
  text {
    content: "Cleveland Cavaliers"
    begin_offset: -1
  }
  type: PROPER
}
]
```

이 API의 일부는 6장의 'NBA에 대한 소셜 미디어의 영향력 예측'에서 알아본 내용들과도 손쉽게 병합될 수 있다는 점에 주목하자. 인공지능 애플리케이션을 만드는 것은 상상하는 것만큼 어렵지 않다. 이 NLP API를 시작 포인트로 사용하면, 사회적으로 영향을 주는 요인들에 대한 광범위한 정보를 찾을 수 있는 인공지능 애플리케이션을 손쉽게 만들 수 있다. 커맨드라인을 통해 수행될 수 있다는 사실 또한 GCP 코그니티브(Cognitive) API가 가진 강력한 장점 중 하나라는 사실도 잊지 말자.

자연어 처리(NLP)를 위한 AWS의 서버리스 인공지능 파이프라인

'클라우드 서비스 공급자의 빅 3' 중 특히 AWS가 가진 강점은 손쉽게 쓰고 관리할 수 있는 프로덕션 레벨의 응용 프로그램을 수월하게 개발할 수 있는 환경을 제공한다는 점이다. 환경의 변화를 이끄는 혁신 중 하나는 AWS 람다(Lambda)이며, 이는 AWS 챌리스(chalice)의 경우와 같이 파이프라인을 조정하고 HTTP 엔드포인트(endpoint)를 제공하는 데 사용할 수 있다. [그림 11.4]는 NLP(자연어처리)에 실제 활용되는 프로덕션 파이프라인을 보여준다.

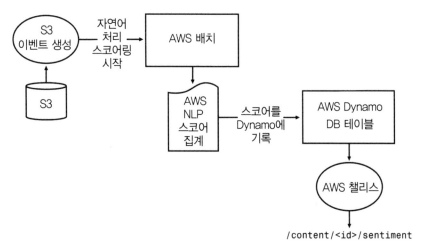

▲ [그림 11.4] 서버리스 기술을 사용하는 프로덕션 레벨의 AWS NLP 파이프라인

이제 AWS에서 감정 분석을 수행하기 위해 필요한 라이브러리들을 불러오는 것으로 예제 코드를 시작해 보자.

```
In [1]: import pandas as pd
   ...: import boto3
   ...: import json
```

다음으로 간단한 테스트가 생성된다.

```
In [5]: comprehend = boto3.client(service_name = 'comprehend')
   ...: text = "It is raining today in Seattle"
   ...: print('Calling DetectSentiment')
   ...: print(json.dumps(comprehend.detect_sentiment(\
Text = text, LanguageCode = 'en'), sort_keys = True, indent = 4))
   ...:
   ...: print('End of DetectSentiment\n')
   ...:
```

출력은 "SentimentScore"를 보여준다.

```
Calling DetectSentiment
{
    "ResponseMetadata": {
        "HTTPHeaders": {
            "connection": "keep-alive",
            "content-length": "164",
            "content-type": "application/x-amz-json-1.1",
            "date": "Mon, 05 Mar 2018 05:38:53 GMT",
            "x-amzn-requestid":\
 "7d532149-2037-11e8-b422-3534e4f7cfa2"
        },
        "HTTPStatusCode": 200,
        "RequestId": "7d532149-2037-11e8-b422-3534e4f7cfa2",
        "RetryAttempts": 0
    },
    "Sentiment": "NEUTRAL",
    "SentimentScore": {
        "Mixed": 0.002063251566141844,
        "Negative": 0.013271247036755085,
        "Neutral": 0.9274052977561951,
        "Positive": 0.057260122150182724
    }
}
End of DetectSentiment
```

이제 좀 더 실제적인 예제로, 앞에서 어주어(Azure) 관련해 다루었던 '부정적인 영화 리뷰 문서'를 여기서도 사용하고자 한다. 먼저 영화 리뷰가 담긴 문서 파일을 읽는다.

```
In [6]: path = "/Users/noahgift/Desktop/review_polarity/\
txt_sentoken/neg/cv000_29416.txt"
    ...: doc1 = open(path, "r")
    ...: output = doc1.readlines()
    ...:
```

문서 하나(이전 예에서 한 줄이 하나의 문서였음을 기억하자)의 스코어를 계산하자.

```
In [7]: print(json.dumps(comprehend.detect_sentiment(\
Text = output[2], LanguageCode = 'en'), sort_keys = True, inden
   ...: t = 4))
{
    "ResponseMetadata": {
        "HTTPHeaders": {
            "connection": "keep-alive",
            "content-length": "158",
            "content-type": "application/x-amz-json-1.1",
            "date": "Mon, 05 Mar 2018 05:43:25 GMT",
            "x-amzn-requestid":\
 "1fa0f6e8-2038-11e8-ae6f-9f137b5a61cb"
        },
        "HTTPStatusCode": 200,
        "RequestId": "1fa0f6e8-2038-11e8-ae6f-9f137b5a61cb",
        "RetryAttempts": 0
    },
    "Sentiment": "NEUTRAL",
    "SentimentScore": {
        "Mixed": 0.1490383893251419,
        "Negative": 0.3341641128063202,
        "Neutral": 0.468740850687027,
        "Positive": 0.04805663228034973
    }
}
```

앞에서 다룬 대로, 이 문서가 부정적인 스코어를 가진다는 사실은 그다지 놀랍지 않다. 이 API가 할 수 있는 또 다른 흥미로운 사실은 모든 문서들을 개별 문서에 대한 점수가 아닌 하나의 점수로 매길 수 있다는 점이다. 기본적으로 감정값의 중앙값을 제공하며, 다음과 같은 형태로 나타난다.

```
In [8]: whole_doc = ', '.join(map(str, output))

In [9]: print(json.dumps(\
comprehend.detect_sentiment(\
Text = whole_doc, LanguageCode = 'en'), sort_keys = True, inden
   ...: t = 4))
{
    "ResponseMetadata": {
        "HTTPHeaders": {
            "connection": "keep-alive",
            "content-length": "158",
            "content-type": "application/x-amz-json-1.1",
            "date": "Mon, 05 Mar 2018 05:46:12 GMT",
            "x-amzn-requestid":\
 "8296fa1a-2038-11e8-a5b9-b5b3e257e796"
        },
    "Sentiment": "MIXED",
    "SentimentScore": {
        "Mixed": 0.48351600766181946,
        "Negative": 0.2868672013282776,
        "Neutral": 0.12633098661899567,
        "Positive": 0.1032857820391655
    }
} = 'en'), sort_keys = True, inden
   ...: t = 4))
```

여기서 재미있는 사실은 AWS API가 어주어(Azure)에서는 놓치고 있는 부분을 잡아내기 위한 트릭을 사용하고 있다는 점이다. 이전의 어주어 예제에서 씨본(Seaborn) 분포 플롯은 실제로 '영화를 좋아하는 소수'와 '영화를 싫어하는 다수'의 이항 분포를 보여주었지만, 여기서는 "mixed"(혼합된) 및 "neutral"(중립적인) 분포도를 잘 정리해 제시하고 있다.

이제 남은 유일한 일은 간단한 챌리스(Chalice) 앱을 만들어 다이나모(Dynamo)에 기록된 점수를 가져와 제공하는 것이다. 이를 위한 코드는 다음과 같다.

```python
from uuid import uuid4
import logging
import time

from chalice import Chalice
import boto3

from boto3.dynamodb.conditions import Key
from pythonjsonlogger import jsonlogger

# APP 환경 변수
REGION = "us-east-1"
APP = "nlp-api"
NLP_TABLE = "nlp-table"

# 로깅(Logging) 초기화
log = logging.getLogger("nlp-api")
LOGHANDLER = logging.StreamHandler()
FORMMATTER = jsonlogger.JsonFormatter()
LOGHANDLER.setFormatter(FORMMATTER)
log.addHandler(LOGHANDLER)
log.setLevel(logging.INFO)

app = Chalice(app_name = 'nlp-api')
app.debug = True

def dynamodb_client():
    """Dynamodb 클라이언트 생성"""

    extra_msg = {"region_name": REGION, "aws_service": "dynamodb"}
    client = boto3.client('dynamodb', region_name=REGION)
    log.info("dynamodb CLIENT connection initiated", extra = extra_msg)
    return client

def dynamodb_resource():
```

```python
    """Dynamodb 리소스 생성"""

    extra_msg = {"region_name": REGION, "aws_service": "dynamodb"}
    resource = boto3.resource('dynamodb', region_name = REGION)
    log.info("dynamodb RESOURCE connection initiated",\
        extra = extra_msg)
    return resource

def create_nlp_record(score):
    """nlp table 레코드 생성

    """

    db = dynamodb_resource()
    pd_table = db.Table(NLP_TABLE)
    guid = str(uuid4())
    res = pd_table.put_item(
        Item={
            'guid': guid,
            'UpdateTime' : time.asctime(),
            'nlp-score': score
        }
    )
    extra_msg = {"region_name": REGION, "aws_service": "dynamodb"}
    log.info(f"Created NLP Record with result{res}", extra = extra_msg)
    return guid

def query_nlp_record():
    """nlp table을 스캔하고 모든 레코드 검색"""

    db = dynamodb_resource()
    extra_msg = {"region_name": REGION, "aws_service": "dynamodb",
        "nlp_table":NLP_TABLE}
    log.info(f"Table Scan of NLP table", extra=extra_msg)
    pd_table = db.Table(NLP_TABLE)
    res = pd_table.scan()
```

```
    records = res['Items']
    return records

@app.route('/')
def index():
    """기본 경로(Route)"""

    return {'hello': 'world'}

@app.route("/nlp/list")
def nlp_list():
    """nlp 점수 리스트"""

    extra_msg = {"region_name": REGION,
        "aws_service": "dynamodb",
        "route":"/nlp/list"}
    log.info(f"List NLP Records via route", extra=extra_msg)
    res = query_nlp_record()
    return res
```

▌요약

데이터가 새로운 원유라면, UGC는 모래 타르 피트(tar pits)이다. 역사적으로 모래 타르 피트는 생산용 원유 파이프라인이 될 수는 없었지만, 에너지 비용이 증가하고 관련 기술이 발전하면서 채굴은 할 수 있게 되었다. 이와 마찬가지로, '빅 3' 클라우드 서비스 공급자가 제공하는 인공지능 API는 '모래 데이터'를 통해 새로운 기술의 혁신을 창출했다. 또한 저장 및 계산 장치의 가격이 꾸준히 하락하면서 UGC는 점차적으로 부가 가치를 추출할 수 있는 자산과 같이 여겨지게 되었다. 인공지능 전용 가속기는 UGC의 처리 비용을 낮출 수 있는 또 다른 기술적 혁신이다. TPU, GPU 및 FPGA와 같은 ASIC 칩에 의한 대규모 병렬 처리가 가능해지면서, 여기서 논의되었던 이슈들의 일부는 실제 문제로 작용하지 않을 수도 있다.

이 장에서는 타르 피트와 같은 성격의 데이터에서 값을 추출하는 방법에 대한 많은 예를 다루었지만, 실제 모래 타르 피트와 마찬가지로 이와 관련해 절충해야 하는 부분도, 위험한 부분도

11

존재한다. UGC 세계에서 인공지능 피드백 루프는 무조건 범세계적인 결과를 창출하는 방식으로 사람들에게 잘못된 인식을 심어주고 악용될 수 있다(역자 주: 인공지능 피드백 루프만 사용하면 뭐든 다 된다는 위험한 생각. 그래서 그로부터 나오는 결과는 뭐든 무조건 믿는다는 대중적 위험성을 말하고 있음). 또한 시스템을 가동할 때 훨씬 더 실용적인 수준에서 고려해야 할 절충점들이 있다. 클라우드와 AI API가 솔루션을 개발하기 쉽다고 해서 언제나 실제 현장에서 UX, 성능, 사업성 등을 이끌어낼 수 있는 것은 아니다.

부록 A
인공지능 가속기

인공지능 가속기는 비록 등장한지 얼마 되지 않았지만 급속하게 발전하는 기술이며, 새로운 제품이나 개인 주문형 제품, GPU 기반 제품, 인공지능 코프로세서 및 R/D 제품 등과 같은 몇 가지 하위 카테고리로 구성된다. 새로운 제품 카테고리에 속하는 가속기 중 최근 가장 큰 인기를 얻고 있는 것은 아마도 TPU일 것인데, 이는 TPU가 텐서플로 기반의 소프트웨어를 개발자에게 다양한 손쉬운 방법으로 제공하기 때문이다.

GPU 기반 제품은 현재 인공지능 가속기의 가장 일반적인 형태이다. 카네기 멜론 대학 (Karnegie Mellon University)의 이안 레인(Ian Lane) 교수는 "GPU를 사용할 경우 미리 녹음된 음성 또는 멀티미디어 콘텐츠를 훨씬 더 빨리 판단할 수 있다"라고 말한 바 있으며, CPU에 비해 최대 33배 빠르게 인지된 사례가 발표된 바 있다.

FPGA의 범주에서 주목할 기업은 reconfigure.io(https://reconfigure.io/)이다. 이 회사는 개발자가 인공지능을 포함한 솔루션을 가속화하기 위해 FPGA를 쉽게 사용할 수 있도록 도와준다. reconfigure.io는 간단한 툴과 강력한 클라우드 구축 및 배포 기능을 통해 이전에는 하드웨어 설계자만 누릴 수 있던 빠른 속도, 적은 대기 시간 및 전력 소모 등의 혜택을 개발자가 직접 누릴 수 있게 해 준다. 고(Go) 언어 기반의 코드를 컴파일 및 최적화하고, 이를 AWS 클라우드 기반의 FPGA에 배포할 수 있는 인터페이스도 제공한다. FPGA는 특히 복잡한 네트워크를 수반하는 인공지능 응용 및 저전력이 중요한 곳에 유용하게 활용할 수 있으며, 주요 클라우드 서비스 제공 업체에서 많이 사용되고 있다.

GPU와 FPGA는 모두 CPU에 비해 크게 향상된 성능을 보여주지만 TPU와 같은 ASIC(Application Specific Integrated Circuits)을 사용하면 이의 최대 10배에 달하는 성능을 경험할 수 있다. 따라서 FPGA 같은 장비를 기반으로 한 주요 활용 사례들을 지침으로 활용해, 고(Go) 언어 같은 개발 툴로 보다 신속히 응용 프로그램을 개발하는 데 가급적 빨리 친숙해지는 편이 좋다.

인공지능 가속기와 관련해 고려해야 할 몇 가지 이슈들은 다음과 같다.

❶ 응용 프로그램을 구동하기 위한 인공지능 가속기로 GPU 같은 기성 제품을 사용할 것인가? 아니면 직접 설계해 주문할 것인가? 이에 대한 올바른 판단을 내리기 위해서는 응용 프로그램의 성능 요구 사항과 데이터 센터의 비용 구조에 대한 기준을 잘 파악하고 있어야 한다.

❷ 선택을 위해 관심을 가지고 있는 인공지능 가속기를 기반으로 한 응용 프로그램의 활용 사례가 데이터 센터 내에서 점차 늘어나고 있는가? 데이터 센터 내에서 활용 사례가 늘어나고 있는 가속기를 선택하는 것이 바람직하다.

첨단 인공지능 기술을 확보하기 원하는 회사라면 인공지능 가속기에 대해 잘 파악하고 있어야 하는데, 그 이유는 가속기를 잘 선택하는 것이 그 회사의 성과와 직결될 수 있기 때문이다. GPU와 FPGA가 CPU보다 30배 향상된 성능을 보이고, 인공지능 전용 ASIC 칩을 이용하여 다시 그 10배의 성능 개선을 꾀할 수 있다면, 이는 무시할 수 없는 성과 창출의 돌파구가 될 뿐 아니라 우리가 전혀 상상하지 못한 형태의 인공지능 솔루션을 개발하는 길을 개척할 수 있기 때문이다.

이 책에는 k-평균 기법을 이용한 클러스터링의 많은 예제가 있다. 이것들에 관해 가장 많이 묻는 질문 중 하나는 몇 개의 클러스터를 만들어야 하는지이다. 클러스터링은 데이터를 위한 레이블을 만드는 과정이기 때문에 이에 대한 정답은 없으며, 따라서 서로 다른 두 명의 도메인 전문가가 다른 판단을 내릴 수 있다.

[그림 B.1]에서 필자는 2013-2014 NBA시즌 통계 자료에 대해 클러스터링 작업을 수행했는데, 총 8개의 클러스터로 분류하면서 이것이 유용한 이유에 대한 설명을 제공한 바 있다. 하지만 다른 NBA 전문가는 더 적은 수의 클러스터를 가지고도 데이터로부터 의미 있는 메시지를 추출할 수 있다고 생각할 수도 있다.

비록 정답은 없으나, 몇 개의 클러스터를 만들지 결정하는 데 도움이 될 만한 몇 가지 방법이 있다. 사이킷런(scikit-learn)의 공식 문서에는 클러스터링 성능을 평가하는 좋은 예가 있다(http://scikit-learn.org/stable/modules/clustering.html#clustering-performance-evaluation). 여기는 elbow 플롯과 silhouette 플롯을 두 개의 보편적인 방법으로 논하고 있으며, 할당할 클러스터 개수를 조정해 성능이 개선될 여지가 보일 경우 더 깊이 파고들어 볼 필요가 있다.

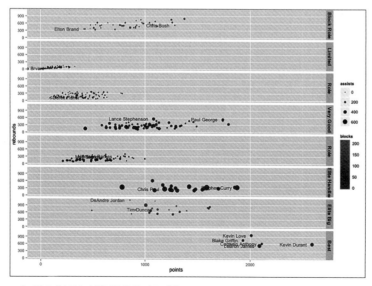

▲ [그림 B.1] NBA 시즌 통계 클러스터링

색인(Index)

크레딧 (Credits)

1장: "활동을 업적으로 착각하지 마라." – 존 우든(John Wooden)

2장: "연습을 말하는 중이다. 경기에 대해서 말하고 있지 않다" – 알렌 이버슨(Allen Iverson)
2장, [그림 2.1: AWS © 2018, Amazon Web Services, Inc.의 스크린 숏을 기반으로 함.
2장, [그림 2.2: AWS © 2018, Amazon Web Services, Inc.의 스크린 숏을 기반으로 함.
2장, [그림 2.3: AWS © 2018, Amazon Web Services, Inc.의 스크린 숏을 기반으로 함.
2장, [그림 2.4: AWS © 2018, Amazon Web Services, Inc.의 스크린 숏을 기반으로 함.
2장, [그림 2.5: AWS © 2018, Amazon Web Services, Inc.의 스크린 숏을 기반으로 함.
2장, [그림 2.6: AWS © 2018, Amazon Web Services, Inc.의 스크린 숏을 기반으로 함.

3장: "가서 무슨 일이 있는지 보고 조롱할 것이다. 난 잃을 게 없다." – 웨이드 밴 니어커크(Wayde Van Niekerk.)
3장, [그림 3.2] AWS © 2018, Amazon Web Services, Inc.의 스크린 숏을 기반으로 함.
3장, [그림 3.3] AWS © 2018, Amazon Web Services, Inc.의 스크린 숏을 기반으로 함.
3장, [그림 3.5] AWS © 2018, Amazon Web Services, Inc.의 스크린 숏을 기반으로 함.
3장, [그림 3.6] AWS © 2018, Amazon Web Services, Inc.의 스크린 숏을 기반으로 함.

4장: "시즌마다 좋은 팀을 만드는 지름길은 없다. 차곡차곡 벽돌 쌓듯 기초를 세워야 한다" – 빌 벨리치크(Bill Belichick)
4장, [그림 4.1] GCP © Google LLC.의 스크린 숏을 기반으로 함.
4장, [그림 4.2] GCP © Google LLC.의 스크린 숏을 기반으로 함.
4장, [그림 4.5] GCP © Google LLC.의 스크린 숏을 기반으로 함.
4장, [그림 4.6] GCP © Google LLC.의 스크린 숏을 기반으로 함.
4장, [그림 4.7] Noah Gift가 제공한 사진.

5장: "당신의 사랑이 나를 강하게 만든다. 당신의 증오는 나를 멈출 수 없다. " – 크리스티아노 로날도(Cristiano Ronaldo)
5장, [그림 5.3] Swagger © SmartBear Software의 스크린 숏을 기반으로 함.
5장, [그림 5.4] Swagger © SmartBear Software의 스크린 숏을 기반으로 함.

6장: "재능만으로 한두 게임에 승리할 수는 있다. 하지만 챔피언이 되기 위해서는 팀워크와 지성이 필요하다." –
마이클 조던(Michael Jordan)
6장, [그림 6.2] Jupyter Copyright © 2018 Project Jupyter의 스크린 숏을 기반으로 함
6장, [그림 6.3] Jupyter Copyright © 2018 Project Jupyter의 스크린 숏을 기반으로 함.
6장, [그림 6.4] Jupyter Copyright © 2018 Project Jupyter의 스크린 숏을 기반으로 함.
6장, [그림 6.5] Jupyter Copyright © 2018 Project Jupyter의 스크린 숏을 기반으로 함.
6장, [그림 6.6] Jupyter Copyright © 2018 Project Jupyter의 스크린 숏을 기반으로 함.
6장, [그림 6.7] Jupyter Copyright © 2018 Project Jupyter의 스크린 숏을 기반으로 함.
6장, [그림 6.8] Jupyter Copyright © 2018 Project Jupyter의 스크린 숏을 기반으로 함.
6장, [그림 6.11] Jupyter Copyright © 2018 Project Jupyter의 스크린 숏을 기반으로 함.
6장, [그림 6.13] Jupyter Copyright © 2018 Project Jupyter의 스크린 숏을 기반으로 함.
6장, [그림 6.14] Jupyter Copyright © 2018 Project Jupyter의 스크린 숏을 기반으로 함.

7장: "고통스럽더라도 계속 노력하는 사람이 결국 승리할 것이다." – 로저 배니스터(Roger Bannister)

7장: "GUI는 소프트웨어의 모든 부분, 심지어 가장 작은 부분에도 큰 오버헤드를 주는 경향이 있으며, 이러한 오버헤드는 프로그램의 운영 환경을 완전히 변화시킨다", "인생은 복잡하고 힘든 것이다; 어떤 인터페이스도 이를 바꿀 수 없으며, 그렇지 않다고 믿는 사람들은 모두 바보다" – 닐 스티븐슨(Neal Stephenson), In the Beginning...was the Command Line, Turtleback Books, 1999

7장, [그림 7.1] Slack Copyright © Slack Technologies의 스크린 숏을 기반으로 함.

7장, [그림 7.2] AWS © 2018, Amazon Web Services, Inc.의 스크린 숏을 기반으로 함.

7장, [그림 7.3] AWS © 2018, Amazon Web Services, Inc.의 스크린 숏을 기반으로 함.

8장: "주짓수는 완벽한 무술이다. 실수를 범하는 것은 인간이다." – 릭슨 그레이시에(Rickson Gracie)

8장: "상대적인 코드 변동량의 증가는 시스템 결함 밀도의 증가를 동반한다." – 토마스 볼(Thomas ball), Use of Relative Code Churn Measures to Predict System Defect Density

9장: "주짓수는 경기다. 더 나은 사람을 상대로 실수를 범한다면 당신은 절대 그를 따라잡을 수 없을 것이다." – 루이스 "리아모" 히레디아(Luis "Limao" Heredia)(미국-브라질 통합 주짓수 챔피언 5회 달성)

10장: "일단 경기장에 들어가면, 좋아하고 좋아하지 않고는 중요하지 않다. 중요한 것은 수준 높게 플레이하는 것이며 팀이 이기는 데 도움이 되는 것은 무엇이든 하는 것이다." – 르브론 제임스(LeBron James)

11장: "노력이 고통스럽더라도 더 나아갈 수 있는 사람이 결국 이긴다." – 로저 배니스터(Roger Bannister)

11장: "소규모 데이터 세트 또는 오프라인 프로세싱에 적용하면 다소 유용할 수 있지만, 많은 현대 응용 프로그램은 실시간 학습 및 거대 차원/크기의 데이터를 다룬다." – 마이클 P. 홈즈(Michael P. Holmes), Fast SVD for Large-Scale Matrices Approximate PCA, eigenvector methods and more via stratified Monte Carlo.

11장: "많은 모델을 가지고 있는 경우, 경쟁에서 이기는 데 필요한 결과의 점진적인 도출에 유용할 수 있지만, 실제로는 몇 개의 훌륭한 모델만으로도 우수한 시스템을 구축할 수 있다는 점에서 교훈을 얻을 수 있다" – The BellKor 2008 Solution 넷플릭스 상

11장: "많은 모델을 가지고 있는 경우, 경쟁에서 이기는 데 필요한 결과의 점진적인 도출에 유용할 수 있지만, 실제로는 몇 개의 훌륭한 모델만으로도 우수한 시스템을 구축할 수 있다는 점에서 교훈을 얻을 수 있다" – 로버트 M. 벨(Robert M. Bell), Yehuda Koren, Chris Volinsky, 2008년 넷플릭스 상을 받은 BellKor 팀 솔루션

11장, [그림 11.2] Microsoft Azure © Microsoft 2018의 스크린 숏을 기반으로 함.

[부록 A] "GPU를 사용할 경우 미리 녹음된 음성 또는 멀티미디어 콘텐츠를 훨씬 더 빨리 판단할 수 있다." – 이안 레인(Ian Lane) 교수, 카네기 멜론 대학교(Carnegie Mellon University)

p.253: 사진 – wavebreakmedia/Shutterstock.

p.254: 사진 – izusek/gettyimages.

실용주의 인공지능

2019. 7. 29. 초 판 1쇄 인쇄
2019. 8. 5. 초 판 1쇄 발행

지은이 | 노아 기프트(Noah Gift)
옮긴이 | 류훈
펴낸이 | 이종춘
펴낸곳 | BM ㈜도서출판 성안당

주소 | 04032 서울시 마포구 양화로 127 첨단빌딩 3층(출판기획 R&D 센터)
      | 10881 경기도 파주시 문발로 112 출판문화정보산업단지(제작 및 물류)

전화 | 02) 3142-0036
      | 031) 950-6300
팩스 | 031) 955-0510
등록 | 1973. 2. 1. 제406-2005-000046호
출판사 홈페이지 | www.cyber.co.kr
ISBN | 978-89-315-5612-4 (93000)
정가 | 25,000원

이 책을 만든 사람들
책임 | 최옥현
기획·진행 | 조혜란
교정·교열 | 장윤정
본문·표지 디자인 | 인투
홍보 | 김계향
국제부 | 이선민, 조혜란, 김혜숙
마케팅 | 구본철, 차정욱, 나진호, 이동후, 강호묵
제작 | 김유석

www.cyber.co.kr ★★★
성안당 Web 사이트

■ 도서 A/S 안내

성안당에서 발행하는 모든 도서는 저자와 출판사, 그리고 독자가 함께 만들어 나갑니다.
좋은 책을 펴내기 위해 많은 노력을 기울이고 있습니다. 혹시라도 내용상의 오류나 오탈자 등이 발견되면 **"좋은 책은 나라의 보배"**로서 우리 모두가 함께 만들어 간다는 마음으로 연락주시기 바랍니다. 수정 보완하여 더 나은 책이 되도록 최선을 다하겠습니다.
성안당은 늘 독자 여러분들의 소중한 의견을 기다리고 있습니다. 좋은 의견을 보내주시는 분께는 성안당 쇼핑몰의 포인트(3,000포인트)를 적립해 드립니다.
잘못 만들어진 책이나 부록 등이 파손된 경우에는 교환해 드립니다.